苟日新，日日新，又日新

——回望我的历史教学

任秀芹　编著

中国海洋大学出版社

·青岛·

图书在版编目(CIP)数据

苟日新，日日新，又日新：回望我的历史教学 ／ 任
秀芹编著. —青岛：中国海洋大学出版社，2023.8
ISBN 978-7-5670-3620-8

Ⅰ.①苟… Ⅱ.①任… Ⅲ.①中学历史课－教学研究
－文集 Ⅳ.①G633.512-53

中国国家版本馆 CIP 数据核字(2023)第 177313 号

出版发行 中国海洋大学出版社	
社　　址 青岛市香港东路 23 号	**邮政编码** 266071
出 版 人 刘文菁	
网　　址 http://pub.ouc.edu.cn	
电子信箱 flyleap@126.com	
订购电话 0532-82032573(传真)	
责任编辑 张跃飞	**电　　话** 0532-85901984
印　　制 青岛国彩印刷股份有限公司	
版　　次 2023 年 8 月第 1 版	
印　　次 2023 年 8 月第 1 次印刷	
成品尺寸 144 mm×215 mm	
印　　张 7	
字　　数 188 千	
印　　数 1～3 600	
定　　价 42.00 元	

发现印装质量问题，请致电 0532-58700166，由印刷厂负责调换。

前言
Preface

先哲老子云："执古之道，以御今之有。"王朝兴衰，人生荣辱，在偶然中有必然。理性思考历史事件的现实意义，仔细回味历史人物的成功失败，我们更能明了前路如何走、今天如何做。像我们这种普通县域中学，历史学科在初中是处于"副科"的地位，孩子们只是短时记住了需要应考的内容，对历史人物、历史事件之间的关联了解甚少，历史学科"史鉴"功能落实不到位。鉴于此，为了更好地落实历史学科"立德树人"目标，我通过解读历史人物，为课堂创设多元化情境提供素养，有利于学生遵循"了解—理解—见解"的路径去学好历史，使学生思维方式从被动接受式的"果真如此"转为为主动思考式的"原来如此"。

本书分为两篇。第一篇回忆了自己的历史教学，梳理了从"双基""三维目标"到"核心素养"三个教育教学发展阶段教学模式演变，收录了几篇典型的总结性文章。第二篇展示了教学过程中对从嬴政到溥仪时代历史人物教学的随笔。对于这部分随笔，大约是从2012年开始，通过大量阅读历史类书籍、中国知网数据库文献，完成了对从嬴政到溥仪时代有影响力的历史人物情境素材的积累与思考。

一般人喜欢猎奇，喜欢那些自己不知道的新鲜事儿，但是对历史应需要理性思考。尽管求异的思维方式往往容易被误认为是有思想的表现，但是本书摈弃求异思维的方式，选择了与中学历史教材密切相关的历史人物，提供了大量可以进行共性思考的历史素材，那就是从影响历史发展的节点中选择了大多数人相对熟悉的历史人物和历史故事，从共性的角度去理性理解历史发生的最初样子，进而对史鉴功能进行挖掘，思考历史对个人成长的影响、对社会发展的影响，近距离去感受优秀的中华文明，进而增强文化自信。

本书历史随笔部分选取历史人物围绕君臣、父子、女性等方面展开，以秦王嬴政确立君主专制主义中央集权到清朝溥仪下诏退位为时间线，囊括名君、能臣、女杰、思想家、史学家、文学家、父子与被误传的历史人物。这 2 000 多年间有影响的政治人物太多，经过仔细思考，从中精心挑选了影响历史发展的关键人物，分别对他们参与的史事进行客观叙述，涉及他们的生平故事、主要成就与影响、轶事典故等方面。对于帝王，既考虑了统一王朝的帝王，也选择了政权鼎立时期的帝王，从人性的角度赋予了高高在上的"龙颜"更多的思想性，认识到他们既推动了历史的前进，又达成了自己人生的巅峰，他们震动了我们的心灵，是当之无愧的英雄。对于臣子，在理解基本历史人物事迹和相关史事的基础上，更多的是通过对比去理解处于"为人臣子"的名臣、权臣是如何去定位自己。定位得好，既辅助了"帅才"又成就了自己；定位得不好，哪怕是看似安全着陆，身后也可能有灾祸。美丽的女人是世界的一道风景。在男尊女卑的封建社会，她们用自己的聪明才智、不懈奋斗，书写了难得的亮丽篇章，如颇具政治智慧的吕后、称量诗坛的上官婉儿、二度称制的文明太后、始终处于幕后的孝庄文皇后等。"时势造英雄"，杰出人物之所以杰出，是他们能够顺应历史发展的时势，通过自己的作为推动历史前进。思想文化是一个国家、民族崛起的灵魂。思想家着重选择了能够代表传统文化中主流思想从创立、确立为正统思想、发展为理学到明清时期遭批判四个时期的思想家们。史学家部分选择了有"史学两司马"之称的司马迁与司马光。文学家部分选择了中国古代文学的两座丰碑——唐诗和宋词，尤其是考虑到唐朝文化具有多元开放、兼收并蓄的特点，所以着墨这一时期的诗人较多,希冀中国传统道德的优秀部分、传统文化的精华部分能够走进春天里,再开美丽花。通过对古代文化名人的共性进行思考,推动读者进一步增进文化自觉。康德说"人非工具而是自身的目的",人生奋斗除了为社会发展做出自己的应有的贡献之外,还需要通过以实现自己价值的榜样作用去影响后代的成长,本书从正反两方面呈现了几组父子(女)的成就对比,彰显家庭教育的重要性;并力图把那些长期以来被"猎奇心理""求异思维"误传的历史人物面孔最大限度地呈现出来,还其本来面目。

不同系列在用笔时稍有不同,在能臣部分,本书对汉唐和清朝更加倾心,基本的想法是,通过汉唐盛世领先于世界和清朝落后于国际潮流的对比,深刻认识社会存在决定了历史人物不同的脸孔不同的人生成就,希冀能从历史的对比中,更好地思考如何在把握时势成就人生的同时更多地奉献社会。总之,对于这些历史人物的思考,不只是罗列历史史实,更多的是从人性的角度赋予历史人物和历史故事更多的思想性,以历史人物为镜鉴,烛照今天发展的未来。

历史是过去,翻看一张张枯黄面孔,历史上的每一张脸庞都在今天留下了影子。正确认识这些影子,有助于我们更好地规划人生,更好地开创前路。我们所看到的每一段历史,都折射着自身的悲欢离合。然而历史的演绎,却总是夹带着叙述人的感情色彩与偏见,必然的结果在偶然的情况下往往就有了不同的说法,历史也就失去了它最初的样子。回望从嬴政到溥仪时代那些身影,我们需要对历史时时刻刻保持一种尊重和珍惜。本书希冀能以鄙陋的笔墨与读者一起从人性的角度阅读历史、在尊重史实的基础上用我们的心灵去感受古人的心灵、感悟人生。在摸索前行的人生路上,回望渐行渐远的历史人物,其实就是在擦拭我们迷乱的视线。历史虽远,可人性与人心未远。无论日月如何轮转,世事如何变幻,我们身上所秉有的人性,大抵与古人相去不远。一般人的性格，只决定自己的命运；大人物的性格，不但决定自己的命运，还影响着国家的命运和未来，影响着历史的走向和进程。面对浩瀚历史烟云，我们需要理性思维，需要在铭记传承优秀中华文明的同时，能够从人性的角度理解历史人物和历史史事发生发展的必然归宿及其对后世的影响和启迪。

在写作本书的过程中，得到了九三学社烟台市委专职副主委张桂德的无私帮助，诚挚感谢！本书参考了《史记》《汉书》《资治通鉴》等史书，为了方便阅读，将正史中的相关史事记载直接以白话文形式呈现，并参考了多种杂志、中国作家网、学习强国、人民网海外版等多种网络渠道信息（正文中均有标注）。由于写作从 2012 年就开始了，持续时间很长，加上有些史料是参考了多种资料，会存在标注不准确、漏标注等错误，恳请批评指正。

任秀芹
2021 年 12 月 12 日

目录
Contents

第一篇　历史教学模式

在路上 ·· 3

全员育人导师制使历史课堂丰富多彩 ······················· 8

基于小组合作学习的高中历史讲评课概述 ················ 13

苟日新，日日新，又日新 ··· 16

第二篇　历史人物随笔

名君 ·· 25

宽广胸怀成就千古一帝——嬴政 ···························· 26

多彩性格兼有杀伐果断——刘邦 ···························· 29

雄才大略造就盛世王朝——刘彻 ···························· 33

严官宽民守成大汉江山——刘询 ···························· 37

备受争议难掩人性光辉——王莽 ···························· 39

待人以宽开启中兴之路——刘秀 ···························· 41

知人待士盖有高祖之风——刘备 ···························· 45

胸怀若海造就鼎峙之业——孙权 ···························· 47

不求有功未必能求无过——司马炎 ························· 49

平世界易奈何胜自己难——杨坚 ···························· 53

韬光养晦只为雷霆出击——李渊 ………………………………… 56

虚怀纳谏终为一代明君——李世民 …………………………… 58

无字石碑蕴含无尽智慧——武则天 …………………………… 62

重文抑武塑造王朝品格——宋太祖 …………………………… 65

艺术才华远胜治国能力——李煜与赵佶 ……………………… 67

钢铁意志何惧挫折失败——孛儿只斤·铁木真 ……………… 70

发奋图强终成布衣天子——朱元璋 …………………………… 72

从封建帝王到普通公民——爱新觉罗·溥仪 ………………… 74

能臣 ……………………………………………………………… 78

善于谋国，不善谋身——主父偃 ……………………………… 78

诙谐滑稽，另类奇才——东方朔 ……………………………… 81

为人耿正，为官忠直——汲黯 ………………………………… 84

未能善始，终得善终——公孙弘 ……………………………… 86

虽为酷吏，也是廉臣——张汤 ………………………………… 88

驰骋大漠，铁马金戈——李广、卫青、霍去病 ……………… 91

辅国功勋，败于齐家——霍光 ………………………………… 95

治世能臣，乱世枭雄——曹操 ………………………………… 97

"鞠躬尽瘁，死而后已"——诸葛亮 ………………………… 100

生前死后，哀荣始终——郭子仪 …………………………… 102

救时首辅，祸发身后——张居正 …………………………… 105

以身许国，放眼世界——林则徐 …………………………… 108

以身护堤，爱民如子——魏源 ……………………………… 110

忧国忧民，名士狂士——龚自珍 …………………………… 112

师夷长技，以图中兴——洋务四名臣 ……………………… 114

女杰 …………………………………………………………… 125

胸中有野心，眼里有天下——吕后 ………………………… 125

一腔改革志，二度掌权柄——冯太后 ……………………… 128

诗坛女名士，文界衡量者——上官婉儿 …………………… 130

一身辅三朝，功高不自居——孝庄文皇后 ……… 132

醉心于权术，是非任君评——慈禧 ……… 136

思想家 ……… 139

创立儒家，泽被后世——孔子 ……… 139

"罢黜百家，独尊儒术"——董仲舒 ……… 142

"存天理，灭人欲"——朱熹 ……… 145

天之立君，本以为民——李贽 ……… 148

忧国为民，求实求真——"清初三先生" ……… 150

史学家 ……… 153

千古之绝唱——司马迁 ……… 153

先儒司马子——司马光 ……… 157

文学家 ……… 160

千人唱，万人和——司马相如 ……… 160

"笔落惊风雨，诗成泣鬼神"——李白 ……… 163

"半生坎坷蹉跎志，忧国忧民圣人心"——杜甫 ……… 166

"救烦无若静，补拙莫如勤"——白居易 ……… 168

"凡有井水处，皆能歌柳词"——柳永 ……… 171

"人生如梦，一樽还酹江月"——苏轼 ……… 173

"物是人非事事休，欲语泪先流"——李清照 ……… 175

父子 ……… 178

传承事业 ……… 178

肱股父子 ……… 181

文豪父子 ……… 184

史家父子 ……… 189

损父声望 ……… 192

丧父江山 ……… 194

败光家业 ……… 196

被误传的历史人物 ··· 200
  "不到黄河心不死"讹传千年——项羽 ················ 200
  以发明影响历史可惜有才无德——宦官蔡伦 ·········· 203
  被诬心胸狭小，实则雅量高致——周瑜 ················ 205
  说得十分洒脱，实际缺少魄力——桓温 ················ 206
  诗坛辉煌，政坛多舛——陈子昂 ······················ 208
  流传形象负面，实则不堕气节——叶名琛 ············ 211

第一篇　历史教学模式

在　路　上

　　"在路上"是我面对新课改所保持的状态。作为一名在传统教学年代里还算优秀，学生信任、家长肯定、领导认可的教师，我没有固守自己"先教后学"的传递式教学观念，成为先行动起来的新课改体验者。在我收到参加陕西师范大学 2013 国培一线教师骨干教师技能培训的通知的同时，我的期待也飞到了陕西师范大学：期待我的课改困惑能在教育专家智慧的启迪下云开雾散；期待我能从教育同行思维的火花里提升自己的教育技能；期待我能在提高学科素养的同时，结识很多优秀的同行，让思想的交流生成更多的教育智慧，成为我教育路上不懈的源泉。

一、知名专家的理想追求——潜心思考在路上

　　作为历史教师，我能够参加"国培"是幸运的，历史学科的"国培"安排在西安更是幸运的，因为西安有着厚重的历史沉淀，因为西安有一线教师们喜欢的《中学历史教学参考》……因为喜欢，专家的每一场讲座，我生怕漏掉一个字，每一页笔记上都记录着我的思考。赵亚夫教授的讲座理论立足点高，需要费心动脑方可勉强使思考保持在路上的状态。晚上躺在床上的我不断反思自己教育的历史：我每堂课都注重教育的起点了吗？我每堂课都关注公民教育了吗？齐健教授的讲座听得比较多，每次总是会产生思想的共鸣，思考自然在路上：什么是真正有效课堂？什么是高效课堂？赵克礼教授对历史课堂教学改革的再思考是："集优、整合、创新"。他们三位对当今热闹的课堂，共同的看法是：有热度乏温度。这也是我对当前新课改中过度"合作"

的困惑：好多合作探究是为了探究而探究，就真的是以学生为主体了吗？赞同齐健教授引用的一句话："人们感到痛苦的不是他们用笑声代替了思考，而是他们不知道自己为什么笑以及为什么不再思考。"教育部何成刚老师的讲座是最适合于习惯"拿来主义"的我们了，何老师的报告首先是一针见血地指出了历史教育的问题。①内容单一。过于拘泥于历史课标、历史教材，不能在历史细节上有所扩充和丰富，实质导致历史教学的枯燥与无味。②材料雷同。很多设计使用的材料大同小异，存在互相抄袭。网络普及导致备课所需要的材料已是汗牛充栋。③观点陈旧。陈陈相因，没有认识到历史学是一门知识更新非常迅速的学科。比如问题与主义之争。④观点错误。缺乏严谨史学态度，随意解释历史现象。比如美国独立战争史教学、冷战起源教学。接着何老师呈现了 24 个史学案例，丝毫没有外显自己学识丰厚的迹象，更没有高高在上的说教。相信那 3 个小时，我们 100 名最基层的基础教育的同行们的思考都在路上：拓宽史学视野、提升史学水平的责任在于我们，行动更在于我们，前路漫漫，定当秉心而行。"服务当下，服务人生"的呐喊来源于任鹏杰主编。任主编的思想能使弯下腰身的人昂起高贵的头颅。《中学历史教学参考》的每一个教学案例都是那么接地气，任主编总是将他的智慧无偿地分享……

二、一线名师的不懈创新——醉心思考在路上

西安市第八十九中学李树全老师的"研究教学案例，实现教学突破"十分实用，使我醉心在思考的路上：怎样才是一节好课？①有意义。学生"进来前和出去的时候是不是有了变化"，如果没有变化就没有意义。②有效率。一节好课应该是充实的课，大家都有事情干，既有教师的活动，又要有学生的活动。③有生成。一节课不应该完全是预设好的，既要有资源的生成，又有过程状态生成。④有思想。历史教学的根本诉求是"育人"，一节

好的历史课,应该对学生有所启示。郭富斌老师则是首先扫描了"教育平面国",并进而运用历史的情怀和视野寻找"教育的理想国":当学生茫无头绪时,我能否给他们以启迪? 当学生没有信心时,我能否唤起他们的力量? 我能否听出学生回答中的问题与创造? 我能否让学生觉得我的精神、脉搏与他们一起欢跳? 我能否使学生的争论擦出思维的火花? 我能否帮助他们达到内心的澄明、视界的敞亮? 我能否让他们在课堂上豁然开朗、悠然心会? 我能否让学生在课堂上浮想联翩、百感交集?

他们的讲座,让我醉心思考的同时清醒地认识到:他们不同于一般教师的是他们对教育职业的高度坚守;他们的共同特征是广读书籍、博学教艺,苦研理论、精修技能;他们用自己的才智与努力,成就了学生的同时成就了自己。

三、一线后生的大胆展示——批判思考在路上

思想经过了前两轮的洗礼,带着新的期待来到了西安中学,在这里将有三位年轻的同行展示他们的课堂。毋庸置疑,三位同行的课是围绕主题进行了设计,都注重历史细节、所选史料都是那么丰富,课堂可谓华丽。但陈大伟教师"观而不说非礼也"使我的批判性思考在路上。对于观课的感想,我不得不引用同班学员尹明攀老师的观点,即把握以下五种关系。①丰富史料的展示与为学生的思考留白之间的关系。论从史出,史料教学,是历史教学的基本要素,没有史料的课堂是缺乏厚度的课堂。但史料越多就越是好的历史教学吗? 史料的呈现也必须做到眼中有人。一节课中呈现的史料的量,应有一个度,不能以牺牲学生的品读与思考权利为代价。没有学生思考的课堂,不可能是高效的、有意义的。需要什么史料取决于教学主题,需要多少史料,必须考量为学生思考留白的需要。②生动幽默的课堂语言与严谨规范的学科术语之间的关系。幽默生动的课堂语言有助于营造轻松的课堂氛围,提升学生的学习兴趣。但幽默生动到

什么程度方不至于使华丽的课堂缺失历史的味道，淡化教学的科学性？幽默不能只停留在欢笑与轻松的层面，更不能沦落为庸俗。真正的生动是打动人心，真正的幽默是笑后能够引发思考。为博得学生的欢喜而在课堂语言上丧失其必要的严谨与规范，难道不是历史教学的庸俗化吗？③有意义的教学与实实在在存在的教材之间的关系。整合教材知识，创设教学主题，升华教学意义，是我们当下历史教学的追求所在。但这是否就意味着要完全放弃教材，甚至是背离教材呢？历史教材难道不也是学生学习历史、老师教授历史的素材之一吗？否则，我们还编写历史教材做什么？无论是说"用历史教材教而不是教历史教材"，还是讲"用历史教材考而不是考历史教材"，二者都没有完全脱离它们与教材的关系。如何考虑有意义的教学与教材的切合度，是我们不能回避的教学问题。④老师预设问题与学生生成问题之间的关系。一切好课，离不开老师的指导和对课堂教学节奏的把控，更离不开关键环节上老师适时的启发与提问。那么，老师的提问能够充斥整个课堂吗？这里也应有一个度的问题。老师的思考永远取代不了学生的思考，老师能够预设出高水平的问题不等于学生就具备生成问题的能力。让学生自己发现问题、生成问题远比师问生答的价值高、意义大。一个有水平的历史老师，不在于他能够预设出多少好的问题，而在于启发学生暴露自己的困惑并由此生成自己的问题。⑤基于课程标准（或教学主题）的设计与基于学生学习（或实际学情）的关系。脱离学生学习的教学设计，无论它的教学主题有多么的高深，也只能具备厚度但不可能拥有效度。尤其水平较高、知识渊博、善于立意的老师，在进行教学设计时以谁为中心是一个必须考虑的前提。我们既要研究课程标准，更要研究学生学情，然后确定的教学主题才可能是真正的有意义的历史课的灵魂。这个度岂能不掂量？

四、同班学员无私地交流——反思思考在路上

培训成果展示的是教研员班和一线教师班的说课，应该说这是最能直接引起我们反思的环节。教师班司宝海老师的说课是从教材分析、教学重难点、学生分析、教学目标和方法、教学预设、课后反思等环节展开，是真正意义上的说课。司老师教学预设环节给我带来反思。对于整合教材，我习惯于课前由我来完成，而司老师却是指导学生来完成：①中国近代工业的沃土——自然经济开始解体；②中国近代工业的源泉——外国资本主义企业出现（自己添加）；③中国近代工业的开端——洋务企业产生；④中国近代工业的成长——民族资本主义企业诞生，这样就达到了将思考的时间和权利还给了学生的效果，这是我今后应该效仿的。教研员班夏辉辉老师展示的是 2007 年在西安中学上的一堂课，我的思考在于：对于借助情景理解历史事件发生的背景，夏老师的高明之处在于设置了彼此冲突的情景，而我只是依据答案的需要选取材料加以罗列；对于史料的运用，夏老师重视真问题引起真思考，这一方面我一直也是这样做的；夏老师借助文学作品中的细节引导学生建立认知逻辑，又是另外高明之处。

秋高气爽是秋日的惬意，云淡风轻是秋日的细语。研修让我的课改困惑如秋日的云一般淡淡而去，这是我的心语。研修结束了，我的教育思考会一直在路上；研修结束了，我的教育行动研究会一直在路上；研修结束了，我追寻理想教育国的脚步会一直在路上……

全员育人导师制使历史课堂
丰富多彩

从 2001 年开始,我国中小学全面实施新一轮基础教育课程改革。经过十余年的理论创新和实践探索,课堂改革取得了显著成效,尤其是教学方式发生了重大变化,绝大多数学校课堂教学正在经历由教本课堂向生本课堂的积极转型。我校顺应新课程改革的时代要求,走过了课改的第一个十年期,踏入第二个十年期的我们已经从"认识期"坚定地走向了"行动期":我校自 2010 年开始积极开展关于构建普通高中学习共同体的实验,并将全员育人导师制进行了深入推广。作为一名在传统教学的年代里还算优秀,学生信任、家长肯定、领导认可的教师,面对学校构建学习共同体的实验,我没有固守自己的"先教后学"的传递式教学观念,成为先行动起来的课改体验者,对自己的课堂结构进行了不断地创新。在新课堂中,我不仅关注学生是否学会,还关注会学与乐学,更关注学生身心成长的高度,让每个学生拥有了参与课堂的能力,使我得以在课堂中聆听着、享受着学生生命拔节的美妙。近三年的全员育人的实践,使我对高中历史新课改与全员育人工作的关联有了一些自己粗浅的认识,写出来以期与各位同仁交流,从而更好地提高自己教书育人的能力。

一、"结构化预习"与"三步走"课堂结构改革推进中增强学生自信心

自信是成功做事和踏实做人的基石,在历史课堂中怎样才能增强学生的自信心? 在课改的最初,我"照方抓药"地复制了昌乐二中的小组合作学习的模式,过分夸大了导学案的作用,使导学案成了知识传递的代名词。这种以导学案为特点的"教师导学"模式带来直接的后果便是课堂中小组合作学习时活跃分子总是那极少数的同学,其他同学参与度不高,自信心自然受挫。怎样才能提高每一位学生的自信心,让每一位学生都能参与到小组合作学习中来?我思考着,探索着,实践着。在讲授《屹立于世界民族之林——新中国外交》这一课时,我一改以往使用导学案导学的做法,采用了类似于黎加厚教授的"学习地图"的模式,将学习问题单下发给学生,让学生带着问题进行结构化预习,激发学生解决问题的欲望,而且学生是带着问题预习的,课堂中展示预习成果的时候便增加了自信,课前自主学习也实现了线性预习向结构化预习的转变。结构化预习之后的课堂结构由传统的五环节改革为"了解—理解—见解三步走"模式:了解——不同时期新中国的外交成就;理解——影响不同时期新中国外交政策的变化因素;见解——新中国外交的感悟。结构化预习与"问题教学"相结合,提高了学生的学习能力,增强了学生的自信心。三步走课堂结构使学生在解决问题的过程中越来越积极,越来越主动,自信心在不知不觉中大大提高。

二、"展示对话学习"中焕发学生生命活力,彰显历史学科公民教育优势

对学生进行公民教育是我们学校全员育人导师制的主要内容之一。作为人文学科,历史学科是对学生进行公民教育的主要阵地之一。传统的历史课堂往往是通过单纯说教的方式对学生进行公民教育,在构建学习共同体的历史课堂中,我将展示对话的权利还给了学生,让他们通过对话来讨论问题、解决问题,实现学习目标,从而使得学生们想表达、展现、交流、被评价、证实自我的本能需求得到了满足,学生的生命活力得到最大的张扬,公民教育像春风化雨般润物细无声地孕育于学生心胸之中。

如在学习必修一第四单元,通过学生展示对话的方式将第四单元的线索总结为:列强侵华——屈辱史、中国人民的抗争和探索史。这种展示对话的方式实现了"生生搭台师生唱"。学生在展示过程中,动情地喊出了"我要做有中国灵魂世界眼光的人",爱国之情真实地扎根于学生的生命成长中。历史事件并不见得都是英雄、美人式的大起大落,细微之处也能显示"英雄本色",比方在学习必修二第六单元《社会主义经济建设的发展与曲折》时,学生在展示对话过程中对大跃进破坏生态环境表达了极大的愤怒。针对这种情况,我引导学生讨论在日常生活中如何爱护校园环境、生态环境,使学生意识到在日常生活中如何规范自己的行为才能成为一个文明人,成为一个将来对社会有贡献的人。同时也让学生意识到,爱国其实并不总是轰轰烈烈,更多的是"润物无声"。在学习必修三第一单元《中国传统文化主流思想的演变》时,学生们通过展示对话"身体发肤,受之父母,不敢毁伤,孝之始也。立身行道,扬名于后世,以显父母,孝之终也。"从孝的角度展示了要珍爱自己和别人的生命,要懂得感恩,做事情要有责任心和担当。学习《罗马法》和普罗泰格拉"人是万物的尺度"时,在学生进行展示过程中适时的引导使其体会"无规矩不成方圆"这句话的深刻内涵,讨论何时要去突破"方圆",何时必须墨守"规矩"。从而使学生深刻体会到"有限制的自由才叫自由"的含义,在增强遵守校规校纪的意识的同时普及了法律知识,将公民教育无声孕育于历史课堂教学之中。

三、课"来"课"往"间架起师生心灵沟通桥梁,化学生人际关系之惑

高中阶段的学生,是生理和心理走向成熟的转折期。他们走过了"童话世界",非常重视同学之间的友谊,而如何才能处理好同学之间的关系却是他们的最大困惑,这一现象在各个班级每个周交给我的励志周记中表现得最为突出:学生们在每次交上来的励志周记中总是诉说与同位、舍友、好朋友之间的人际烦恼。作为一名优秀的历史教师，在课堂上应该是学生信服的学科专家，在课下当学生遇到心理问题的时候又应该是学生最好的倾听者，甘做学生最好的心理医生。如何充分利用历史课堂让学生与历史对话，与高尚交流，与智慧撞击之时化解其人际关系之烦恼？在学习《孔子》这一课之时，在学生们掌握了儒家积极入世的态度之后，我便引导学生展开讨论怎样才能处理好人与人之间的关系。学生们在交流中达成一致：处理人与人之间的关系时，首先要使自己融入群体之中。在学习改革史的时候，学生们对改革家面对改革发出不同声音的质疑之时体现出来的智慧表达了心中的佩服，并进一步达成共识：在人与人的交往中，宽容与理解是关键。新中国外交是必修一第七单元的重要知识点，学生们掌握了新中国通过日内瓦会议重新以五大国身份参加国际会议，使新中国融入世界。在万隆会议上，新中国提出了"求同存异"的外交政策。新中国在世界舞台倾听别人意见的同时，坚持用自己的声音说话，并没有放弃自己的立场，使学生们深刻体会到"求同存异"亦能轻松化解人际关系中的不愉快。按照我校全员育人导师制，我是甲同学的导师。他在一次励志周记中是这样写的："老师，这个周我上课经常走神，主要是因为我们宿舍乙同学晚上睡觉打呼噜。我给他指出来了，现在他总是联合其他同学排挤我。"看到这段文字，我没有直接谈论这个问题，而是写了这么段话："天空收容每一片云彩，不论其美丑，故天空广阔无比；高山收容每一块岩石，不论其大小，故高山雄伟壮观；大海收容每一朵浪花，不论其清浊，故大海浩瀚无比。相信你会很好地解决好这个问题。"等到下个周再看到他的励志周记时，他是这样写的："老师，宽容、理解是同学相处的法宝，谢谢您！"全员育人就这样在课来课往间遍地开花⋯⋯

在学校全面深入推广全员育人的形势下，我就是这样扎根课堂，情系学生，我的历史课堂成为师生真诚交流的驿站，课堂带给学生激动、兴奋和智慧，置身于这样的课堂，师生感受的是生命的涌动和成长，感受的是教育的温度让一朵朵花儿美丽绽放！

（本文发表于《中学历史教学参考》2013年第6期）

基于小组合作学习的
高中历史讲评课概述

　　随着新课改的推进,我校传统的班级授课制逐渐被"构建高中学习共同体——小组合作学习"取代,现仅围绕着小组合作学习之下就如何提高高中历史讲评课实效性谈谈自己的浅见。

一、有效运用三张问题评价单和一张讲评课反馈表

　　(1)启用问题生成单,及时反馈信息。首先做的工作是,在试卷讲评课前,让学生自行纠错,对于不能解决的问题填写好问题生成评价单,然后以学习小组为单位,由学科长进行汇总,形成问题清单。评价是保持小组活力的关键,完善评价方式是课题组在这一环节做的重点工作。课题组朱常庆老师的篆刻堪称一绝,朱老师为问题清单的完成情况篆刻了"自我评价""同伴评价""小组长评价""学科长评价""教师评价"五枚印章,使这一环节的实效性明显提高。

　　(2)运用"问题解决评价单""问题拓展评价单",打造"医药超市"式高中历史讲评课。小组合作学习之下的高中历史讲评课包括以下几步。第一步,问题引领,合作学习。学生根据教师创设的情境,围绕着问题清单上的问题在合作小组内部展开积极的讨论。教师要逐组巡查,如发现讨论不积极、不热烈的,教师便作为角色之一进去引导学生进行讨论,使讨论具有实效性和深刻性。第二步,小组展示,生生质疑。在小组内部充分讨论的基础上,组内排出代表进行问题展示,展示时要求遵循"展、思、论、评、演、记"六原则。在小组展示的时候,各小组成员要认

真倾听其他小组的观点，积极思考并及时质疑追问，要科学评价别人的发言，适当保留个人意见，及时反思交流活动中的表现。教师要根据小组展示的情况，及时点拨提升，给予评价。在这一环节中，要注意运用"问题解决评价单"对小组进行整体评价，从而保持小组合作学习的实效性。第三步是师生质疑，拓展延伸。教师根据小组展示的情况，对小组展示不到位的题目进行质疑、补充。第四步是问题训练，评价指导。教师针对小组展示出现的重大问题，采用典型试题进行巩固训练，达到举一反三的效果。这一环节要运用"问题拓展评价单"，对合作小组进行多元评价，达到提高课堂实效性的目的。第五是归纳总结，思维升华。以学习小组为单位，对本节课在知识、方法、能力和思想上的收获，进行交流、反思，教师在小组总结的基础上适时补充。

（3）加强对讲评课之后的问题解决的持续关注。有些难点问题在讲评课上是解决了，暂时理解了，但是后续也会出现再次碰到此题时依然无从下手的情况，为了提高小组合作学习之下高中历史讲评课实效性的研究，我和本组教师共同制作了"历史讲评课反馈表"。主要的做法是由各个小组的学科长牵头，在一天之内完成历史讲评课反馈表的填写。学科长根据反馈表反馈的信息确定仍然有疑问的问题，通过组内的"兵教兵"持续关注，教师则认真回复学生的反馈表，从而使讲评课的实效性得以持续下去。

二、正确定位小组合作学习中教师的角色

传统课堂教师基本不离开讲台，在研究小组合作学习对提高高中历史讲评课实效性的策略研究中，课题组主要是研究了课堂的每个环节教师到底"站"到哪里合适，教师的角色到底应该如何转变。

（1）"站"在学生前面，做学生合作学习的环境营造者，将小组合作性学习引入高中历史讲评课。在课堂开始之初，我们是

"站"在学生前面。首先是根据他们的认知水平、心理特点,创设小组合作性学习情境,激发他们的好奇心和求知欲,使他们有合作学习的兴趣与热情。其次是选准切入点。例如,我在"小组展示、生生质疑"环节,切入点的选择主要是要抓住倾听者对发言者提出的追问。再次,教师要精心策划,采取有效办法,融入竞争机制,优化合作学习,运用实验教师篆刻的印章进行多元评价。

(2)"站"在学生后面、"站"在学生中间,成为学生学习的合作者、引导者。教师根据问题生成单创设了情境,提出小组合作学习解决问题的基本要求之后,便"站"到了学生后面,密切关注着各个小组的合作情况。发现问题时,便及时作为小组角色之一参与进去,成为小组合作学习的合作者。例如,在"经济全球化"讲评课中,我"站"到了学生后面的时候,发现第六组在讨论"作为发展中国家,应该如何应对经济全球化"这一棘手的问题时明显偏离了方向,我便适时地"站"到了学生中间充当了这一小组合作学习的"合作者"。当小组展示、师生质疑时,教师要担当起小组合作学习的引导者的角色,如在展示"全球化的实质"的时候,我适时"站"到了学生中间,提出了"中国是否也是全球化的主导者"这一疑问,引导了小组合作学习并将其推向了高潮。

从课堂的主导者到新课堂的指导者、引导者、组织者、合作者,角色转换起来并不会立即拿捏得非常得体与准确,但这是新课改之下作为教育者的我必须完成的蜕变。因循这样的要求,我要改变的不仅是课堂上的行为,同时要改变的还包括整个教育生活的态度与行走方式。

(本文发表于《中学历史教学参考》2013 年第 10 期)

苟日新，日日新，又日新

1994年，我成为一名高中历史教师。10年后，我经历了山东省新课程改革。那一次课程改革，对我来说，像是一次检验，也像是一次反思。课改检验了我工作10年的专业素养、教学能力和创新精神，我意识到，自己有扎实的专业能力，但仍需紧跟时代，不断创新。我开始反思自己以往的教学方式和教学理念，是否总是能做到"教师主导，学生主体"，是否总是能从学情和学生心理发展实际需求出发，是否总是能创造和谐高效的课堂。新课改后的17年，我在诸多变化中学会了应变，在所有的变与不变中，我的教育初心从未改变，教师职业带给我的幸福感与日俱增。

一、多变的教材：在课改中求索

（一）教材变化带来困惑

随着新课程改革的推进，高中历史教学从重视"双基教学"到"三维目标"，再到当下的"核心素养目标"。大学实习期间跟随的指导教师是"双基教学"的实践者，他特别善于运用顺口溜等技巧引导学生们掌握基本知识。踏上教学岗位后，经历的主要是三维目标教学和核心素养目标教学。这期间有过三次教材版本的变化，2004年以前使用的是人民教育出版社版教材（以下简称"人教版教材"），2004—2019年使用的是岳麓书社版教材（以下简称"岳麓版教材"）；从2019年9月开始使用部编教材。

人教版教材按时间顺序进行通史讲授：中国古代史、近代史、现代史,世界近代史、现代史,体系完整、语言表达清晰、逻辑性强。

新课改开始,全国高中历史教材有四个版本,烟台地区使用的是岳麓版教材。这个版本的教材按照专题模式呈现:三册必修教材分别从政治、经济、文化视角展开,六册选修教材涵盖"历史上的重大改革""社会民主思想与实践""20世纪的战争与和平""中外历史人物评说""探索历史的奥秘""世界文化遗产荟萃"六个方面。受历史教师人数有限、学生选考教材的多样性等因素影响,县市高中要开齐所有选修课很困难,所以大多数县市高中都是从六册选修教材中选一册给学生集体开设。

2019年9月,山东省高一开始统一使用部编教材。部编教材有两册必修教材,以通史呈现,上册讲的是中国通史,下册讲的是世界通史,所有学生必修。三册选择性必修教材,以专题方式呈现,供参加等级考试的学生学习;选修内容包括"史学入门"与"史料研读",供学生自主学习,学校不统一开设。与2004年课改相比,这次课程教材的体系与选取内容的变化,没有给我们一线教师带来太多的困惑。

山东省是第一批正式使用部编教材的省份,之前虽然有省份使用过试教版教材,但没有留下太多参考资料,备课时找不到太多较好的参考资料。相对来说,老教师更喜欢借鉴已有的资料与经验,年轻教师更擅长自主创新。但我认为与新课改、新教材相对应的,是教师的新思考、新理念。所以,年龄对我来说不是限制,我一边借鉴已有资料和教学经验,一边积极学习新的专业技能,用心把握学生的学习需求和兴趣点。由此,开启了我的新一轮课改之路。

(二)主动改变教学方法

在2004年之前,我的课堂教学更多的时候是由我来把控课堂,我会把精心准备的知识"掰碎了传递给学生"。从2005年开始,为了应对"一个课标、多个版本教材"的变化,原来的传递式教学逐渐转变为开放式教学，强调发挥学生的主体作用，把思考时间还给学生；力求通过教师引导，学生充分发挥主体作用，教师由之前课堂的操控者变为学生课堂学习的引导者、合作者，最终达到在潜移默化中提高学生学科思维能力的目的。

2010 年是一个重要的转折点。这一年，我们学校积极开展关于构建普通高中学习共同体的实验，我作为"莱阳市名师"多次被派到山东省昌乐二中学习。最初，我"照方抓药"地复制了山东省昌乐二中的小组合作学习的开放式课堂模式，让课堂活跃、开放起来，但我过分夸大了导学案的作用，使导学案成了知识传递的代名词，教师主导讲授的教学状况并没有太多改变。我的课堂只是看起来变成了"每一位学生都参与其中"，但学生的深度思维并没有被调动起来，在看似热闹的过程中，有些"学困生"成为合作学习的局外人。这让我开始反思：怎样才能让每一位学生都参与小组合作学习？我加强了阅读，多次与新老同事交流，珍惜每一次外出学习的机会，抓紧向专家老师们请教。

在外出学习过程中，我接触到了黎加厚教授的"学习地图"模式，开始改变传统的课前线性预习教学法。2011 年，我给莱阳市入职三年之内的所有高中历史教师上"屹立于世界民族之林——新中国外交"示范课时，把课前线性预习改变为结构化预习，取得了很好的效果。课上，我一改以往使用填空式导学案导学的做法，采用"学习地图"模式，将学习问题单下发给学生，让学生带着问题进行结构化预习，激发了学生解决问题的欲望，课前线性预习开始向结构化预习转变。

结构化预习之后的课堂结构由传统的五环节变为"了解—理解—见解"三步走模式，学生在解决问题的过程中越来越积极，越来越主动。原来的五环节课堂使学生听完课感慨"学历史，果真如此"；如今的三步走课堂结束时，学生感慨"懂历史，原来如此"。而我也由仅仅站在讲台上、奋战在黑板前的传授者变为适时站在学生后面的观察者、站在学生中间的合作者、站到学生前面的引导者。

在助力学生成长与备战高考的同时,新改课也成就了我:2009年被授予"莱阳市优秀教师",2011年获得了烟台市"教学能手""学科带头人"等荣誉称号,2004年以来先后四次获评烟台市高中历史优质课,2016年执教的"毛泽东与马克思主义的中国化"获评山东省优质课。这些来自业界的高度评价和肯定,也鼓励我进一步充实、提高自己。

二、内化于心:教学理念的改变

(一)从重视教学预设到重视教学实际生成

在新课改之前,我也算是那个年代里的优秀教师,非常重视教学设计。每晚躺在床上,我都要把写好的教学设计在脑子里过几遍,预想第二天的课堂会遇到什么样的问题、应该如何解决。所以,即使是刚毕业的我,也未出现过被学生"晾挂黑板""问倒在讲台上"的尴尬,反而收获了教学副校长"路过"听课,动员其他年轻教师来学习的成就感,更取得了所教班级全市第一名的好成绩。正因为突出的教学成绩,我被教育局从普通高中调到了重点高中。这件事极大地鼓舞了我,喜悦之后,我也开始反思,按照预设演练好的"剧本"能让一位优秀教师走多远?

来到重点高中,我一如既往地投入新课改中,教学理念上也能与时俱进。大约从2011年开始,我的课堂最大的变化是不再刻意强调按教学设计走好每一步,而是更注重课堂实际生成过程中对学生进行系列追问。每个晚上,更多的是用心总结当天课堂过程中的亮点与不足,并及时把反思形成文字。反思时,最少追问自己几个问题:第一,今天的课堂学生愿意听的环节是哪些?为什么?第二,今天课堂对核心问题的解决方法是否得当?过程性效果如何评价?第三,今天历史课堂的核心素养目标是否落实得当?立德树人是否只是标签式?整堂课还可以进行哪些精细化调整？这些反思为二次、三次备课提供了有益借鉴。这次改变，使我坚定了"课堂不是排练好的，是在与学生的互动中实时生成的"信念，坚信能根据课堂中学生不同表现适时调整教学的教师，才能走得更远。

（二）从重视教学结果到重视教学过程性评价

执教以来，在相当长的时间里，我最重视的还是自己的教学结果，研究的重点是教材、教法与学法。从 2016 年，特别是使用部编教材以来，我的理念发生了变化：从重视教学结果转向重视教学过程性评价，从知识能力本位转为素养本位，从重视学生的知识学习过程转为发展核心素养的过程，从发展学生历史学科核心素养的角度制订教学评价目标，将问题解决的水平作为教学评价目标的核心内容。

如何基于立德树人的目标，真正对学生进行过程性评价？从微观教学来看，在每一课的教学设计中，我都会依据课程标准精神，参照学业质量评价标准相关要求，将学生对本课内容的学习及掌握情况的教学评价划分为四个层次，满足绝大多数学生的课堂需求。我鼓励学生们互相评价，彼此分享历史学习的心得，共同进步。从宏观的历史思维来看，我努力提升自己的思维站位，培养学生"大历史"的逻辑框架，鼓励他们记录自己的成长历程——"档案袋评价法"，定期与学生单独谈心，不会因为学生某次成绩下滑而忽视对其整体学习的肯定。

"风物长宜放眼量"，教学过程性评价不仅带给学生知识上的改变，而且也对他们的发展产生了长远影响。学历史，可以让年轻的学生们站在世纪的节点上，了解过去，构想未来，完成我们现在对过去的追思、对未来的畅想，以及我们将在未来对现在的回望。这种深远的影响超越了教师个人和高考评价的限制，会让他们走得更远、更好。

三、不变的初心：在前行中坚守

（一）坚持专业阅读的初心不变

最初，为了解决新课改带来的困惑而进行了任务清单式阅读。随着新课改的推进，我从任务式阅读变为主动阅读、醉心阅读，把阅读当作一种生活习惯，不再有"等有时间再阅读"的心理。《黄爱华与智慧课堂》让我体会到每堂课的开讲要"趣"、新授要"实"、练习要"精"和结尾要"活"；《追求 探索 卓越——四十位教育名家名师风采录》使我坚定名师成长的基本规律，我坚守这些基本方式，具有了高度的"成长自觉"。阅读让我归于平静，与名人对话；思考让我穿越岁月的迷雾，锤炼自己的教育智慧。人有思想，才有魅力，教师更是如此。大师的思想如火把，教师的思想可以为蜡烛；火把可以照亮更广阔的空间，蜡烛至少可以照亮一间教室的灵魂，引导学生的灵魂向更高更远处健康地发展。

（二）和谐的师生关系从未改变

"用心灵赢得心灵，是教育的最高境界。"27 年的教育工作，我用自己的爱心、耐心、真心赢得学生们的亲近、尊重和喜欢。刚工作的时候，学生们喊我"芹姐"，甚至给我起外号"二丫"，因为我讲第二次鸦片战争那一课时，学生们突然联想到了主持人王小丫。随着年龄的增长，学生们喊我"芹姨""秀芹妈妈"，很多学生会把自己最私密的事情向我倾诉。因为很多学生把他们的负面情绪倾诉给我，关系亲近的同事戏称我为"垃圾桶"。已经毕业的学生，大多喊我"老任"，遇到开心的事情与我分享，遇到烦心事依然会找我讨主意。跟几位在莱阳的学生则是像亲人一样交往，他们的孩子会时常来我家小住。不只是教师节、春节等节日，时时都会收到来自天南海北的学生的温暖问候。教师身份带给我的幸福感与日俱增。

后之视今，亦犹今之视昔。执教 27 年来，每一次面对课程改革、教学创新，我都能从容不迫地应对挑战，发挥专业能力，做到每次课前精心准备、讲课时有所创新、课后及时反思。如果让我再选择一次，回到 18 岁，我还会义无反顾地选择历史系，选择成为一名高中历史教师。

（本文发表于《中国教师》2021 年第 9 期）

第二篇　历史人物随笔

名　君

关于君臣,孔子早就提出了"君君臣臣,父父子子"等伦理道德观念,孟子进而提出了"五伦"的道德规范。西汉时期思想家董仲舒提出了"三纲原理"和"五常之道"。朱熹又把"三纲五常"和"天理"联结在一起,把封建的这种伦理道德夸大为整个宇宙的原则。让我们一起回望在这种秩序下那些突出政治人物的身影,认真汲取历史的滋养,准确把握"国之大者"的时代要求,定位好自己的社会角色,自觉担负起时代赋予的使命。

公元前 221 年,秦王嬴政成为中国历史上的千古一帝。1912 年 2 月 12 日随着辛亥革命推翻了清朝,末代皇帝溥仪下诏宣布退位,存在了 2 000 多年的封建帝制结束了。皇帝制度的存在时间没有离开"1"和"2"这两个数字,不能不让人想到历朝历代皇帝的"说一不二":有形的帝王制度虽然离开我们已经许多年了,而封建思想的影响,如官本位观念、权力崇拜等还是存在的。重读中国历史上那些雄才大略的专制皇帝,无论是秦皇汉武、唐宗宋祖,还是一代天骄成吉思汗,我们不是为了从中去寻找"南面之术",而是为了从人性的角度贴近这些历史人物的心灵,思考我们应该如何顺应时势为社会奉献自己最大力量的同时成就自己的圆满人生。

"秦时明月汉时关",历史上秦汉两朝是紧密地联系在一起的。无论从政治上"汉承秦制",还是经济上"重农抑商",社会发展的各个层面无一不体现着中国历史发展的连续性与传承性。

宽广胸怀成就千古一帝——嬴政

嬴政是中国封建历史上第一位兼采"三皇五帝"名号，将新王朝的君主定名为皇帝，并通过许多具体规定和礼仪来突出皇帝的独尊地位。嬴政自称"始皇帝"，史称秦始皇。谈起这位始皇帝，统治"暴虐"首先会出现在大多数人的脑海，比如焚书坑儒与他相关，更有民间口口相传的"孟姜女哭长城"。如果秦始皇只有统治残暴的这一面，他又怎能使秦国在战国七雄中脱颖而出，并完成了统一？让我们一起拨开历史的迷雾领略千古一帝的宽广胸怀。

年轻的嬴政具有顾大局、服正理之胸怀。据《史记·吕不韦列传》记载，在嬴政着手调查他母亲和嫪毐之事时，嫪毐先发制人，攻击秦王所居蕲年宫，双方战于咸阳。嫪毐大败，嫪毐及其党羽均被杀害并且被夷三族。对于自己的母亲，嬴政是将她幽禁了起来。为此，许多大臣表达了不认同嬴政这一做法，先后有27位进谏者因为反对他这一做法而遭到残酷的杀戮。即使如此，茅焦还是毅然站了出来，此时他在秦国做客卿。那些平时和茅焦居住在一起的人听说茅焦要去谏止嬴政幽禁自己的母亲，都认为他的结局会跟前面的27位进谏者一样。于是，大家就私下达成了一致：私下把茅焦的行李分掉了，然后他们各自逃命去了。嬴政接到茅焦求见的报告，并没有立即处决他，而是派使者提醒他，前面已经有27个人因为谏止太后的事情被杀掉了。茅焦回答："我听说天上有二十八星宿，既然已经有27个了，我来凑够28之数。"听到使者的回报，嬴政火冒三丈，大怒道："这小子是故意来违背我，赶快准备一口大锅，我要煮了他。"得到嬴政的召见，茅焦却故意缓慢地进殿。使者催促他，茅焦说："我到了那里就要被处死了，您就让我慢一点儿吧！"使者也替他感到非常悲哀。其实茅焦是故意通过放慢进殿速度拖延时间来减缓嬴政怒气的。茅焦来到嬴政面前，不慌不忙行了礼，对嬴政说："我听说，长寿的人不忌讳谈论死亡，国君不忌讳研究国家灭亡。人的寿命不会因为忌讳死亡而长久，国家不会因为忌讳亡国而保存。人的生死，国家的存亡，都是开明的君主最希望跟臣子们研究的，不知道您是否愿意听？"此时的嬴政怒气已经有所缓解，他让茅焦接着说下去。茅焦说："忠臣不讲阿谀奉承的话，明君不做违背世俗的事。现在，大王有幽禁母亲这种荒唐作为，如果臣子不对大王讲明白，就是辜负了大王。"嬴政的怒气进一步缓解。茅焦又说："天下尊敬我们秦国，不仅仅是因为秦国国力强大，还因为大王英明、深得民心。但是现在，大王处死假父，为不仁；杀死两个弟弟，为不友；幽禁母亲，为不孝；杀害谏止的忠臣，是夏桀、商纣一样的残暴作为。这样的大王，再如何能让天下臣民去忠心信服呢？如果失去了天下人的忠心信服，就很难再会有人心向我们秦国了。这就是我担忧秦国、担忧大王的原因所在啊。"说完这些话后，茅焦解开衣服，走出大殿，伏在殿下等待受刑被处死。嬴政听了茅焦这番话之后，觉得茅焦说的特别在理，明白了自己的这些行为对于笼络天下人心、成就秦国统一霸业有害无益。于是，他走下大殿，亲自扶起了茅焦，赦免了茅焦无罪，并表示请茅焦继续说下去。茅焦也进一步劝谏要厚葬之前那些因为此事被杀害的忠臣。嬴政说："以前来的那些人，都是来指责我做得不对。没有一个人讲过此事对于我们大秦统一天下的负面影响。先生的话使我茅塞顿开，我哪里有不听的道理？"于是，秦王采纳了茅焦的建议，厚葬了那些被杀死的人，又亲自把太后接了回来。通过这件事情，我们不难感受到年轻的嬴政具有顾大局、服正理之胸怀。

嬴政具有宽广的胸襟，还表现在明知对方是敌国"间谍"之后，还是敢于给予重用的气魄。战国末期，在秦、齐、楚、燕、赵、魏、韩七个诸侯国中，秦国经过商鞅变法之后国力雄厚、基本上具备了统一其他诸侯国的实力。在其他六国内，韩国实力相对弱一些。为了防止被秦国灭亡，韩国采取了表面"阳谋"的政策——派水工郑国去游说秦国兴修水利从而达到疲秦的"阴谋"。《史记·河渠书》《汉书·沟洫志》记载，公元前 246 年，韩国派遣擅长水利工程的郑国前往秦国，讲述了韩王求和之意，又劝说秦王兴修水利工程，灌溉农田，增加农业收入，以此富国强兵。秦王久有吞并诸侯之心，便采纳了郑国兴修水利的建议。他任命郑国主持兴建这一工程，并征集大量的人力和物力配合郑国施工。由于沿途地形十分复杂，工程量巨大，修了近十个春秋尚未完工。在水利工程进行中，秦国已耗费了大量的人力、物力、财力。同时，秦国内议论纷纷，认为郑国大兴水利，劳民伤财，牵制秦国东征，是别有用心的，一些大臣也劝秦王停止这项工程。嬴政也发觉郑国的目的不单纯，便立即发布了逐客令，要将各诸侯国来秦的人全部赶出秦国，并将郑国抓起来。郑国说："始臣为间，然渠成亦秦之利也。臣为韩延数岁之命，而为秦建万世之功。"嬴政认为从长远来看，郑国说得很有道理，而且秦国的水利工程技术确实还是比较落后的，就决定不改变对郑国的重用。经过十多年的努力，郑国渠全线顺利完工。郑国渠的作用不仅仅在于它发挥灌溉效益，而且还在于首开了引泾灌溉之先河，对后世引泾灌溉产生了深远的影响。

嬴政具有远大的胸襟，还体现在作为一国国君他能知错即改。郑国渠的建设本身对秦国利大于弊，其"疲秦"的企图暴露后，其他各国也纷纷派间谍来到秦国做宾客，群臣对外来的客卿议论很大，建议秦王下逐客令，秦王听从了这一建议，李斯也在被逐之列。逐客令颁布后，李斯知道逐客令一旦实施，自己的地位就会不保。所以他向嬴政上书，这就是著名的《谏逐客书》。这一史实见于《史记·李斯列传》。李斯在《谏逐客书》逐一指出异国客卿对秦国发展做出的贡献，分析留客逐客的利弊，深刻地阐述了秦国要统一各国，是很需要异国客卿发挥重要作用的道理。嬴政果断地采纳了李斯的建议，立刻收回了"逐客令"，李斯仍然受到重用，被封为廷尉。

《史记·秦始皇本纪》记载，尉缭是公元前 237 年来到秦国的，当时秦王需要解决的棘手问题是，如何能使六国不再"合纵"，让秦军以千钧之势，迅速制服六国，统一天下，避免过多的纠缠，以免消耗国力。尉缭刚到秦国，就向嬴政献上一计，他建议嬴政出巨资贿赂各国权臣，以扰乱各国的政局，从而达到各个击破的目的。尉缭的建议迎合了嬴政的需求，于是对他言听计从。为了显示恩宠，秦王还让尉缭享受同自己一样的衣服饮食，每次见到他，总是表现得很谦卑。这在等级分明的封建时代的确是很难得的。尉缭懂得面相占卜，认为嬴政欠缺泽被天下百姓的仁德之心，所以决定离开秦国。不久之后，尉缭悄然启程要离开秦国，嬴政得知他的担心和行动后，立即派人将其追了回来，还让他掌管了全国的军队。正是因为秦王有明正理、顾大局、重人才的博大胸怀，使其他六国的优秀人才汇聚到了秦国，助力秦国先后灭掉了韩、赵、魏、楚、燕、齐六国，终于成就统一霸业，成为千古一帝。

多彩性格兼有杀伐果断——刘邦

在中国古代历史上，因参与农民起义而成功坐上"龙椅宝座"的有两个：一个是刘邦，一个是朱元璋。刘邦多面性格色彩非常明显，朱元璋则相对来说更看重亲情一些。他们能够成功地登上最高宝座，有一个共同之处，那就是给自己树立了民众比较喜欢的"忠厚"人设，用这一人设笼络人心。这个设人设的法子在今天也是不少流量明星常用的方法。

我脑海中关于刘邦的历史故事，最先出现的总是上高中历史课时，我的历史老师绘声绘色地讲着那段刘邦斩白蟒的故事。

只因司马迁在《史记·高祖本纪》的这一段中多写了一句"蛇遂分为两，径开"，由此诞生出了一个故事，即"高祖斩蛇，平帝还命"。刘邦斩蛇前，白蟒说："你欠下的账总有一天要还的。你斩了我的头，我就篡你的头；斩我的尾，我就篡你的尾。"刘邦一剑把白蟒从正中间斩为两段。西汉传到平帝，白蛇转而投胎为王莽，毒杀汉平帝，篡汉为新，新朝成为两汉的中间部分。后经刘秀平灭了王莽，才又恢复了汉室，建立了东汉。而东西汉恰巧各传 200 余年。毕竟传说只能是传说，作为汉朝的开国皇帝，刘邦有着非常鲜明的性格色彩，在史学家和历代研究者的笔下，刘邦多面性格色彩时而同时出现或时而轮流展现，这些多面性特点在刘邦身上便形成了一个极其生动的性格色彩形象。

秦朝治国采用的是法家思想。柳宗元那句"周之失，失之于制，不在于政；秦之失，失之于政，不在于制"让人想到秦朝时，更多的是想到秦朝的"暴政"。在那样一个人人对于苛法峻刑不堪重负的秦朝，《史记·高祖本纪》中说刘邦"仁而爱人，喜施，意豁如也。常有大度，不事家人生产作业"。《史记》给出刘邦一幅"仁而爱人"的形象是多么难能可贵。根据《史记·高祖本纪》记载，能够显示出刘邦性格中"仁而爱人"的事例，最有名的是"约法三章"。刘邦约定的是秦朝的苛刻法制一律废除，这对于"以吏为师，道路以目"的秦朝百姓来说，是多大的仁爱啊！"约法三章"使他得到了很多民心支持。刘邦的这种仁，非韩信所说的"妇人之仁"，是有君主之风范的宽仁。韩信曾指出刘邦的强大在于他"不能将兵，而善将将"，这就让很多将领们认为自己是在刘邦那里得到了与自己能力匹配的位置，很多人非常愿意为之效命，这就是刘邦的过人之处。《史记·淮阴侯列传》记载，韩信在蒯通劝他反叛刘邦时，始终是相信刘邦的。尽管刘邦曾经两次直奔中军夺韩信的将印，还接管了军事指挥权。那么韩信又为什么会产生刘邦不会辜负他的错觉呢？一方面，刘邦在提拔将领时候的足够"大方"，让将领们感觉自己得到了应该得到的

"重用"。当初韩信拜将,就属于破格提拔,以至于"一鸣惊人"。另一方面,韩信在平定齐国之后,他派人向刘邦上书说,希望做代理齐王。看了韩信的上书,刘邦首先十分恼怒,大骂韩信不救急,反而竟想自立为王。张良、陈平暗中踩刘邦的脚,凑近他的耳朵提醒刘邦好好善待韩信,让韩信自守一方,才能确保那一方稳定。经过这一番提醒刘邦明白过来,改口大骂韩信没出息,直接要封他做真齐王。韩信派出的使者回来如实汇报后,进一步让韩信坚定了"势不叛汉"的信念。刘邦性格中似乎一直有这样的魅力,能够让手下的每个人以为自己是刘邦倚重的人,总是能让每个人都甘心情愿为他所用。诚如韩信所言"陛下不能将兵,而善将将,此乃信之所以为陛下禽也。"张良的话更加形而上:"沛公殆天授,非人力也。"在其他人不触及刘邦核心利益时,刘邦的这种厚道足够被肯定;一旦有人触及了他的核心利益,他又会是那个最不厚道的人,他表现出来这种不厚道又是那么果敢。

刘邦性格中的"果断",最为突出的是,每次遇到重要节点事情时,他特别懂得"谋断"——当断则断。从刘邦的一生来看,准确的"谋断"为他的成功起了决定性的作用。据《史记·高祖本纪》记载,当初,他押送刑徒去骊山服徭役,这些苦命人半途逃亡的很多,刘邦估计到了骊山就没有几个人了,便果断解纵所送徒。他说:"公等皆去,吾亦从此逝矣!"这种果断,在当时是需要很大的勇气的。《史记·项羽本纪》中"鸿门宴"的记载充分体现了刘邦的果断。刘邦到了鸿门,向项羽谢罪说:"我和将军合力攻打秦国,我自己没有料到能先进入关中,灭掉秦朝,能够在这里又见到将军。现在有小人的谣言,使您和我发生误会。"项羽见刘邦只带百余从骑前来赴宴,而且一副谦恭委屈的样子,便动了"妇人之仁",脱口说道:"这是沛公的左司马曹无伤说的。如果不是这样,我怎么会这么生气?"在鸿门宴上,范增不断暗示项羽下达杀死刘邦的命令,但是项羽犹豫不决。刘邦找了个机会去上厕所,樊哙也找了个机会出来了。项羽派人去叫刘邦回去。

刘邦跟樊哙说："现在出来，还没有告辞，这该怎么办？"樊哙说："做大事不必顾及小节，讲大礼不需躲避小责备。现在人家正好比是菜刀和砧板，我们则好比是鱼和肉，还辞别什么呢？"于是刘邦果断决定离去，他让张良留下来道歉，让张良把一对玉璧献给项羽，一双玉斗送给亚父。刘邦让张良估计他回到自己的军营后再进去。刘邦离去后，从小路回到军营里，一回到军中，"立诛杀曹无伤"。这个"立"字把刘邦的果断写得极其到位，准确地反映出刘邦性格中果断的一面。刘邦的果断，方向感很强很准，比方讲他虽然实行郡国并行制，但他有着清醒认识。对于自己能直接控制的地方，坚决实行郡县制。对于自己鞭长莫及的地方，才姑且实行分封制。公元前 204 年冬，楚军兵围汉王于荥阳，双方久战不决。楚军竭力截断汉军的粮食补给和军援通道。汉军粮草匮乏，渐渐难撑危机。汉王刘邦大为焦急，询问群臣有何良策。谋士郦食其献计要分封六国之后为王，共同对付项羽。这其实是一种"饮鸩止渴"的夸夸其谈，当时刘邦并没有看到它的危害性，反而拍手称赞，速命人刻制印玺，使郦食其巡行各地分封。在这关键时候，张良外出归来，拜见刘邦。刘邦一边吃饭，一边把实行分封的主张说与张良听，并问此计得失如何。张良伸手拿起酒桌上的一双筷子，连比带画地讲了起来。张良的一番"八不可"言说，使刘邦茅塞顿开，恍然大悟，以致辍食吐哺，大骂郦食其："臭儒生，差一点坏了老子的大事！"然后，下令立即销毁已经刻制完成的六国印玺，从而避免了一次重大战略错误。可以说，刘邦坚持"直辖"关键的郡县，是他后来对付韩信、彭越、黥布、陈豨等人的基础，也是后来汉景帝平息"七国之乱"的保证。

通过《史记·高祖本纪》能看出刘邦性格中还有着"无赖"色彩。这一"无赖"色彩的事情是这样的：吕公和家乡的人结下冤仇后到沛县定居，在刚刚到沛县时，很多人听说了他和县令的关系，人们便来上门拜访吕公，跟他拉拉关系，套套近乎。刘邦听说了也去凑热闹,但是在沛县担任主簿的萧何主持接待客人,他有一条规定:凡是贺礼钱不到一千钱的人,一律到堂下就座。而刘邦虽然没带一个钱去,他却对负责传信的人说:"我出贺钱一万!"吕公听说了,赶忙亲自出来迎他。一见刘邦器宇轩昂,与众不同,就非常喜欢,请入上席就座,刘邦一点儿也没谦让。饮酒到尽兴时,吕公说:"我有一女愿意许给你做妻妾。"吕公的女儿就是吕雉。他率领义军进入咸阳后,立即被秦宫的珍宝美女陶醉得忘乎所以,非要住下享受一番不可。亏得樊哙、张良等苦口婆心地相劝,他才恋恋不舍地离开。刘邦的可笑而又可爱的无赖相,使人哭笑不得。在楚汉两军对峙的荥阳前线,项羽在阵前置刘邦老父于俎上,威胁说:"今不急下,吾烹太公!"刘邦却轻飘飘地说:"吾与项羽俱北面受命怀王,曰'约为兄弟,'吾翁即若翁,必欲烹而翁,则幸分我一杯羹。"

刘邦是一个历经秦末农民战争锤炼出来的汉朝开国皇帝,同时又是一个鲜明性格色彩的人。他取得成功的因素是复杂的,最根本的当然是因为其活动顺应了时代的要求。这就是为什么我们在学习历史的过程中,总是要从时势人的视角去理解历史发生原因与其结局之间的必然关系。刘邦的成功与其性格有着不少的关系。小人物的性格决定眼界乃至个人命运,英雄人物的性格会对历史发展产生不少影响。

雄才大略造就盛世王朝——刘彻

汉武帝刘彻是汉朝开国皇帝汉高帝刘邦的玄孙,汉景帝刘启的儿子。他16岁继位,统治时间长达54年。他独具政治慧眼,雄才大略,在统治期间励精图治,使得汉朝社会发展繁荣。

从总体上看,他的独具政治慧眼主要表现在以下几个方面。政治上,他为加强中央集权,以"酎金"之事为借口,颁行推恩令,解决了汉初郡国并行制造成的"尾大不掉"问题；选用亲信和近臣参与决策形成中朝，将秦朝时的三公九卿外移为执行机构，设置十三州刺史加强对地方的监察，任用酷吏治理地方，严厉打击豪强、游侠等社会势力的不法行为。经济上，他改革币制，将铸币权收归中央；实行盐铁官营，由政府垄断盐、铁的生产和销售；推行均输平准，国家插手并经营商业贸易，增加收入，平抑物价；抑制工商业者，向他们征收财产税。思想上，他接受董仲舒"罢黜百家，独尊儒术"的建议，尊崇儒术，设立五经博士，确立儒学独尊地位；设立太学，促进了文化教学的发展，使儒学成为中国历史发展进程中的主流思想，深刻影响了中国人的共性文化心理。军事上，在稳固边疆的基础上，积极开拓疆域。他以卫青、霍去病为将，经过三次较大规模的战争，夺取了阴山以南和河西走廊的大片区域，并在河西走廊设立武威、张掖、酒泉、敦煌四郡。汉武帝这一系列政策与措施，顺应了当时的历史发展时势，从而使汉王朝走向鼎盛，统一的多民族国家得到巩固，也为他赢得了历史的美誉：历史学家班固称他"雄才大略"，毛泽东则把他和千古一帝的秦始皇相提并论。

汉武帝独具慧眼的政治智慧还表现在他对选官制度的调整。《汉书》记载，汉武帝时期的选官制度是察举制和征辟制。通俗地讲，察举是需要地方观察并推举，郡守每年必须向朝廷推荐一定数量的贤能，并规定"进贤受上赏，蔽贤蒙贤者戮"。也就是郡国如果有孝子，廉吏如不举荐，以大不敬罪论处。征辟的权利则在中央，选拔某些有名望的品学兼优的人士到政府做官。其中还有种种科目，如孝廉、秀才、贤良方正、贤良文学等。这是针对不同的人才需求而开设的选官方式。汉武帝时期实现了大一统，所以不管哪种途径选上来的，皇帝都要亲自进行策试，根据对策的等第高低，汉武帝分别授官。名儒董仲舒、文学家司马相如、名吏汲黯等都是通过推荐选拔上来的官吏。这就充分体现出中国古代专制主义中央集权的核心是确保皇权至上。汉武帝时期的察举制与夏商周时期的世官制相比,是明显的历史进步。它使得生活在社会下层的在各个方面有突出才能的人,能够通过合法的政策渠道,进入到统治阶级的范围。这样提高了汉代官场的官吏的素质,加强了汉朝的统治能力。汉武帝考虑到察举制和征辟制这两种方式有可能不能完全搜罗到统治者所需要的人才。他又开设自荐制,鼓励士民向皇帝言得失,言论中肯者即可授官,叫"上书求官"。通过史书或者现代电视剧被大家熟知的主父偃、东方朔等都是因为上书言事而成为名臣的。据史载,汉武帝时期哪怕上书言事自荐者有好几千人,汉武帝都够做到自己去审读"言事书",一时间出现"天下布衣各厉志竭精以赴阙廷自炫鬻者不可胜数。""汉家得贤,于此为盛"的局面。纵观汉武帝统治时期,官员选拔是多元化的,但也不是没有标准可言的,更不是世官制时期的依靠"血缘",明确的标准"博开艺能之路,悉延百端之学"。《汉书》记载,汉武帝时还有一套官员考核与监察的法子,用来监察地方的 13 州刺史。其中,州在东汉时期由监察地方官员的机构转变了地方最高一级的行政区。后来诸如唐朝等地方最高行政区也借鉴了这一转化:地方最高行政区——道是由原行使监察的机构转变而来。由此来看,汉武帝对教育人才、选拔人才、管理人才的重视和大胆创新,是非常具有前瞻性的,不愧为被誉为"具有政治眼光的汉武大帝"。

如果以一个人人生的发展阶段来比拟中国历史发展阶段的话,汉武帝统治下的汉朝可以说是处于中国历史发展的少年时代。中国历史少年时代的出现是建立在"文景之治"的物质基础之上,汉武帝统治时期的鼎盛显示出了少年中国历史向上的时代风貌。在汉武帝成就他个人伟业的同时也造就了彼时英雄如潮,成就了那个少年中国历史发展时期的英雄们。他在位期间涌现出了政治领域的桑弘羊、汲黯,思想领域的儒学家董仲舒,文化领域的文学家司马相如、东方朔和史学家司马迁,军事领域的卫青、霍去病、李广,外交方面的张骞,科技领域的农学家赵过、天文学家唐都，等等耳熟能详的杰出人才。这一时代用"人才辈出，群星灿烂"来叙述，一点儿不为过。更难能可贵的时，即使是社会底层也不缺少像郭解这样的"豪侠"。

肯定汉武帝的政治眼光，就得说说"罢黜百家，独尊儒术"。刚刚经历了秦末农民战争，汉初需要休养生息，汉高祖刘邦采用的是"黄老之说"治理国家。汉文帝、汉景帝在制度传承方面基本上是"汉承秦制"，经过汉初休养生息，汉朝出现了"文景之治"的局面。但是随之而来的王国问题、土地兼并问题与边疆匈奴问题，"黄老之说"的积极无为已经无法解决这些新问题。因此，如何加强中央集权的历史任务便提上了新的日程。董仲舒适时地吸收了法家、阴阳家等思想，让儒家思想有了"外儒内法"的模样，迎合了汉武帝加强中央集权的政治需求。《史记·龟策列传》记载，汉武帝接受了董仲舒的"罢黜百家，独尊儒术"的建议，从此儒家学说成了封建社会的正统思想，成为传统文化中的主流思想，统治者们开始用儒家思想来控制人心，来巩固自己的统治。在确立了儒学的正统地位之后，汉武帝采纳董仲舒的建议，开始在长安建立太学。汉武帝还下令在各个郡国设立学校官，初步建立起地方教育系统。太学和郡国学主要是培养为统治者服务的封建官僚，但是在传播文化方面，也起了重要作用。汉代太学注重考试，并建立了一定的制度，后来随着太学规模的扩大，考试制度也进行了若干改动，改动的思路是愈加重视考试，通过考试把培养人才与选拔人才结合起来，到了隋唐时期"分科考试"的科举制正式确立，这充分体现出汉武帝的政治眼光。

近距离接触了汉武帝的这一段历史，思考更多的是：什么样的人能够成为"帅才"？什么样的人能成为"将才"？无论处于社会的哪个层面，我们都要正确定位自己，都必须让自己足够强大、让自己足够优秀，才可能在遇到可以出彩的机会时脱颖而出。一个人要出彩，眼光与格局也是不可或缺的。暮鼓晨钟，霜飞惊鸿，人生是一场艰难跋涉的修行。有人面对山高路险选择了驻足不前,有人却将一路的荆棘走成了他人眼中的风景。前方的路有多远? 这句话不是问双脚,而是要问内心。你每一次迈出的步履,都是源自内心对远方的企及,你能够看到的远方,就是你能终将能够到达的地方。从最微观的层面看,在信息化的今天,我们要做的是:每个人都应该拥有坚定的爱国之心、都应该拥有发展的智慧眼光,智慧地置身于世界发展之中。

严官宽民守成大汉江山——刘询

历朝帝王由于宫墙相隔,人们总是鲜见帝王的真容,常是自觉不自觉地将其"神化",把他们想象得总是那么与众不同。实际上他们也与普通人一样,有着鲜活的个性,有着属于自己的喜好和情感,都有着与普通人相同或者相近的一面,这些鲜明的个性决定了他们在治国等方面各具特色。

在中国的历史上,从来没有皇帝有着像汉宣帝这样离奇的经历。从皇室显贵到收系郡邸狱,再从郡邸狱到拥有之上权力的皇帝,汉宣帝的人生经历可谓是充满了传奇色彩。汉宣帝刘询,原名刘病已,字次卿,是汉武帝刘彻的曾孙,祖父是汉武帝的嫡长子戾太子刘据,父亲是刘据的长子刘进。按照皇室权力继承原则,他这样的出身,不出意外就是未来的皇帝。刘据太子待人宽厚,经常将一些他认为处罚过重的事从轻发落。太子这样做虽然得百姓之心,但那些执法大臣都不高兴。群臣中,为人宽厚的依附太子,而用法严苛的则诋毁太子。由于奸邪的臣子大多结党,所以为太子说好话的少,说坏话的多。所以巫蛊之祸前,太子刘据已数次被苏文等人陷害。卫青去世后,那些臣子认为太子不再有母家的靠山,便竞相陷害太子。巫蛊之祸发生时,刘据的妻妾和三子一女皆死,唯独襁褓中的刘病已逃过一劫,被收系郡邸狱。刘病已五岁时,汉武帝病重,望气者说长安监狱有天子气，汉武帝便派人要把长安官狱中的犯人一律杀掉。幸亏邴吉尽力保护，才保住了刘病已的性命，并将刘病已送到其祖母史良娣家里抚养。后来汉武帝驾崩，留下遗诏，要求将刘病已从史家搬出，收养于掖庭，并令宗正将刘病已录入皇家宗谱，其宗室地位得到法律上的承认。《汉书·宣帝纪》记载，他虽养于掖庭，却常常出行宫外。他屡次在长安诸陵、三辅之间游历，他从这些市井的游嬉当中深切体会了民间疾苦，也因此学会辨别闾里奸邪、探查吏治得失。这为他成为严官宽民的守成明君打下了很好的基础。

作为守成皇帝，汉宣帝刘询来自民间，他特别清楚百姓们对贪官污吏恨得咬牙切齿，所以他当政之后，就一再声明要严明执法，严厉惩治贪官污吏。《汉书·酷吏传》记载，大司农田延年在尊立汉宣帝时，起到了至关重要的作用，所以他"以决疑定策"被汉宣帝封为阳城侯。后来，他在修建昭帝墓圹时，趁雇佣牛车运沙之机，贪污账款 3 000 万而被告发。有的官员以"春秋之义，以功覆过"而为他求情，汉宣帝没有同意，派使者"召田延年诣廷尉"受审，拟以重罚，致使田延年畏罪自杀。《汉书·宣帝纪》记载，他在任用地方官时，除启用了一些精明能干的能吏去严厉镇压不法豪强外，还同时任用了一批循吏去治理地方，从而改变了吏治苛严和破坏的现象，大大缓和了社会矛盾，安定了政治局面。由于他有过牢狱之灾的经历，所以对冤狱他深恶而痛绝之，提出要坚决废除苛法，平理冤狱。为从制度上保证执法的严肃性和公正性，还设置了四名廷尉平，专掌刑狱的评审和复核，并设置了治御史以审核廷尉量刑轻重。后来又下诏废除了首匿连坐法，并下令赦免因上书触犯他名讳的人。

汉宣帝刘询在严官的同时注重宽民。针对"富者田连阡陌，贫者无立锥之地"的土地兼并现象，他即位后，先后三次诏令把豪强徙往平陵、杜陵等地，而后把他们的土地或充为公田，或配给无地、少地的贫民；还把国家苑囿或郡国的公田，借给少地或无地的贫民耕种，使他们尽可能地摆脱地主的控制，重新变为国家的编户。刘询继续奉行了昭帝时期的薄赋方针：他即位不久，免除了当年租税，后又对遭受自然灾害、疾病的地区，免除三年的租赋。下令降低一直很高的盐价，减轻老百姓过重的负担。在徭役方面，尽量减少役使民力。当时，漕运所消耗的人力很多，他采纳大司农中丞耿寿昌的建议后，一下就减省关东多半的漕卒。在刘询的大力倡导下，各级官吏都将劝科农桑、发展生产作为首要政务。刘询还派农业专家巡视全国，指导农业生产。在刘询统治后期，国内经济繁荣，农业连年丰收，谷价创造了汉代的最低价。"万里江山千钧担，守业更比创业难。"汉宣帝凭借自己的治国能力，获得史书称赞"孝宣之治……功光祖宗，业垂后嗣，可谓中兴"，汉朝在他的统治之下持续繁荣。

备受争议难掩人性光辉——王莽

王莽是一位在历史上备受争议的人物。古代史学家以"正统"的观念，认为其是篡位的巨奸。但近代帝制结束之后，王莽被很多史学家誉为"中国历史上第一位社会改革家"。认为他是一个有远见而无私的社会改革者。王莽，新朝开国皇帝。平帝死后，王莽选立年仅两岁的孺子婴，仿效周公居摄践祚，自称"假皇帝"。公元8年自立为帝，改国号为"新"。

据《汉书·王莽传》记载，王莽少年时，其父兄先后去世，他跟随叔父们一起生活。王氏家族是当时权倾朝野的外戚世家，族中之人多为将军、列侯，生活侈靡，声色犬马，互相攀比。唯独王莽独守清净，生活俭朴，为人谦恭，勤劳好学。他服侍母亲及寡嫂，抚育兄长遗子，行为检点，作风严谨。对内侍奉诸位叔伯，十分周到，对外结纳贤士。王莽就是这个大族中的另类，世人眼中的道德楷模，很快声名远播。他节俭到什么程度呢？《汉书·

王莽传上》记载，王莽30岁，被封为新都侯，身居高位，他却从不以自己为尊，总能礼贤下士、清廉俭朴。他把自己的俸禄分给门客和穷人，甚至卖掉马车接济穷人。王莽在民间深受爱戴，朝野的名流都称赞歌颂他，他的名声甚至超越了他那些大权在握的叔伯。38岁的王莽出任大司马，生活反倒更加俭约，他自己的夫人"衣不曳地，布蔽膝"，连一件像样的衣服都没有。有一次，百官公卿来探望他的母亲，见到王莽的夫人穿着十分简陋，还以为是他家的奴仆。

王莽称帝后，采取了一系列惠民措施，史称"王莽改制"。王莽的改制貌似复古实则现代，王莽就像一个穿越时空的人在私有制为基础的封建社会进行了一系列具有公有制色彩的改革：以王田制为名恢复井田制，解决地主和农民的矛盾，调整生产关系，缓和社会矛盾，奴婢与王田均不得买卖；把盐、铁、酒、铸钱及山林川泽收归国有；改革货币制度，推行统一钱币，加强了中央集权；实行"五均六管"，盐铁官营，并且物价由政府统一管理；改革中央机构，消除多余的官职，有利于国家行政上的管理；改变了部分少数民族的封地及名号；改革军职，中央部队巩固京师，地方部队戍边。这些改革，多像超前的穿越者，多像是一位"社会主义的穿越者"。王莽改制的出发点是好的，但由于这些政策只求名目复古，很多都是与实际情况相违背的，而且在推行时手段和方法不正确，在遭到激烈反对后，又企图通过严刑峻法强制推行，使诸侯、公卿直到平民因违反法令而受重罪处罚者不计其数，加剧了社会的动荡。人们未蒙其利，先受其害，各项政策朝令夕改，使百姓官吏不知所从，因此导致天下各豪强和平民的不满。

"真书生竟然做假皇帝"，后人对王莽的这句评价既客观，又无情。关于王莽个人的一些良好品质，还是可以给予肯定的。

待人以宽开启中兴之路——刘秀

"飞鸟尽,良弓藏;狡兔死,走狗烹;敌国破,谋臣亡",几乎是历朝历代的开国功臣们共同的人生结局。如果要找区别,大概率就是有的开国皇帝杀"同生共死打江山"的功臣多一些,有的可能稍微少一些。凡事总有例外,历史也是如此。中国古代历史上就有这样一个不杀功臣的特例皇帝,在他当上了皇帝以后,对那些曾经与他同生死共患难的功臣们、帮他打下江山的功臣们并没有大开杀戮,而是让他们都得到了善始善终,这个"例外"的皇帝就是东汉的开国皇帝光武帝刘秀。

王莽篡夺了汉朝的江山,改国号为"新"。王莽夺权以后,激起了不少人的愤怒,再加上王莽新政过于理想化,在实际过程中劳民又伤财,"屋漏偏逢连夜雨"的新政又遇上了天灾,最终导致各地起义此伏彼起。《后汉书·光武帝纪上》记载,在众多的农民起义队伍中,以南方王匡、王凤领导的绿林军和北方樊崇领导的赤眉军最为有名。这两支起义军在相继打败王莽的官军之后,名声大振,响应者众多。刘秀则为人"多权略",处事极为谨慎。刘秀经过了深思熟虑,见天下确已大乱,方才决定起兵。23年,西汉宗室刘玄被绿林军的主要将领拥立为帝,建元"更始",是为更始帝。刘秀则受其封为太常偏将军。在辅助更始帝刘玄的过程中,刘秀凭借着自己各方面出众的能力,逐渐笼络了邓禹、冯异、姚期等一批将才,为他的打江山奠定了一定的基础。据《后汉书》记载,刘秀善待功臣,分封360多位功臣为列侯,给予他们尊崇的地位,只解其兵权。并且招揽大批文吏入朝。30年,刘秀让功臣列侯回到自己的封地。当时刘秀对三公要求严格,如果功臣们在朝担任官职的话难免犯错,这样会失去爵位和土地,刘秀为了保全他们的爵位的土地才让他们回到封地,远离朝廷。偏陷将军祭遵执法如山，曾经把刘秀犯了法的舍中儿（家奴）给杀了。他去世后，灵柩到河南县，刘秀诏遣百官先到治丧场所会齐，身着白色丧服驾临，望着哭泣哀恸。回经城门，阅过丧车，涕泣不能自已。丧礼成，刘秀又亲自以太牢之礼祭祀。等到安葬，刘秀再亲临，赠以将军、侯的印绶，用漆红了轮子的车子装着，让武士们排成军阵送葬，谥封祭遵为成侯。安葬完毕，光武再亲临其坟，妥为安置其夫人家室。来歙在奇袭略阳、攻陷落门，在平定隗氏的战斗中立功最大。攻打四川的时候被刺身亡。《资治通鉴》卷四二记载，光武帝听到消息，极为震惊，一面看奏章，一面流泪。看完后擦干泪水，赐给策书说："来歙，征战多年，平定羌、陇，爱国忘家，忠孝显著。遭遇不测被人杀害，朕很是伤心！"刘秀派太中大夫追赠来歙为中郎将，赐给征羌侯官印，谥号节侯，派谒者统管丧事。来歙遗体被送回洛阳，光武帝穿着孝服亲临吊丧送葬。他这些做法为他赢得了人心，使得他在多如牛毛的起义军中独树一帜，最终赢得了天下。

刘秀是一位名副其实的以宽仁得天下、以宽仁治天下的帝王，而"光武中兴"也在史册上留下了堪称辉煌的一页。他对严格执法的官员们表现出极大的支持，即使这些严格执法的官员们不给自己或是宗亲留情面时，也能给予宽容。《后汉书·酷吏列传》记载，湖阳公主的奴仆白天行凶杀人，因为躲在公主家里官吏不能去抓他。等到湖阳公主外出时，却用这个杀人的奴仆做陪乘。洛阳令董宣在夏门亭等候湖阳公主，截住公主的车，拦住公主的马，用刀划地，大声列举公主的过错，呵斥那个奴仆下车，并就地杀了他。湖阳公主立即还宫告诉了刘秀。刘秀大怒，召见董宣，要用廷杖打死他。董宣叩头说："我请求说一句话再死。"光武帝说："想说什么？"董宣说："陛下圣德中兴汉朝，却放纵奴仆杀害良民，将怎样治理天下呢？我不用棍打，请求自杀。"就用头撞柱子血流满面。刘秀命令小黄门扶着他，让董宣向公主磕头谢罪。董宣不服从，小黄门强迫他叩头，他两手据地始终不肯低头。公主说："文叔（刘秀的字）当百姓时，隐藏逃犯和犯了死罪的人，官吏也不敢上门捉拿。做了天子，你的权威却不能加于一个县令吗？"刘秀笑着说："天子不能同百姓一样。"刘秀称董宣为"强项令"，命他出去，并赐给董宣30万钱，董宣全给了手下的官吏们。从此，董宣打击豪强，没有不震惊发抖的人，京师称他为"卧虎"。

除了刘秀本人小心翼翼外，一些聪明的皇亲也时刻注意谨慎处事，并得到了刘秀的支持。《后汉书·阴兴传》记载，阴兴是光烈皇后阴丽华的同母兄弟。33年，阴兴改任侍中，并要被赐爵关内侯。刘秀召请阴兴，准备封赏他，把关内侯的印绶都摆出来，阴兴却坚决不接受，说："臣并没有冲锋陷阵的功劳，但宗族的好几人都蒙恩受封，让天下人感到倾慕向往，这实在是过于满溢了。臣蒙皇上及贵人（阴丽华）的深厚恩宠，富贵已经到头，不能再增加了。臣诚恳地请求陛下您不要再加封。"刘秀称许他的谦让，于是没有改变他的心愿。阴丽华问他什么原因，他说："您没有读过书吗？'亢龙有悔'，越是在高位越易遭灾难。外戚之家苦于自己不知进退，嫁女就要配侯王，娶妇就盼着得公主，臣心下实在不安。富贵总有个头，人应当知足，夸奢更为舆论所反对。"阴丽华对这番话深有感触，自觉地克制自己，始终不替家族亲友求官求爵。

为了将更多智谋之士吸收到自己的政权中来，刘秀努力搜罗四方名士，希望他们能为自己出谋划策，同时也提高政权的号召力。严子陵就是刘秀努力寻找的名士。《后汉书·逸民列传》记载，严光本姓庄，后人避汉明帝刘庄讳改其姓，一名遵，字子陵。少有高名，与刘秀同游学。刘秀建立东汉，严光于是隐名换姓，隐居在桐庐富春江畔，每日垂钓。刘秀思贤念旧，就下令按照严光的形貌在全国查访他。齐地报称有一男子披着羊裘在泽中垂钓，刘秀怀疑那就是严光，即遣使备置安车、玄纁，三聘而始至京都洛阳，未能请动他。刘秀笑着说："这狂家伙还是老样子。"当天就亲自来到严光居住的馆舍，严光睡着不起来，刘秀就进了他的卧室，摸着严光的腹部说："哎呀！子陵，就不能相帮着做点事吗？"严光又睡着不讲话，过了好一会儿，才睁开眼睛，看了好一会，说："过去唐尧那样显著的品德，巢父、许由那样的人听说要授给官职尚且去洗耳朵。读书人本各有志，何以要到强迫人家做官的地步？"刘秀说："子陵，我竟然不能使你作出让步？"于是便上车，叹息着离开了。后来，刘秀又请严光到宫里去，谈说过去的交往旧事，两人在一起相处好多天。一次，刘秀随意地问严光："我比过去怎么样？"严光回答说："陛下比过去稍稍有点变化。"说完话便睡在一起。严光睡熟了把脚压在刘秀的肚子上。第二天，太史奏告，有客星冲犯了帝座，形势很紧急。刘秀笑着说："我的老朋友严子陵与我睡在一起罢了。"后授谏议大夫，严光不肯屈意接受，于是归隐富春山。虽然两人并没能合作成功，但他们却都从中获得了收益：严子陵因此赢得了更高的声望，他的名字从此成为中国古代超然世外、品行高洁的隐士的代称，直到今天，富春江边依然保留着一个土台，据说就是当年严子陵垂钓的地方。而刘秀也因此被人们赞誉为谦恭下士的帝王楷模，这为他此后征召人才树立了良好的形象与基础。

　　天下已经平定，人心思治，刘秀也决心休养生息，不愿再谈兵戎之事。但太子刘强并不明白父亲的心事，他有一次向刘秀请教打仗的方法，但刘秀却当着许多功臣们的面回答说："打仗的事情，你还是不要问得好。"看到刘秀的态度，许多人都明白他已经不愿再看到兵火战乱出现了，一些清醒的功臣开始考虑退出权力中心。《后汉书·窦融列传》记载，长期据守河西的窦融身份微妙。当刘秀诏令他前往京都洛阳朝见时，他主动呈上自己的印绶，刘秀很快又把印绶送还给他。这一次窦融受到了极为隆重的礼遇和赏赐，不久之后被任命为冀州牧，离开了河西地区。他自知自己不是刘秀的旧臣而深感不安，每当入朝拜见刘秀时,他总是保持极为谦恭的言行,显得更小心翼翼。刘秀因此对他极为欣赏,并给予他和家属更优厚的待遇。除窦融之外,跟随刘秀打天下的许多功臣也明白已经到了该退休的时候。他们主动提出交出兵权,刘秀也为他们安排了优厚的生活待遇,让他们离开职位,到自己的封地去养老。就这样,跟随刘秀打天下的功臣都得以善终,这在历史上极为罕见,刘秀异于其他开国帝王的宽容由此可见一斑。

据《后汉书·光武帝纪下》记载,刘秀的宽容还表现在,他没有把废后打入冷宫,只是剥夺了郭圣通的皇后之位,不但没有对其赶尽杀绝,反而大肆封赏了郭圣通的家人。刘秀剥夺郭圣通皇后之位时,也没有废黜其长子刘强的储君之位。可刘强却觉得,自己的母亲郭圣通已经失去了皇后之位,自己继续占着储君的位置,不仅违背礼仪,而且还有可能为自己招来祸患。因此,刘强多次请求刘秀,希望将自己降级为藩王。刘秀陆续拒绝了几次,最终同意了刘强的请求,将其降级为东海王。郭圣通也最终以藩王太后的身份,度过了自己的晚年。

知人待士盖有高祖之风——刘备

陈寿在《三国志》中称刘备是"机权干略,不逮魏武",然"知人待士,盖有高祖之风,英雄之器焉"。刘备,字玄德,西汉中山靖王刘胜之后,蜀汉开国皇帝、政治家。史家多称其为蜀先主。

《三国志·蜀书·先主传》记载,刘备15岁时,外出行学,刘与刘德然、公孙瓒一起拜卢植为师学习。刘备不怎么爱读书,喜欢狗马、音乐、美衣服。他身长七尺五寸,两手下垂等到膝盖,能看见自己的耳朵。刘备不爱说话,能善待下人,喜怒不形于色,喜欢结交豪杰,当地豪侠都争着依附刘备。中山大商张世平、苏双等携千金贩马来到涿郡,见到刘备,于是给其资助,刘备得以用来集结到很多人。184年黄巾起义爆发，24岁的刘备在镇压起义的战斗中立下战功。刘备因为累次建立功勋而升为试守平原县县令，后领平原国相。刘备外御贼寇，对内则乐善好施，即使是普通百姓，都可与他同席而坐，同簋而食，从不区别对待。但是郡民刘平却不服从刘备对平原的治理，唆使刺客前去暗杀刘备。刘备对刺客之事毫无防备，还对刺客十分礼遇，刺客深受感动，不忍心杀害刘备，便坦露实情离去。

通过《三国志·蜀书·先主传》的记载，不难发现刘备善于用感情留人。184年黄巾起义爆发，刘备在涿县组织起了一支义勇军。关羽、张飞都加入其中，跟随刘备辗转各地，参与扑灭黄巾军的战争，刘备、关羽、张飞三人的感情好到连睡觉也要睡在一起。刘备担任平原相时，任命关羽、张飞为别部司马，分统部曲。随刘备出席活动时，关羽和张飞则侍立刘备左右，保护刘备周全。据《三国志·蜀书·关羽传》记载，200年，曹操派刘岱、王忠攻打刘备，却被刘备击败，曹操于是亲提大军出征，刘备败逃投奔袁绍，关羽战败被生擒，被带到许都，曹操待以厚礼，任命其为偏将军。曹操非常欣赏关羽的为人，为了知道关羽有没有久留的心意，叫张辽以私人感情来询问关羽。关羽对张辽叹息道："我知道曹公对我的厚爱，但我受刘备将军的厚恩，发誓共死，不可背弃。我终不会留下，在为曹公立下功劳后我便会离去。"后来，关羽为曹军斩杀了颜良，留书告辞，回到刘备身边用。

刘备用人不疑，有高祖之风。善用感情留人的刘备，还敢用比自己能力强的人，而且做到了"疑人不用，用人不疑"。191年，董卓作乱京师而导致中州四处兵起，徐庶为了避乱，到了荆州。在那里徐庶结识了诸葛亮，关系友好。《三国志·蜀书·诸葛亮传》记载，201年，刘备被曹操击败而南下依附刘表，刘表让刘备于新野驻扎抵御曹操。徐庶以刘备是汉室皇亲，而且信义著于四海，前往投奔。刘备见徐庶后，非常器重他。徐庶对刘备说："诸葛孔明乃是卧龙，将军愿意见他吗？"刘备希望徐庶引亮来见,但徐庶却建议:"这人可以去见,不可以令他屈就到此。将军宜屈尊以相访。"刘备在徐庶的建议下三顾茅庐,求得诸葛亮出山辅佐,使其"东结孙权,北拒曹操,南抚夷越"。诸葛亮出山之后,对诸葛亮十分放心,不乱插手、乱指挥,给了他一个充分展示自己的事业舞台,造就了诸葛亮"鞠躬尽瘁,死而后已"的良相之名。

刘备在性格方面,也与汉高帝刘邦颇有相似之处:遇事能屈能伸、决策冷静果断,特别懂得取舍。翻阅三国史书,纵观角逐群雄,刘备是那个最得人心的争雄者,是最符合中国古代传统政治思想理念的政治家。当然,我们说的这个刘备,是历史上的刘备,而不是《三国演义》小说、影视剧中的刘备。夷陵之战蜀汉江南前线部队大败,刘备撤退。由于返蜀道路被吴军完全阻断,黄权军队无法返回蜀地,故此他只好率领部下投降于魏国。刘备却不迁怒其家人,反而重用其儿子。黄权留在蜀中的儿子黄崇,官至尚书郎,可见其对手下的信任。自汉武帝之后,儒家思想成为封建社会的正统思想,儒家主张统治者要"以德服人",刘备深知在当时动荡的社会环境下、复杂的政治斗争中遵循儒家政治思想理念对于角逐天下的重要性。他特别注意自身品德修养,能够知人善用。临终时仍不忘留下遗诏告诫刘禅:"勿以恶小而为之,勿以善小而不为。惟贤惟德,能服于人。"正是这个"惟贤惟德,能服于人"的基本政治理念,铸成了刘备的蜀汉事业。

胸怀若海造就鼎峙之业——孙权

孙权,字仲谋,三国时期孙吴政权的建立者。"生子当如孙仲谋"是曹操对孙权的赞叹之语。

孙权的父亲孙坚和兄长孙策,在东汉末年群雄割据中打下了江东基业。191年,孙坚在奉袁术之命征讨荆州刺史刘表的过程中，不幸战死。九岁丧父的孙权跟随长兄孙策迁居，受到其母吴夫人的教育。孙权为人性度弘朗，仁而多断，崇尚侠义，喜欢蓄养贤才，因此渐与父兄齐名。他常跟随在孙策左右并参与内部事务的决策，其才能令孙策都自叹不如。200年，孙策被刺而死，临终前命孙权接替其位。周瑜从外地带兵前来奔丧，留在吴郡孙权身边任中护军，同长史张昭共同掌管军政大事。孙权当年虚岁十九岁，被东汉朝廷册拜为讨虏将军，兼领会稽太守，驻守吴郡。孙策刚刚统一江东没有多久，地方士民及宾旅寄寓之士仍存异心，因此孙权最初掌管江东时，局势动荡不安。孙权待张昭以师傅之礼，格外厚待。张昭在孙权面前敢于说出自己的意见，往往指责孙权做得不对的地方，对于孙权有良性的作用。孙权又以兄礼事周瑜，时常下赐周瑜。对于孙权，周瑜也说得上忠贞不贰。《江表传》记载，曹操想使周瑜为自己所用，曾派能言善辩的蒋干前去游说周瑜，周瑜十分坚决地回绝了蒋干。孙权又以程普、吕范等为腹心将帅。这些文臣武将对稳固孙氏在江东的统治做出了杰出的贡献。《江表传》记载，有人在孙权面前离间说吕范与大将贺齐的装饰美好绮丽，与王者之服相似，孙权说："当年管仲有越过礼仪的过错，而齐桓公宽容的对待，无损于霸业。如今子衡（吕范字）、公苗（贺齐字），并没有夷吾（管仲名）的过失，只是装备的器械精良、舟车队列严整罢了。这只是用作改变军容，对统治有什么损害呢？"那个人于是不敢再说了。他又广招贤才，聘求名士，诸葛瑾、鲁肃、陆逊等人被招至麾下。《三国志·吴书·诸葛瑾传》记载，刘备讨吴时，诸葛瑾身在南郡。当时有人进谗言诋毁诸葛瑾，称其与刘备互通信息，流言甚盛。陆逊上表力保诸葛瑾绝无此意。孙权回复说："我和子瑜（诸葛瑾字）在一起很多年了，有生死不易的誓言。他为人非道不行，非义不言。当初孔明出访吴国，我让子瑜留下他。子瑜对我说：'弟弟已经跟随他人，义无二心。弟弟不会留下，就像我不会离去一样。'他的言行是如此一致。论世上君臣大义，我和子瑜,可以说是'神交'了,不是旁人可以离间的。我已知你的心意,表函会再递交给子瑜,让他也了解你的良苦用心。"经过孙权的这些经营,最终安定了地方大族及宾旅寄寓之士之心,稳定了江南局势。

220 年,曹丕篡汉称帝,国号魏,史称曹魏。东汉正式灭亡。221 年,刘备不承认曹魏政权,于成都继承汉统,自称汉帝,史称蜀汉。时天下三分,曹、刘皆已称帝,而坐拥江东诸郡的孙权自222 年以来虽自立年号,却一直称吴王。229 年,孙权终于决定称帝,与曹、刘两方形成鼎立之局。孙权称帝后,在山越地区设立郡县,扩充领地。山越人是秦汉时期百越的后代,为了逃避原来苛重的赋税,逃进山林中,形成了自己的组织和社会,拒绝向孙吴政权交纳租税。开始,孙权派兵镇压,但收效不大。为了集中兵力对外用兵,解除后顾之忧,孙权调集重兵开始对付山越人。大将吕范等领兵合围,山越人的领袖被逐个抓获,其他山越人区别对待:强壮的青年人充实军队;老人、妇女统一管理,从事农业生产。孙权集中兵力终于解决了山越人的问题,后方得以彻底稳固,这为他下一步对外用兵奠定了基础。孙权大力开拓海上事业,在中国史上有非常重要的地位。230 年,孙权派将军卫温、诸葛直抵达夷州(今台湾),吴国势力达到了夷州。242年,又派遣将军到过珠崖(今海南琼山东南)、儋耳(今海南儋州)。孙权还进一步巩固了对交州的统治,派人出使南洋诸国,与扶南(今柬埔寨、老挝南部、越南南部、泰国东南部一带)、林邑(今越南中部)诸国建立友好关系,其行迹可能远至印度半岛。

不求有功未必能求无过——司马炎

司马炎,晋朝开国皇帝,司马懿之孙,司马昭嫡长子。司马炎能够成为晋朝的开国皇帝,是建立在父辈积累的基础之上的,没有经历过太多"创业"之苦的司马炎，经过充分的准备，选择了所谓恰当时机，采用了正确的战略，前后仅用了四个多月，便夺取了灭吴战争的全部胜利。280年，三国鼎立的局面完全结束了。晋武帝司马炎终于统一了全国，结束了长达近百年的分裂局面。在他完成统一全国后出现的一个经济繁荣时期，历时10年，史称这个时期为"太康之治"。但是他晚年生活奢侈腐化，公开卖官，斗富成风，奢侈之风盛行，加速了西晋的灭亡。司马炎去世不久，西晋王朝就发生了"八王之乱"，这场战乱长达16年，加上天灾不断，瘟疫流行，广大劳动人民又开始大批死亡或流离失所，"太康繁荣"的盛景很快失去了昔日的光彩。

《晋书·武帝纪》记载，司马昭病死，司马炎继承相国、晋王位，掌握全国军政大权。司马炎精心准备仿效曹丕代汉的故事，为自己登基做准备。司马炎先是指使一些人劝说魏帝曹奂早点让位。不久，曹奂下诏书说："晋王，你家世代辅佐皇帝，功勋高过上天，四海蒙受司马家族的恩泽。上天要我把皇帝之位让给你，请顺应天命，不要推辞！"司马炎却假意多次推让，多次推让后，才接受魏帝曹奂禅让，封曹奂为陈留王。265年，司马炎登上帝位，国号晋。但司马炎心里并不轻松，他很清楚，虽然他登上皇帝宝座，但危机仍然存在。为了尽早地使国家从动乱不安的环境中摆脱出来，为统一奠定牢固的基础，宽松政策成了晋朝的立国精神。这种立国精神在国家的各种领域中充分地体现出来。在对待退位的曹奂的态度上，司马炎显得很宽容。曹奂被迁居到金墉城，食邑万户，宫室安排在邺城，给予他使用天子旌旗，备五时副车，行魏国正朔，郊祀天地礼乐制度都仿效魏国初期的制度，上书不称臣，受诏不拜的待遇。其地位、待遇、结局可以说是历代亡国之君中最好的。后来对待蜀国和吴国的宗室时，他也尽量优待。这在历代王朝对待前朝宗室的策略上，算是难得的宽容了。用人的时候他不计旧仇，把一些曾经帮助曹魏政权，反对司马氏政权的人都任命为官员；对于有能力的前蜀国官员,他大胆起用,让更多的人感受到新政权的好处;即使有人反对,他也坚持了下来。

晋代魏,同曹魏代汉一样,以禅让的方式和平地进行,曹魏时的显贵大都成为新朝的开国元勋。西晋的政权结构是以皇室司马氏为首门阀贵族联合统治,皇室作为一个家族驾于其他家族之上,皇帝是这个第一家族的代表,需要自己的家族成员有更大权势,以保持其优越地位。司马炎称帝后,以宽松的政策对待血亲宗室。他大封宗室,将其祖司马懿以下宗室子弟均封为王,以郡为国。始则封王不就国,官于京师以辅皇室,继则分遣诸王就国,都督诸军事,后又出使镇要害地。此举目的,是为对抗士族中野心家。但“八王之乱”证明,这种政策反而使这些手握重兵的诸王中涌现出了许多野心家,严重地削弱了中央集权。同时,他还罢州郡兵,一方面可使地方官专心民事,另一是扩大承担赋役的课丁。兵役是东汉末年以后农民最沉重的负担,免除这负担,对恢复生产意义重大。但也因悉去州郡兵,导致地方连治安都没办法维持,因此到“八王之乱”后,州郡根本无力控制局面。

晋朝成立之初,司马炎为了收买人心,大封功臣,许多大家族都被封为公侯。蜀汉灭亡不久,司马炎为了稳定巴蜀人心,又任用了一批原在蜀汉供职的官吏为朝官。司马炎没有采取“一朝天子一朝臣”的惯用手法,而是采取拉拢、收买人心的办法,稳定各级官吏,以确保社会稳定地过渡。对于那些为司马氏创业的勋臣贵戚均加封晋爵,为公为侯。这些臣子们为司马氏获得政权起了很大的作用。为了维护他们的地位和利益,司马炎做出了许多努力,比如封给他们象征着荣誉的官职,给予他们优厚的生活待遇,赐给他们食邑。这些当然都要从百姓的赋税中产生,由此给民众造成的负担也是很沉重的。

司马炎在处理与少数民族的关系上,也比较宽松。刘渊是西汉时期匈奴首领冒顿单于的后裔。279 年,刘渊的父亲左部帅刘豹去世，司马炎任命刘渊为代理左部帅。289 年，司马炎又任命刘渊为北部都尉。刘渊后趁西晋发生八王之乱，割据并州地区，在 304 年以"兄亡弟绍"为名建立汉国，设置文武百官，追尊蜀后主刘禅，国号为"汉"。《晋书·慕容廆载记》记载，慕容氏是鲜卑族的一支。慕容廆的曾祖父莫护跋，曹魏初年率诸部由鲜卑山入居辽西地区。238 年，莫护跋协助太尉司马懿征讨辽东太守公孙渊有功，受封率义王，建国于棘城之北。慕容廆即位后，上表请求讨伐宇文鲜卑。晋武帝没有答应。慕容廆十分愤怒，率军侵犯辽西郡，杀戮劫掠甚多。晋武帝调遣幽州诸军讨伐慕容廆，双方在肥如交战，打败慕容廆。此后，慕容廆劫掠昌黎郡，年年不断。289 年，慕容廆派遣使者向晋朝投降，晋武帝授慕容廆为鲜卑都督。慕容廆到东夷府去表达敬意，身穿束巾衣在门口，行士大夫之礼。西晋统治时期，中国北部、东部和西部，尤其是并州和关中一带，居住着许多处于不同社会发展阶段的少数民族。在汉族的影响下，这些内迁的外族逐渐由游牧转向农业定居，文化相互影响渗透。但胡汉亦存在一定的矛盾，曾经有人建议司马炎将这些少数民族人迁回原地居住，以免将来爆发更加严重的民族冲突，但司马炎没有采纳。这种矛盾确实日益加深，司马炎逝世后，北方陷入了动乱时期，曾经受到司马炎重用的刘渊和慕容廆也成了匈奴汉国和前燕两个政权的建立者。

司马炎前期能厉行节俭，虚心纳谏，用人唯贤，进行了一系列的改革；而后期则热衷于安逸享乐，以致荒淫无度，君臣赛富。"前明后暗"是对晋武帝最公正的评价。如果说司马炎的"不求有功"，很大程度上源于他温和的个性。那么，"不求有功未必无过"则体现了他缺乏远见，他的所作所为已经为西晋的覆灭埋下了祸根。西晋的统一只是昙花一现，随着东晋十六国的时代来临，中国再次陷入了更严重的分裂与动乱。

平世界易奈何胜自己难——杨坚

《隋书·高祖纪上》记载,杨坚,隋朝开国皇帝。其父杨忠是西魏和北周的军事贵族,北周武帝时封为随国公。杨忠去世后,杨坚承袭父爵。杨坚之父杨忠因辅助宇文泰有功被赐胡姓普六茹,杨坚上台后立即恢复了自己的汉姓。在位的 24 年间,他锐意改革、政绩卓著。但是在位晚期逐渐多疑,杀害功臣,并且听信文献皇后之言,废黜太子杨勇,立晋王杨广为太子,埋下了亡国的祸根。

《隋书·高祖纪上》中记载,北周齐王宇文宪曾对周武帝说:"普六茹坚相貌非常,我每次见到他,都不觉自失。我怕他不会久居人下,要早早地除掉他。"周武帝说:"杨坚此人只可以作为一个将领。"内史王轨则对周武帝说:"皇太子宇文赟将来并非社稷之主,普六茹坚貌有反相。"周武帝十分不悦,说:"帝王自有天命在,旁人又能奈何?"杨坚知道后十分畏惧,行事小心谨慎,以韬光养晦。575 年,杨坚率水军 3 万,于河桥大败北齐的军队。576 年,杨坚跟从周武帝亲征北齐,进位为柱国。周武帝死后,太子宇文赟即位,是为周宣帝。杨坚的长女杨丽华被封为皇后,杨坚又晋升为柱国大将军、大司马。《周书·宣帝纪》记载,周宣帝不问朝政,沉溺酒色。579 年,周宣帝下诏传位于长子静帝以杨坚为辅政大臣,拜为大丞相。周宣帝时,政令苛酷,人心崩溃而不归附,朝野没有坚定的志向。杨坚任大丞相后,施政宽和,精简严苛的法令,躬行节俭,天下之人心无不归附于他。581年,北周静帝以杨坚众望所归,下诏宣布禅让。杨坚三让而受天命,自相府常服入宫,备礼即皇帝位于临光殿,定国号为"隋",改元开皇,宣布大赦天下。立王后独孤氏为皇后,王太子杨勇为皇太子。据《资治通鉴》记载,杨坚降周主为介国公,并派人害死宇文阐，谥号静帝，葬于恭陵。

杨坚统一全国后，杨坚励精图治，开创了辉煌的"开皇之治"。统一全国后，杨坚励精图治，开创了辉煌的"开皇之治"。政治上，他恢复了汉魏时期的体制，基本上确立了三省六部制度。三省六部制分工明确，组织严密，加强了中央集权。杨坚对于地方机构也进行了改革，他采纳度支尚书杨尚希提出的"存要去闲、并大去小"的建议，将原来比较混乱的地方官制从州、郡、县三级精简为州、县两级，撤销境内 500 多郡。同时，裁汰了大量的冗官，将一些郡县合并。大大节省了政府的开支，提高了行政效率，也减轻了人民的负担。杨坚亦因前朝酷刑甚多，影响民生，故命人编纂《开皇律》，修订刑律，订立国家刑法，使人民有法可守，又减省刑罚。《开皇律》对后世律法影响深远，杨坚修订的法律唐朝都基本上继承了。经济上，影响较大的是"大索貌阅"。隋初，农民隐漏户口、诈老诈小的现象极为严重，直接影响到国家财政收入和对劳动力的控制。为了查实应纳税和负担徭役的人口，隋文帝实行了"大索貌阅"，要求官吏经常检查人口，根据相貌来检查户口，使编户大增。杨坚小时候生长于寺庙之中，素衣素食，生活节俭，这使他养成了崇尚节俭的性格。他虽贵为天子，但却食不重肉，不用金玉饰品，宫中的妃妾不作美饰。他深知节俭的重要性，教育太子杨勇要节俭，说国家没有因为奢侈腐化而能长治久安的。他还提倡官员节俭。因为节俭，剥削较少，民众能够安居乐业，户口和财产剧增，又加上其他一些促进生产的措施，在很短的时间内，百业兴旺，经济繁荣景象由此而生。处理民族关系方面，面对突厥的侵犯，隋文帝坚决进行了还击，保持了边境的和平，为隋朝发展乃至中国后世安稳发展奠定了牢固基础。此外，地处东北的契丹、靺鞨等族，隋文帝对他们都作了妥善的处置。文化上，杨坚力行汉化，对汉文化的发展传承起了重要作用。汉代以前的文化典籍因几百年来的混战，遗失大半。583 年，隋文帝下诏求书，献书一卷赏绢一匹。587 年，隋文帝正式设立分科考试制度,取代九品中正制,科举制度初期规定各州每年向中央选送 3 人,参加秀才科与明经科的考试。606 年隋炀帝增设进士科,分科考试选拔人才的制度基本确立。

隋文帝杨坚一统天下,创立了被后世称之为"开皇盛世"的太平景象,但他在齐家方面实在是不敢恭维。文帝对他的皇后独孤氏素来言听计从,大臣们都把隋文帝与独孤皇后并称为"二圣"。根据史书记载,杨坚和皇后关系非常亲密。"上每临朝,后辄与上方辇而进,至阁乃止。使宦官伺上,政有所失,随则匡谏,多所弘益。候上退朝而同反燕寝,相顾欣然。"独孤皇后到了晚年时,杨坚想找一两个美人作为生活调剂,他试探性宠幸了宫女尉迟氏,却没想到皇后悲愤交加之下怒杀此女。杨坚一气之下感觉皇帝尊严受到打击,脾气暴躁的他负气离家出走,骑了一匹快马到京城郊区的深山中躲着。《资治通鉴》记载,身居太子之位的杨勇,性宽厚,率意任情,无矫饰之行。他曾经把蜀人所做的精美的铠甲,再加装饰,隋文帝看了很不高兴。独孤后又因太子妃元氏无宠,遇心疾而死,疑有他故,颇为不平,乃派人伺察太子过恶。而晋王杨广则矫情饰诈,内谄母后,外结朝士,特别是拉拢权臣杨素,积极进行夺取太子地位的活动。隋文帝先是软禁三子秦王杨俊,接着在 600 年,将长子太子杨勇贬为庶人,改立次子杨广为太子。很多大臣都认为杨勇罪不致被废,而且废立太子是大事,但隋文帝不听。直到文帝卧病于仁寿宫时,皇太子与文帝姬妾皆随侍在侧。《隋书》载,宣华夫人被太子杨广行"无礼"之事,宣华夫人将此事告诉文帝后,文帝始知冤枉了杨勇,并大骂独孤皇后与杨广,派人召杨勇进宫,准备废杨广而复立杨勇为太子,但是此事被杨广拦截。随即隋文帝便暴崩,杨广即位,是为隋炀帝。隋炀帝立即假拟文帝诏书,赐死杨勇。隋炀帝后来追封杨勇为房陵王,但是子嗣不得继承其位,全部流放济南,后来多数都被杨广杀死。

隋文帝一生，凭着自己的政治能力，控制北周政局并取而代之，建立隋政权，向北平定突厥的骚扰，向南平陈，一统天下，结束了近300年来分裂动荡的局面。他恢复生产、与民休息、施行仁政，创造了"开皇盛世"的辉煌。晚年的他过于猜忌多疑，经常为了一点小事就法外用刑，滥杀无辜。他一生提倡勤俭节约，到晚年仍不免奢侈享受，大起楼台；他崇尚实政，却从小信佛，老来佞佛，迷信思想非常严重；他以"孝"治国，然而其家庭内部却矛盾重重，兄弟残杀，父子反目，最终不得善终。

韬光养晦只为雷霆出击——李渊

李渊，字叔德，唐朝开国皇帝。据《中国通史》记载，李渊的父亲李昞，是北周的御史大夫、安州总管、柱国大将军，袭封唐国公；李渊的母亲是北周外戚杨坚妻子的姐姐。

《旧唐书·高祖纪》记载，李渊出生于北周长安的唐国公府邸。7岁时父亲亡故，李渊便袭封为唐国公。隋朝建立后，隋文帝任命李渊为千牛备身（皇帝的禁卫武官）。李渊在隋文帝时期历任谯、岐、陇三州刺史。李渊在隋炀帝即位之初先后做了荥阳、楼烦两个郡的太守，后来又被征入朝任殿内少监，613年他改任卫尉少卿，成为大隋帝国权力中枢里的重要角色。在此期间，李渊广交天下豪杰，遭到隋炀帝的猜疑。隋炀帝书命李渊去巡行所到之地，李渊因病没有去。当时李渊的外甥女王氏在后宫，隋炀帝问王氏："你的舅舅怎么迟迟不来？"王氏回答说李渊病了，隋炀帝又问："病得要死了吗？"李渊听说后，知道是自己平日的一点虚名害了自己，引起隋炀帝的猜忌，便天天沉湎酒乡，并大肆收取贿赂来韬光养晦，即使这样，他心里也明白隋炀帝终究不会放过自己。

据《中国通史》记载，617年，李渊任太原留守，成为这一地区最高军政长官。隋炀帝的暴政早已闹得民不聊生，这时农民起义的烽火已经燃遍全国，尤其是大河南北和江淮地区的农民军，正以摧枯拉朽之势，猛烈地冲击着隋朝的统治基础。与此同时，隋朝统治集团内部的矛盾也日益加剧。隋炀帝猜忌大臣，擅杀文武将臣。等到任太原后，在对突厥入侵的防御战中，李渊所派的副留守高君雅、马邑太守王仁恭遭到失败。炀帝下令拘捕李渊而斩杀王仁恭。李渊让李世民做好随时起兵反抗的准备。过了不久，炀帝又遣使驰驿赦免李渊与王仁恭。李渊认为时机已到，于是"雄断英谟，从此遂定"。经历这一事故，李渊加速了举兵反隋的活动。

《新唐书·高祖纪》是这样记载李渊太原起兵的。当时，起兵反隋的队伍蜂拥而起，隋炀帝所在的江都被孤立。晋阳县令刘文静看到李渊"有四方之志"，于是竭力结交。后来，他与李世民在狱中结识，暗中谋划起兵事宜。但确定计策后，李渊还不知情。李世民想实情相告，又担心李渊不听。李世民私下找到晋阳宫副监裴寂商议，裴寂就选了晋阳宫的几个美女，乘李渊喝醉酒之后，陪他过夜。然后，裴寂把李世民的谋划告诉了李渊，李渊大惊。裴寂说："安排宫女侍奉，事情暴露后是要杀头的，我这么做就是为了要劝你下定决心起兵啊。"李世民乘机向李渊汇报了整个计划。李渊开始时假装不同意，还表示要把李世民送去报官。过了一会儿，李渊还是答应了起兵，对李世民说："我爱护你，怎么忍心去告发你呢！"单凭一条"秽乱宫掖"的罪名便足以灭李渊满门。即便圣主明君也不能宽容此事，何况残暴的隋炀帝。此事不发则已，事发之日便是唐国公府灭绝之时。李渊若想永无后患，只有举兵造反，取隋炀帝而代之一途了。

617年十一月，李渊率军攻克长安，并立年仅13岁的代王杨侑为帝，遥尊隋炀帝为太上皇。618年三月，隋炀帝在江都之变中被禁军将领杀死。此后，李渊加紧了篡夺皇位的进程。作为一位老谋深算的政治家，李渊从一开始就选择了一条不同于当时群雄们的道路。出身草莽者,必须用轰轰烈烈的旗号来积聚人气。而对于已经具有强大政治势力的李渊来说,他不需要大张旗鼓大造声势,过早亮出争夺天下的旗号只会给自己带来麻烦,他要做的是于无声处听惊雷。许多年为人臣下的日子都过去了,他并不急于在这一时称帝。所以他只是悄无声息地安抚了周边的势力,待到取得真正的优势后才称帝建国。隋炀帝一死,李渊称帝时机已到,便立即自立为帝,名义上是杨侑禅位让贤给他。李渊称帝后,建国号为唐,年号为武德,大唐帝国就此开创。

虚怀纳谏终为一代明君——李世民

我曾经多次在课堂上问过很多学生:假设可以穿越到中国古代,你们愿意回到哪个朝代? 不少学生的答复是如此斩钉截铁:唐朝李世民统治的时期。可见这一时期留给后世的我们太多太多美好的记忆:长安是国际都市,其国际地位不亚于当下世界一流国际大都市,所以才有国外王子长期定居于此;有老少皆知的玄奘西天取经的多元开放文化……

说起贞观之治,首先会想起李世民"水能载舟亦能覆舟"的民本思想,更多的是会想到他最优秀的政治品质——从谏如流。据《新唐书·太宗纪》记载,李世民登基后,认真总结隋朝二世而亡的惨痛教训,特别重视谏官的作用。李世民统治时期,善于纳谏的表现就是重用谏官。首先,规定宰相进内廷商议国事时,必须安排谏官跟着一起了解国家的政事,允许谏官们发表自己的意见。李世民会虚心听取,合理的意见也会采纳,不只是摆摆样子、流于形式。唐太宗这种做法,就使得他能够直接听取不同臣子们的不同声音,为避免决策失误提供了有力的保障。其次,唐太宗能够将才能比较突出的谏官提拔到与其能力匹配且重要的岗位上来，如贞观时期的魏徵、褚遂良、马周等都是因为敢于直谏而被委以重任的。除了直接重视、重用谏官，唐太宗还注意从思想上消除臣子们的顾虑。如针对臣子"龙可扰而驯，然喉下有逆鳞"的担心，唐太宗即位之初就对大臣们反复表达自己的心胸："人欲自照，必须明镜；主欲知过，必藉忠臣。主若自贤，臣不匡正，欲不危败，岂可得乎？……至于隋炀帝暴虐，臣下钳口，卒令不闻其过，遂至灭亡，虞世基等，寻亦诛死。前事不远，公等每看事有不利于人，必须极言规谏。"这让大臣到既看到了他重用谏官的事实，又充分了解了他对良臣的心胸，使得臣子们在思想上不再有担心与顾虑。贞观元年，有人犯了罪，判案官吏因为个人的喜恶判了犯罪之人死罪。司法官吏孙伏伽依据大唐律令进谏：判案官吏不能因为自己个人的憎恨而滥加刑罚。唐太宗听后，觉得孙伏伽说的有理有据，便将价值百万钱的兰陵公主园奖赏给了他。孙伏伽成为李世民登基以后第一个敢于直接批评朝政的官员，他的受赏让其他臣子们感受到了唐太宗李世民的诚心纳谏。

要说唐太宗虚心的例子，免不了要说说那段与魏徵美君名臣的往事。在唐代，16～20岁叫中男，是半小伙子，还未完全长成；20岁以上60岁以下的成年男子，要承担国家兵役。627年，国家兵源出现比较紧张的现实状况，检点史建议将中男检点入伍。唐太宗考虑到兵源需求的实际情况，就通过了这一建议。按照当时三省职能分工，皇帝敕书要经过门下省，门下省具有封驳的权力，也就是唐太宗李世民的这个敕令需要门下省的魏徵签署才能拿去尚书省相关部门执行。唐太宗把敕书发了三四次，他的理由是，中男应该有长得比较强壮的，可以选择这部分强壮的进行征调。魏徵跟进多次行使了自己的封驳权力。他上书李世民指出了封驳的理由：中男身体未长成，不能征调。最后太宗就把他叫去，比较严肃地说："征调时中男如果身材矮小，是不会被点入军中的；如果身材已经强壮，征发入军是没有问题的。作为臣子，你这么固执，实在不应该。"魏徵则回答道："这是竭泽取鱼！"最后，妥协的是唐太宗，他被魏徵说服了。如果说李世民登基之初，善于纳谏是为了稳固自己的统治，那么当国家治理成效已经明显，天下出现四海宾服的盛世景象，他还能保持初心就更加难得。皇帝祭泰山，是古代一种最重大的仪式，是皇帝治理天下成功的标志性活动。632年，不少大臣纷纷要求封禅泰山，告功于天。唐太宗当然很高兴，谁不想实现这个做皇帝的最大梦想呢？可是，魏徵又出来提反对意见了，他说："天下虽然已经取得很大成绩，但还是远远不够。如同病人的疾病已经好了，但因患病太久，体力还没恢复。所以还不到封禅的一日。"唐太宗再一次接受了魏徵的不同意见，打消了封禅的念头。正是由于李世民虚己纳下的诚意，他统治时期出现了前所未见的直谏之风。

正如以直谏闻名的魏徵所说："陛下导臣使言，臣所以敢言。若陛下不受臣言，臣亦何敢犯龙鳞、触忌讳也。"在封建社会中，再受重视重用的大臣没有不怕"触龙颜"的，没有不怕"犯龙鳞"的，正是因为唐太宗有着其他封建帝王所不及的纳谏诚心，才使大唐的臣子们从思想上消除了顾虑。时间是最有力度的证明，历史最终会给予公平的评判。因为唐太宗的纳谏如流历史给予了他应得的高评价。

在李世民统治时期，敢于进谏敢于说不顺耳者大有人在，而且不逊于魏徵半分。有一次，李世民要修建洛阳的乾元殿，准备作为巡游时的休息住所。给事中张玄素上书规谏，言辞十分尖锐，竟然敢于说李世民连隋炀帝都不如。李世民问他："我与夏桀、商纣王相比又怎样呢？"张玄素照样言辞犀利："如果此殿兴修，可以说结果与桀纣一样昏乱！"恼归恼，最后李世民还是接受了张玄素的劝谏，并重赏了他。在此风气的影响下，连最基层的县令也敢以"收获未毕"、有误农时为由，上疏谏阻唐太宗到其辖地进行狩猎。李世民最初也不接受，但最终还是取消了狩猎。学习历史，我们看到的古代更多是"溥天之下，莫非王土；率土之滨，莫非王臣"的帝王心态，在君主专制的中央集权下，"龙颜怒"的后果一般是皇帝"让你三更死，绝不留人到五更"，甚至于会株连九族。但是太宗世民要修建一处宫殿，竟遭大臣指责连隋炀帝都不如；要到一个不起眼的属地狩猎，也竟遭小小的县令以"有误农时"的理由拒绝，而太宗最终都能从容纳谏，并对进谏的大臣加以重赏，这是怎样的胸怀！

从谏如流的唐太宗从制度上采取了一系列措施，以保证谏议工作的顺利开展：强化三省职能。唐初继承了隋朝的三省制，首先是中书省负责起草决策，再是门下省负责封驳审议，最后由尚书省执行。三省虽然分工明确，但是在实际运行过程中时有中书省、尚书省的部分官员因为情面或敷衍等种种原因，只是起到了传递者的作用，出现了履职不充分的问题。李世民从完善制度的层面让臣子们敢于说真话，能够充分履职尽责。这样就使得三省分工明确且能相互制约，在一定程度上保证了言路上传下达的畅通和恰当。正是李世民虚怀若谷的不凡气度，让他能够完善谏议制度，并做到从谏如流，使得贞观时期臣子们敢于进谏成为普遍的政治现象。唐太宗从谏如流的气度使他能够在位时以身作则，也相对能做到戒奢崇简、知人善任等，最终开创了"贞观之治"的繁盛局面。作为中国封建时代少有的明君，李世民成就了自己的一世英名。当然，作为一个封建君王，李世民的纳谏是具有时代和阶级局限性的。他的纳谏更多的是迫于"覆舟"的恐惧，其根本目的是维护其统治，臣子们进谏必须以忠君为前提，进谏权力的大小完全取决于皇权，未能从根本上制约皇权专制。然而，从治政方法和艺术的角度看，唐太宗别具特色的纳谏之风，还是值得我们借鉴的。

无字石碑蕴含无尽智慧——武则天

在中国古代历史上，唯一的女性皇帝是武则天。武则天真正悟出了"无字，方能不朽；无言，方能万言"的玄机。她有超人的智慧，敢于给自己立一座无字的墓碑，让一座无字碑使自己得到"永生"。武则天在政治、经济、文化等方面都对中国社会发展起到了一定推动作用。虽然现在还有许多人都在争议武则天的功过是非，但是她在历史上的地位却不可否认。

武则天从做皇后到被迫退位，前后参与和掌握最高权力达50年之久。如果从唐高宗驾崩算起，也有21年。"二圣"时期，表面上是唐高宗和武则天共同执掌朝政，但由于高宗身体状况越来越差，实际上是由武则天以皇后的身份来处理大量的国事。她非常清楚，自己深居后宫，要想驾驭整个国家机器，还需要建立一支属于自己的亲信力量。当年曾为她争取皇后地位出过大力的亲信们，10多年来，大都被淘汰殆尽了，只剩下李勣、许敬宗两人，也已是风烛残年，不久于人世了。因此，武则天准备重新建立一支新的力量，作为自己治国安民的工具。据《旧唐书·则天皇后纪》记载，666年，武则天从左、右史和著作郎中，物色了一批才学俱佳的文人学士。这批文人学士被特许从玄武门出入禁中，时人称之为"北门学士"。武则天"以修撰为名"，把这些文章高手召入禁中之后，编写了一批署武则天之名的著作。武则天建立的"北门学士"，名义上是修撰著作，实际上是武则天的智囊班子，武则天密令他们参决朝政，"以分宰相之权"。这批"北门学士"组成的智囊班子，为武氏造舆论、定主意出了很大的力。在此后的20余年中，武则天不仅在皇后的位置上坐得稳稳当当，高宗死后她又临朝称制，并逐步造成改唐为周的形势，这些都是与"北门学士"分不开的。因此，武则天也没有忘记这些功臣,他们多数被擢升为三、四品高官,范履冰、刘祎之还做到宰相,长期受到重用。

武则天惜才爱才。骆宾王,唐代文学家,他与王勃、杨炯、卢照邻以诗文齐名,为"初唐四杰"之一,曾任临海丞。后随徐敬业起兵反对武则天,兵败后不知所终。他在《讨武曌檄》中把武则天痛骂了一顿。武则天一面看檄文,一面称赞骆宾王的文才。当她看到"一抔之土未干,六尺之孤何托"时惊问是谁写的,并讲:"有这样的才能的人让他流落,这是宰相的过错。"上官婉儿的祖父和父亲都是因为犯罪被武则天处死的。当武则天发现上官婉儿的才能后,很重视她,并把她留下来在自己身边做秘书。不管当时朝中大臣怎么劝说武则天,不要把上官婉儿安置在身边,武则天依然用自己的言行去感化她、教育她,使她由原来的极端仇恨武则天,变成拥护武则天统治的人。武则天还善于选拔、重用人才,在她当政的时期出现人才济济的局面,贤能的文武大臣并不比贞观时期少。狄仁杰、姚崇、张柬之、娄师德、郭元振等都是耳熟能详的历史名人,都是在武则天时期被重用。正是因为她善于接纳各种类型的人为自己尽力,能够把一些名臣名将能将都笼络在自己的周围,防止了内乱和外患,保障了她长达半个世纪的强有力的专制统治。

武则天坐稳江山后,进行了一系列国家治理改革。《大唐新语》卷八记载,在用人上,武则天广开门路,不拘一格选拔人才,不论资历长短,不问出身贫富,任何人都可推荐人才,也可以自荐。对有特殊才能的人,她亲自考试。有才能的人即予重用,不合格的人即行裁汰。武则天改进和发展了选拔人才的科举制度。《新唐书·选举志上》记载,武则天专门开设武举,选拔有武艺的人。过去各州选送举人进京,总是把举人安排在向皇帝进贡的贡物后面。武则天把这种顺序改变成先送举人,后送贡物,表示她对人才的重视。除了重用人才,武则天在政治上注意打击豪门世族,通过发展科举制度,使得庶族大量人才进入统治阶层，扩大了统治基础。在经济上，她奖励农桑、兴修水利，减轻徭役并整顿均田制，使社会经济不断上升，民户数不断增长。她注重加强国家的边疆管理，改善与边疆各民族的关系。总之，武则天的政治才干和国家治理能力是值得肯定的，在她统治期间做了许多符合民众利益的事，把历史推进一大步。

当然，在武则天掌权近半个世纪的较长时期内，也有很多过失。《旧唐书·则天皇后纪》记载，为了镇压反对她的人，她任用了一批酷吏。其中两个最为狠毒，一个叫周兴，一个叫来俊臣。他们利用诬陷、控告和惨无人道的刑法，杀害了许多正直的文武官吏和平民百姓。成语"请君入瓮"，比喻用某人整治别人的办法来整治他自己，这个故事出自《朝野佥载》。有一回，一封告密信送到武则天手里，内容竟是告发周兴与人联络谋反。武则天大怒，责令来俊臣严查此事。来俊臣心里直犯嘀咕："周兴是个狡猾奸诈之徒，仅凭一封告密信，是无法让他说实话的；可万一查不出结果，天后怪罪下来，我来俊臣也担待不起呀！这可怎么办呢？"苦苦思索半天，终于想出一条妙计。他准备了一桌丰盛的酒席，把周兴请到自己家里。两个人你劝我喝，边喝边聊。酒过三巡，来俊臣叹口气说："我平日办案，常遇到一些犯人死不认罪，不知老兄有何办法？"周兴得意地说："这还不好办？"说着端起酒杯抿了一口。来俊臣立刻装出很恳切的样子说："请快快指教！"周兴阴笑着说："你找一个大瓮，四周用炭火烤热，再让犯人进到瓮里。你想想，还有什么犯人不招供呢？"来俊臣连连点头称是。随即命人抬来一口大瓮，按周兴说的那样，在四周点上炭火，然后回头对周兴说："有人密告你谋反，上边命我严查。对不起，现在就请老兄自己钻进瓮里吧！"周兴一听，手里的酒杯啪哒掉在地上，跟着又扑通一声跪倒在地，连连磕头说："我有罪，我有罪！我招供！"酷吏们严酷逼供，奖励告密，虽然消灭了一些政敌，但也滥杀了不少无辜。不少酷吏横行一时，不少文臣武将蒙受了不白之冤。除此之外，她崇佛教、建寺院、筑明堂、造天枢、铸九鼎,浪费了大量的人力物力。她晚年好大喜功,生活奢靡,耗费大量财资和劳力。她的男宠张昌宗、张易之兄弟二人狐假虎威,作威作福。武则天重用武氏宗室武承嗣、武三思、武攸绪及武攸宁等人,并大封武氏宗人为王。不过,这些错误和过失,毕竟是武则天政治生涯中的支流。她作为中国历史上唯一的女皇帝,能够排除万难,在统治长达半个世纪的时间里,社会稳定,经济持续发展,上承"贞观之治",下启"开元盛世"。她革除时弊,发展生产,完善科举,破除门阀观念,不拘一格任用贤才,顺应历史潮流,大刀阔斧改革。其历史功绩,昭昭于世。诚如宋庆龄对她的诚恳评价:武则天是"封建时代杰出的女政治家"。她的历史功过,恰如她给自己立下的那块无字碑一样,只能由历史去作出评论和判断。逝者如斯,智者如斯。谁能说她不是伟人?历史和事实证明,真正的丰碑,不是刻写在石头上的,而是能够被时间、被历史认可的。是刻写在人民心上的,任何伟人,终究都要走进历史。

重文抑武塑造王朝品格——宋太祖

在中国漫长的封建王朝历史上,有"秦王扫六合,虎视何雄哉"首统天下的大秦,有"罢黜百家,独尊儒术"实现大一统的强汉,有"九天阊阖开宫殿,万国衣冠拜冕旒"开放包容的大唐,有"重政治轻经济"促成郑和下西洋的大明……一个个光耀东方的封建王朝长期领先于世界,中国人也因此被称为"秦人""汉人""唐人"……在中国古代耀眼的时空舞台上,有一个朝代,儒学在这一时期被改造——理学不断将其思想的触角向下延伸到了基层受众;它进一步传承和发展了中国的古老文明,封建社会继续繁荣,这就是宋朝。

宋朝建国者赵匡胤是通过陈桥兵变"黄袍加身"的,为防止武将再次发生类似事情，他通过"杯酒释兵权"让武将石守信等交出了兵权，并将重文轻武作为基本政策。第一，开辟儒馆，任用大批儒士；广建学府，培养人才；下令修复孔庙，下诏拨款增修国子监学舍。第二，完善科举制度，放宽科举考试的选拔门槛、严格考试制度，以防富家子弟们请托舞弊。宋太祖亲自主持殿试，选拔高级人才为自己所用。第三，在地方上用文臣做知州，"杯酒释兵权"之后，为避免再次发生武官出现"黄袍加身"现象，中央也选用文臣担任宰相。

宋朝这种重视文官的政治现象的出现，从阶级条件看，传统的门阀士族势力退出历史舞台，庶族地主取而代之，平民社会的因素开始显现，社会流动性空前加强，为士大夫阶层登上政治舞台准备了条件。从政策条件看，宋朝建立后，吸取前代武人拥兵自重而皇权式微的教训，确定以文治国的方针和"右文""重文"的价值取向，这种"以儒立国"的政治格局，为宋朝士大夫政治的确立提供了保障。从人才条件看，宋朝时，科举制得到了较大发展，大批知识分子进入官僚机构，促使官僚集团的结构由贵族士族型向文人学士型转变，以科举起家的官僚取代世家大族成为社会新贵。从教育条件看，宋朝教育事业得到了前所未有的发展，官学、私学的数量和规模都超过了前代，这既提高了社会整体文化水平，也为文官政治的确立奠定了基础。宋朝重文的政治现象，一定程度上改变了自汉代以来官僚集团的结构，进而改变了代表士族门阀利益的政权性质，扩大了统治基础；提高了官僚集团的整体素质；酝酿出独树一帜的政治文化，培育出"以天下为己任"的社会责任感，使宋代官僚政治展现出区别于各代的特色。我们也必须看到，重文的同时，"守内虚外"与"强干弱枝"也是宋朝的特色，这与其在与少数民族关系基本处于"对峙"有一定的关系。

探究宋朝的重文抑武，是为了更好地理解宋朝繁荣与民族关系的"对峙"。宋代是封建社会繁荣的高峰，为何与少数民族关系处于"对峙"？在我们审视这段历史的时候,我们希望从历史中发现:任何历史事件发展到繁荣的顶峰,同时也会暗含表象掩盖的危机。任何人在任何时候,都要有危机意识。任何事情都不是一朝一夕形成的,而是有着积累的过程,到了一定程度,发生质的变化。宋朝重文抑武与唐朝后期、五代十国的藩镇割据有较大关系,是为了抑制武将权力而实施的。

艺术才华远胜治国能力——李煜与赵佶

李煜,字重光,南唐元宗李璟第六子,南唐末代君主,世称南唐后主、李后主。欧阳修曾在《新五代史·南唐世家》中这样评价李煜:"(李)煜性骄侈,好声色,又喜浮图,为高谈,不恤政事。"后世之人也多以亡国之君、昏庸之辈描述李煜,倒是一个"词中一帝"给他博得了不少情感支持。

《新五代史·南唐世家》记载,李煜其善诗文、工书画,丰额骈齿,一目重瞳。"重瞳"即一只眼睛有两个瞳仁,所以他的字叫做"重光"。上古神话里记载有重瞳的人一般都是圣人,比如大舜。961年,李煜继位,在政治上,对于官吏任免,他甚至对在淮南战事中弃扬州化装逃跑的冯延鲁,也重新给予礼遇。科举方面,李煜重视选拔人才的公正和公平,并亲自命题考核。经济方面,据陆游《南唐书》记载,南唐时期土地买卖十分频繁,以致土地兼并日趋激烈。李煜继位后,任用李平掌管司农寺,恢复井田制,创设民籍和牛籍,劝农耕桑,希望借此缓解国难。新制颁行后,因触犯官僚地主的利益,遭到激烈抵制与反对,百姓也多为不便,改革遂以失败告终。在外交方面,《宋史·世家一·南唐李氏》记载,李煜继位后,寄希望于向宋纳贡以保全基业,在位期间,殷勤侍奉宋朝,除了岁贡外,每逢宋廷用兵或有重大活动,也进礼以示支持和祝贺,并多次派遣使者陈说臣服之意。

　　李煜的艺术才华远胜过他的治国才能。李煜精书法、工绘画、通音律，诗文均有一定造诣，尤以词的成就最高。李煜的词，前期词主要反映宫廷生活和男女情爱，风格绮丽柔靡。虽不脱花间派习气，但在人物、场景的描写上较花间词人有较大的艺术概括力量，在部分词里也流露出了沉重的哀愁。后期词反映亡国之痛，哀婉凄凉，意境深远，极富艺术感染力。在李煜之前，词以艳情为主，即使寄寓抱负也大都用比兴手法，隐而不露；而李煜词中多数作品则直抒胸臆，倾吐身世家国之感，情真语挚，使词摆脱了长期在花间樽前曼声吟唱中所形成的传统风格，成为诗人们可以多方面言怀述志的新诗体，艺术手法上对后来豪放派词有影响。在风格上，李煜的词有独创性，兼有刚柔之美，在晚唐五代词中别树一帜。李煜不仅擅长诗词，在书画方面也颇有造诣。李煜擅长行书，多以颤笔行文，线条遒劲，有如寒松霜竹，世称"金错刀"；又喜写大字，以卷帛为笔，挥洒如意，世称"撮襟书"。画作上，李煜的竹，一一勾勒而成，自根至梢极小，很有特点，被称为"铁钩锁"。他所绘的林石、飞鸟，也都意境高远，远超常人。

　　南唐国灭100多年后，同一幕历史剧再次上演。赵佶，宋朝第八位皇帝，也就是历史上的宋徽宗。在赵佶身上，的确有李煜的影子。他自幼爱好笔墨、丹青、骑马、射箭、蹴鞠，对奇花异石、飞禽走兽有着浓厚的兴趣，尤其在书法绘画方面，更是表现出非凡的天赋。他还自创一种书法字体被后人称之为"瘦金体"，他热爱画花鸟画自成"院体"。他是古代少有的艺术型皇帝。在治国方面，宋朝在他的统治下，内部农民起义风起云涌，宋江起义和方腊起义先后爆发，北宋统治危机四伏。

　　赵佶即位后，政治上，向太后"权同处分军国事"。太后是守旧派，她任命守旧派、恢复被贬逐的守旧派官员的名位，守旧派官员接着相继上台。守旧派与变法派的斗争日趋激化，新旧党争愈演愈烈。经济上，宦官杨戬先设"稻田务"，开始在汝州，继而推广至黄河中下游及淮河流域，逃税者按盗匪处罪，民不聊生，农民起义不断。1119年，宋江起义于河北路。1120年，方腊起义于两浙路。北宋朝廷虽然镇压了这两次起义，但并没有吸取教训，革新政局，而是更为黑暗腐败。1126年，金兵南下攻破汴京，金人废宋徽宗与其子宋钦宗赵桓为庶人。1127年，金人将徽、钦二帝，连同后妃、宗室，百官数千人，以及技艺工匠、皇家藏书、天下州府地图等押送北方，北宋灭亡，史称"靖康之变"。

从某种意义上可以视赵佶为"被皇位耽误的艺术家"，他酷爱艺术，在位时将画家的地位提到在中国历史上最高的位置，成立翰林书画院，即当时的宫廷画院。他把画作为科举升官的一种考试方法，每年以诗词做题目曾刺激出许多新的创意佳话。这里有两个特别有名的轶事典故。一是，宋徽宗亲自出题，留下了"踏花归来马蹄香"的佳话。一日，赵佶踏春而归，雅兴正浓，便以"踏花归来马蹄香"为题，在御花园举行了一次别开生面的画考。这里"花""归来""马蹄"都好表现，唯有"香"是无形的东西，用画很难表现。许多画师虽有丹青妙手之誉，却面面相觑，无从下笔。有的画是骑马人踏春归来，手里捏一枝花；有的还在马蹄上面沾着几片花瓣，但都表现不出"香"字来。独有一青年画匠奇思杰构，欣然命笔。画构思很巧妙：几只蝴蝶飞舞在奔走的马蹄周围，这就形象地表现了踏花归来，马蹄还留有浓郁的馨香。宋徽宗俯身细览，拊掌大赞："妙！妙！妙！"接着评道，"此画之妙，妙在立意妙而意境深。把无形的花'香'，有形地跃然于纸上，令人感到香气扑鼻！"众画师一听，莫不惊服，皆自愧不如。二是，赵佶曾用"深山藏古寺"为题来考画院学生。第一个学生画了整个寺院，以及寺院四周的崇山峻岭。第二个学生画了古寺的一角，背景上画了山峦起伏的密林。第三个学生没有画古寺，只画了深山幽谷中的一条石径，尽头一个和尚在溪边打水。"深山藏古寺"着意在"藏"字上做文章，给人以"画有尽而意无穷"的艺术享受。"善藏者，未始不露，善露者未始不藏"，绘画讲究藏得自然，藏得巧妙，藏得有诗情画意的意境。这些都极大地刺激了中国画意境的发展。赵佶不仅擅长绘画，而且在书法上也有较高的造诣。赵佶书法在学褚遂良、薛曜、黄庭坚的基础上，创造出独树一帜的"瘦金体"，瘦挺爽利，侧锋如兰竹，与其所画工笔重彩相映成趣。

"九叶鸿落一旦休，猖狂不听直臣谋。甘心万里为降虏，故国悲凉玉殿秋。"这是赵佶的最后一首诗。几番凄风苦雨，与李煜"雕栏玉砌应犹在，只是朱颜改。问君能有多少愁？恰似一江春水向东流"这艺术才华何其相似。其实每个人都有相同之处，不同的地方在于你的位置。在人生的路上，道路有万千条，关键是要做好自己的"角色定位"，而且需要"在其位，谋其为"。

钢铁意志何惧挫折失败——孛儿只斤·铁木真

孛儿只斤·铁木真，蒙古帝国可汗，尊号"成吉思汗"。毛泽东称成吉思汗为"一代天骄"，并将他与中国历史上著名的帝王秦皇汉武、唐宗宋祖相提并论。联合国前秘书长安南谈到成吉思汗时说："13世纪成吉思汗统一蒙古部落，建立了世界上举世无双的庞大的蒙古帝国。他所建立的政权和法律，至今对世界各国和地区仍然有积极意义。"众多的研究视角又有着各自的不同，让我们一起了解历史上的成吉思汗。

自古英雄多磨难，成吉思汗经历了少年丧父、生活艰难。据《新元史》记载，据说他一出生便带着"光环与勇气"。他出生时手中拿着一个血块，正好赶上他的父亲也速该生擒了塔塔儿部首领铁木真兀格。按当时蒙古人的民族信仰，在抓到敌对部落勇士时，如恰好赶上有本部族婴儿出生，该勇士的勇气会转移到该婴儿身上。也速该为了庆祝这场部落战争的胜利，也为了祈福勇士的勇气会转移到自己刚出生的长子身上,便给自己刚出生的孩子取名为"铁木真"。带着父辈美好的愿望成长的铁木真9岁时,父亲被铁木真兀格之子札邻不合毒死。也速该死后,铁木真母子被族人撇下在营盘以后,孤儿寡母,生活非常困苦,这样的经历影响到了他刚毅忍辱性格的形成。在铁木真的努力下,其部族再次强大。铁木真统一蒙古高原各部落后,以本部落名称为国号,称"大蒙古国"。蒙古高原各部统一后,继续对邻国进行掠夺战争便成为他们的目标。据《中国通史》记载,蒙古军在他指挥下创造了许多独到的战术。每次进兵,蒙古军必先发精骑四向哨探,远哨一二百里,探明左右前后虚实,如某道可进,某城可攻,某地可战,某处可营,某方有敌兵,某所有粮草,刺探得实,急报大营。其驻营整然有法,前置逻骑,分番警戒;大帐前后左右,诸部军马分屯,布置疏旷,以便刍秣,且可互相接应。在野战中,铁木真则利用骑兵的灵活迅速,注重分散作战;一般以3/10的兵力为前锋,摧坚陷阵;三五骑一组,决不簇聚,以免为敌所包;敌分立分,敌合立合,聚散出没,极为灵活。骑兵"来如天坠,去如电逝",称为"鸦兵撒星阵",往往能以较少骑兵击溃众多敌军。攻打敌阵,每以骑队先行冲突,前队冲不动,后队继之,同时布兵于敌阵左右后方,待合围后一齐冲击。若敌阵坚固,则使牛马搅阵,或迫降俘为牺牲品施行硬攻,使敌纷乱、疲惫。敌阵一动,即乘乱长驱直入,鲜有不克。在兵力少时,则布疑兵以恐敌;或用设伏之法,佯败而走,弃辎重金银,诱敌逐北中伏,常能全歼追兵。进攻坚城时,常先扫清外围村镇,然后集中兵力,团团围困,立栅建堡,绝其外援,以弓箭、炮石器械昼夜连续轮番攻打,使敌疲惫;或决堤水淹,或挖地道入城。

在战争方面,成吉思汗无疑是一个巨人,他的伟大自不必说。蒙古族的文化因成吉思汗的重视,有了划时代的发展。《中国通史》记载,蒙古族原来没有文字,只靠结草刻木记事。在铁木真讨伐乃蛮部的战争中,捉住一个名叫塔塔统阿的畏兀儿人。

铁木真知他深通文字，就命他留在身边，用畏兀儿文字母拼写蒙古语，教太子诸王学习，创制了畏兀儿字蒙古文。蒙古畏兀字历经变革，渐趋完善，形成了以后通用的蒙古文字。正是有了这种文字，才可能记录表册，编定《大札撒》，发布命令，制作印玺，编纂史书，开展外交活动等。成吉思汗倡导的、塔塔统阿等人共同创制和推广的蒙古畏兀字，是对人类文明建设的一项重大贡献。

成吉思汗的目标就是成为草原之王，统一蒙古，"要让青草覆盖的地方都成为我的牧马之地"。虽然不是每个人都能成为"王"，但每个人都应该有属于自己的理想和人生目标。毕竟历史和现实中还没有谁的人生是躺平就可以稳赢的。要想给自己的生活带来变化，每个阶段都要有适合那个时期的小目标。而这个小目标需要有"跳起来摘桃子"的挑战性才会更有追逐成就感的身心愉悦，才会因而向阳，才不会反复被因为总是提前畏惧不好结果产生的心理自己吓倒自己。"战胜了敌人，我们共同分配获得的财物"是成吉思汗规定的战利品的处理方式。

发奋图强终成布衣天子——朱元璋

朱元璋，明朝开国皇帝，出生在一个贫苦农民的家庭。因家族兄弟排第八，故名朱重八。毛泽东评价："自古能君无出李世民之右者，其次则朱元璋耳。"

布衣出身的刘邦当上皇帝后，神化了自己的出生。《汉书·高帝纪》记载：刘邦的母亲有一次在水塘堤坝上闭目小憩，梦与天神不期而遇。适逢雷电交加，天色阴暗，其父太公到塘坝接应其母，只见一条蛟龙蟠于母身。随之就怀孕了，生下了刘邦。刘邦如此神化自己出身的目的无非是让世人觉得自己是"真命天子"，自己能当上皇帝完全是上天的意志，也是为了掩饰自己出身微薄的事实。"英雄不怕出身薄"，同样是布衣出身当上皇帝的朱元璋就勇敢地以一座"御制皇陵碑"如实叙述了他登基成为天子之前的真实情况：出身布衣，困于生计，手足分离，遁入空门，"百无所长，依亲自辱，仰天茫茫"，只能依靠自己发愤图强、一步一步奋斗。朱元璋的这段陈述成为最基层人打拼励志拼搏的最佳证明，很多人愿意为其献上膜拜的"膝盖"。

《明史·太祖纪一》记载，1343 年朱元璋一家所徙居的濠州（治今安徽凤阳东北）发生旱灾，次年春天又发生了严重的蝗灾和瘟疫。不到半个月，朱元璋的父亲、大哥以及母亲先后去世。为了活命，朱元璋与他的二哥、大嫂和侄儿被迫分开，各自逃生。朱元璋在走投无路之下，就去剃度为僧做了行童。不久，当地闹饥荒，寺里得不到施舍，住持只好打发和尚们云游化缘。年仅 17 岁的朱元璋只好离开寺院托钵流浪，他走遍了淮西的名都大邑，接触了各地的风土人情，见了世面，开阔了眼界，积累了社会生活经验。这段生活对朱元璋的一生产生了深远的影响。随着元末民族矛盾以及阶级矛盾日益激化，再加上天灾频繁，走投无路的贫苦农民纷纷铤而走险。1351 年，韩山童、刘福通揭竿而起，士兵们头裹红巾，号称"红巾军"，并推韩山童为明王。几个月之间，各地纷纷响应。郭子兴聚众烧香，成为当地白莲会的首领。25 岁的朱元璋投奔了郭子兴的红巾军。朱元璋入伍后，因其作战勇敢、机智灵活，又粗通文墨，很快得到郭子兴的赏识，把养女马氏嫁给了朱元璋。朱元璋精明能干、处事得当，打仗时身先士卒。不久，朱元璋在部队中的好名声传播开来。郭子兴病逝，韩山童的儿子小明王韩林儿任命郭子兴次子郭天叙为都元帅，郭子兴内弟张天佑为右副元帅，朱元璋为左副元帅。名义上，都元帅是军中之主，右副元帅的地位也比左副元帅高。但是滁州和和州的军队，多是由朱元璋招募收编的，而且朱元璋比郭天叙和张天佑有勇有谋，并且手下又有人才。所以，朱元璋事实上成了这支队伍的主帅。朱元璋在浙西驻扎 6 年，他奉行谋士朱升提出的"高筑墙，广积粮，缓称王"的策略，迅速秘密扩张自己的实力。1368年，他在应天府（今江苏南京）称帝，国号大明，年号洪武。

朱元璋是中国历史上勤政的皇帝之一，他从来不惮给自己增加工作量。从登基到去世，他几乎没有休息过一天。在遗诏中他说："三十有一年，忧危积心，日勤不怠。"他在位时彻底得以解决了君权与相权的矛盾。废除丞相制度的直接原因是胡惟庸案。这是一个怎样的案件呢？胡惟庸，明朝开国功臣，最后一任中书省丞相。因被疑叛乱，爆发了胡惟庸案，被朱元璋处死。据《明史》记载，据说是胡惟庸家里出了醴泉了，井里头冒出的水很特别，邀请朱元璋到他家里观看。朱元璋车驾出皇宫西华门，到丞相胡惟庸家去观看祥瑞。可是刚出西华门，迎驾冲过来一个人，拦着朱元璋的大驾。此人便是西华门内使云奇，他来举报"胡惟庸家刀枪林立，士兵裹甲埋藏"。朱元璋亲自到了西华门城楼上往胡惟庸家一看，发现了埋藏有刀兵，于是下令查抄胡惟庸家，把一家人抓来全杀了。但是据《明太祖实录》记载，云奇告变四天前，御史中丞涂节已经告胡惟庸谋反。以明太祖猜忌多疑的性格，怎么还会去胡惟庸家看所谓的祥瑞？朱元璋以图谋不轨之名处死了胡惟庸和有关的官员，同时宣布废除中书省，不再设丞相、宰相，由皇帝来直接统辖六部，自秦朝以来的宰相制度寿终正寝了。宰相制度的废除，有助于实现明朝初年的统一，有助于明朝初年抵御外患，有助于明朝初年推动经济的恢复和发展。但是极端专制主义的中央制度，使中国的政治体制走向了僵化。

从封建帝王到普通公民——爱新觉罗·溥仪

"宣统冲龄登极，成为大清末帝。中国自公元前221年秦始皇称皇帝以降，到1912年宣统皇帝退位，历经2 132年，溥仪不仅是清朝最后一位皇帝,而且是中国历史上最后一位皇帝。溥仪退位,既是大清皇朝的终结,又是中华帝制的终结。"这是著名历史学家阎崇年对末代皇帝爱新觉罗·溥仪的评价。

《辛丑条约》的签订,使中国沦为半殖民地半封建社会,清朝政府完全成为列强统治中国的工具,此时的民族资本主义在清政府放宽民间设厂政策影响下有所发展,民族资产阶级力量壮大起来,资产阶级民主革命思潮迅猛传播。为了抵制革命的发展,也为了拉拢资产阶级的立宪派,晚清政府从 1901 年开始进行改革,史称"清末新政"。随着"皇族内阁"的出台,"预备立宪"的骗局暴露,立宪派内部开始分化,革命形势迅速发展。1911年 10 月 10 日武昌起义爆发,溥仪下罪己诏。1912 年 2 月 12日,隆裕皇太后临朝称制,以太后名义颁布《退位诏书》,溥仪退位。自秦始皇开始的 2 000 多年的帝制结束了,3 岁登基的娃娃皇帝溥仪,7 岁时成为帝制的关门皇帝。

12 岁的时候,溥仪又被抬出来当了一次皇复辟帝。袁世凯死后,以黎元洪为首的总统府和以段祺瑞为首的国务院,在要不要参加一战等问题上发生了激烈的争论,史称"府院之争"。这期间黎元洪邀请张勋进京调停,张勋把 12 岁的溥仪抬出来宣布复辟,前后历时 12 天。溥仪第三次做了伪满洲国"皇帝"。1931年"九一八"事变爆发,土肥原贤二接受关东军的指令,于 10 月25 日前往天津劫持溥仪到东北,以便拼凑伪满傀儡政权。土肥原贤二到天津后,对溥仪软硬兼施,投其所好,并通过制造骚乱的办法,将其挟持到了东北。日本为了巩固对东北沦陷区的统治,在 1932 年 3 月 1 日建立了傀儡政权伪满洲国,溥仪任伪满洲国"执政";1934 年 2 月 18 日,改称"皇帝"。直至 1945 年 8 月15 日,日本宣布投降,溥仪也被迫颁布退位诏书,这已经是他人生中第三次宣告退位了。之后他企图潜逃至日本,却在沈阳机场被苏联红军抓获,并在苏联被监禁了 5 年。伪满洲时期的溥仪已经不是那个不谙世事的孩子了,他开始明白发生在自己身上的巨大变故，开始向往着恢复本应属于自己的至高无上的权力。伪满洲国成立后，根据事先的安排，溥仪同日本帝国主义签订了《日满议定书》，使得日本在政治、军事、经济、文化各个领域全面控制了伪满洲国。解学诗《伪满洲国史新编》中介绍了日本在伪满洲国进行的文化控制：日本在伪满建立了完善的殖民奴化的教育体制，大力推行奴化教育，对东北地区人民大众灌输奴化思想。为了加强殖民统治，奴化中国人民，日本帝国主义歪曲篡改历史，宣称"满洲"是同日本关系密切的独立国家，处处显露将东北据为己有的狼子野心。伪满时期由日方编著的历史课本就是日本帝国主义对中国人民进行奴化教育的重要载体。为了奴化和愚弄中国学生，伪满历史教科书中充斥了颠倒黑白、推卸战争责任、美化殖民统治的描写。日本在中国东北的 14 年殖民统治中，奴化教育贯穿始终，对东北的青少年进行严厉的精神摧残，降低东北青少年的文化素质。日本侵略者极力向东北青少年灌输奴化教育思想，教师也只能按照日本的意图授课。东北的教育非常压抑，令人窒息。东北沦陷的 14 年中，青少年学生每天都要背诵"建国精神"、《回銮训民诏书》等，授课的内容也是修身、国民道德、日语、实业，学校里没有一点自由的空气。东北青少年陷入了迷茫、无知、无求、混沌的绝境。日本帝国主义还向东北青少年灌输"中日亲善""日满不可分""民族协和""建国精神"等奴化思想，把东北青少年培养成会讲日本语而不知道中国语、只会劳动而文化水平低下、只供日本人驱使的顺民。总之，日本在中国东北实施的奴化教育给东北人民带来了空前的灾难。东北教育遭到空前破坏，青少年的心灵受到极大摧残。周恩来总理曾对溥仪说："你当皇帝的时候才两三岁，那时的事不能让你负责。但在伪满时代，你是要负责的。"

1950 年，溥仪结束了他的 5 年战犯时光回到了中国。回国后的他认真改造，专心写前半生的自传，于 1959 年获得首批特赦，成为中华人民共和国的一名普通公民，获得了新生。1964

年,他成为全国政协委员。周恩来总理作过一句非常著名的评价:"我们把末代皇帝改造好了,他成为新中国的合法公民,这是震撼世界的奇迹。"1967年,溥仪因患尿毒症病倒。周恩来总理安排溥仪到首都医院进行中西医会诊,并指派大夫去给他看病,后因医治无效去世。

溥仪这一生三次为帝、三次退位。第一次是屈服于辛亥革命的炮火,第二次是旧臣拥立复辟的闹剧,第三次是认贼作父的民族罪人。溥仪在结束战犯岁月后,积极接受改造,成了一名合格的公民,最终得以善终,实现了由皇帝到公民身份的转变。

能　臣

　　"滚滚长江东逝水,浪花淘尽英雄。"历史流逝间,一个封建王朝取代了另一个封建王朝,将历朝文臣武将的英名刻在了史书中。汉唐贤臣、明清名臣使民族之魂长存宇内,让中华儿女气冲霄汉,我们中华儿女为自己的身份而自豪,我们中华文化的芬芳随着时间的推移遍及世界!

善于谋国,不善谋身——主父偃

　　秦汉时期,臣子们还能享受"坐而论道"的朝廷待遇,到了隋唐两宋,臣子们上朝论政逐渐走向了"站而侍立"。让我们在璀璨的人物星群中,通过人物对比去感受他们人生圆满与否的同时,去理解封建社会"为人臣子"是如何在"龙颜"喜怒之间把握自己的位置,推动历史发展的同时成就自己。

　　据《史记·平津侯主父列传》记载,主父偃早年学"长短纵横术",后来学《易》、《春秋》、百家之言",思想与学术比较驳杂。卫青多次向汉武帝举荐,不幸的是没有引起重视。此时的主父偃在京城不受人待见,钱也花完了,已经到了无法生存的地步了。他决定铤而走险,那就是给汉武帝写一道奏章。这个奏章按照《史记》的记载,是朝呈暮见。奏章究竟是什么内容,《史记》记载得不详。但可知一共写了九条。其中,八条是关于法律的;另一条是关于对匈奴作战的,主父偃表达的是不同意对匈奴作战。这个意见刚好和汉武帝的意见相反,但是汉武帝没有因为他的意见和自己的意见不对而生气,反而召见了他。汉武帝还同时召见了另外两个上书的人,他们也反对对匈奴作战。汉武帝见到他们后丝毫未怪罪于,反而说:"公等皆安在,何相见之晚也?"汉武帝拜主父偃为郎中。不久又迁为谒者、中大夫,一年中升迁四次。

主父偃升迁如此快,主要源于他在"谋国"方面的突出贡献。第一是解决了诸侯问题。汉初郡国并行制的实施,出现了诸侯国尾大不掉影响中央集权的问题。汉文帝时,在一定程度上接受了贾谊曾提出"众建诸侯而少其力"的建议,没有解决王国问题。汉景帝即位后,采纳晁错的建议削藩,发生了"七国之乱"。虽然景帝迅速平定了叛乱,但是王国问题依然没有得到解决。公元前 127 年,主父偃上书汉武帝,建议令诸侯推私恩分封子弟为列侯。这个过程直接导致了王国的缩小和朝廷直辖土地的扩大。这表面上是皇帝的推恩,实际上进一步分割了诸侯的土地和权力。至此,诸侯国再也无力对抗中央,长期困扰汉朝皇帝的王国问题基本得以解决,加强了中央集权。推恩令用和平的手段实现了加强中央集权的目的。推恩令从手段上来看是很高明的,汉武帝是以恩赐的名义来分解诸侯国,这个过程汉武帝没有动用过兵马,反而还赢得了仁政的称赞。第二是解决豪强问题。汉武帝初年,权贵利益集团聚敛了绝大部分的社会财富,社会贫富分化更是触目惊心:一面是权贵豪门奢华无度;另一面则是"贫民常衣牛马之衣,而食犬彘之食"。如何将国家权力牢牢控制在君主一人之手,不让权力分割于外戚、地方豪强等庞大的权贵阶层之手?汉武帝实行了一系列"软性"改革,其中就有采用了主父偃的建议,将豪强世族全部迁徙到茂陵附近。"迁茂陵令"采用的是软性"强拆"方式,对奢靡浮华、富可敌国的地方豪强实行举家迁徙。奉旨迁徙的富豪只得贱卖土地房产。但是,全国所有富户都要迁徙,谁来买田呢?于是,地方政府出面将千万亩良田低价收购,而后分给流离失所的无地农民,国家只收取

1/10 的税收。就这样豪门利益集团的巨额财产，在迁徙茂陵的过程中被强行"均富"了。第三就是关于匈奴问题。主父偃起初反对征伐匈奴，但当对匈奴作战成为汉朝的主流趋势、汉军又在反击匈奴的战争中取得初步胜利后，他转而支持对匈奴作战，并最早提出在新夺取的河套地区设置朔方郡。他认为，朔方北依黄河，土地肥沃，若在此设郡建城，不仅可以作为出兵的据点，且能发展生产，直接补充军需，从而减省大批用于运输的人力物力。汉武帝采纳了主父偃的建议，在夺取的河套以南地区设置朔方、五原两郡，并筑朔方城，以内地民众 10 多万人在朔方屯田戍边。事实证明，这一举措在对匈战争中具有重要的战略意义：抽掉了匈奴进犯中原的跳板，解除了其对长安的威胁。匈奴当然不甘心失去这一战略要地，为此多次出兵骚扰朔方，企图夺回河套地区，但最终只是徒劳。主父偃凭借自己的才智，为武帝立下了别人无可替代之功，他在朝臣中的地位亦随之大大攀升，以至出现了"大臣皆畏其口，赂遗累千金"的局面。

主父偃谋国的成就在历史上留下了，其谋身又是如何的呢？主父偃这个人有一个很大的特点，就是他的人际关系特别不好。在游学的时候就被排挤。推恩令解决了王国问题之后，他依然没有意识到他的官场人际关系需要注意了。汉武帝元朔年间（前 128—前 123 年），主父偃向汉武帝告发齐王"有淫失之行"。于是，汉武帝任命他为齐王相，令他负责齐王一案的审理。主父偃以前受到过齐王的歧视和不公平对待，心中一直怀有怨恨，遂决定对齐王的"淫失之行"严加追究，"乃使人以王与姊奸事动王"。齐王知道难以逃脱，无奈之下被迫自杀。这时，曾经得罪过主父偃的赵王害怕他同样对自己进行残酷报复，就先下手为强，伺机向汉武帝告发主父偃"受诸侯金，以故诸侯子多以得封者"。不久齐王自杀的消息传到京师，这两件事动摇了汉武帝对主父偃的信任，下令将其下狱治罪。

诙谐滑稽，另类奇才——东方朔

东方朔被司马迁放在《史记·滑稽列传》里，主要的原因是东方朔在汉武帝的眼中，其实只是拿来解闷逗趣的人。当时社会，没有人能够理解他，现代社会倒是有一个词差可比拟：另类。

先看看东方朔另类的自荐。汉武帝即位初年，征召天下贤良方正和有文学才能的人。各地士人、儒生纷纷上书应聘。据《史记·滑稽列传》记载，东方朔更是写了 3 000 片竹简的内容上书，这些竹简要两个人才扛得起，而武帝则花了两个月的时间才读完。据《汉书·东方朔传》记载，在自荐书中，东方朔说："我东方朔少年时就失去了父母，依靠兄嫂的扶养长大成人。我 13 岁时开始读书，经过 3 年的刻苦，读的书籍已经够用。15 岁时学习击剑。16 岁时学《诗经》《尚书》，阅读量达到 22 万字。19 岁时又开始学习兵法和作战常识，懂得各种兵器的用法，以及作战时士兵进退的钲鼓。这方面的书也读了 22 万字，总共 44 万字。我钦佩子路的豪言。如今我已 22 岁，身高 9 尺 3 寸。双目炯炯有神，像明亮的珠子，牙齿洁白整齐得像编排的贝壳，勇敢像孟贲，敏捷像庆忌，廉俭像鲍叔牙，信义像尾生。我这样的人，应该能够做天子的大臣吧！"东方朔的这份自荐书另类自不待言：以叙述自己成长的方式，成功地进行了自我标榜。从这份自荐书里，看不到他的能力，但是却让汉武帝一下子记住了"东方朔"这个名字，视其为奇才。作为一国之君，汉武帝还是很有原则的，便命令他在公车署中等待召见。

《汉书·东方朔传》记载了脍炙人口的"长安索米"的故事，体现出东方朔的另类"要待遇"。由于公车令俸禄微薄，又始终未得汉武帝召见，东方朔很是不满。为了尽快得到汉武帝的召见，东方朔故意吓唬给汉武帝养马的几个侏儒："皇帝说你们这些人既不能种田，又不能打仗，更没有治国安邦的才华，对国家毫无益处，因此打算杀掉你们。你们还不赶紧去向皇帝求情！"侏儒们听后大为惶恐，哭着向汉武帝求饶。汉武帝问明原委，即召来东方朔责问。东方朔终于有了一个直接面对皇帝的机会。他风趣地说："我是不得已才这样做的。侏儒身高 3 尺，我身高 9 尺，然而我与侏儒所赚俸禄却一样多，总不能撑死他们而饿死小臣吧？圣上如果不愿意重用我，就干脆放我回家，我不愿再白白耗费京城的粮食。"东方朔轻松诙谐，言语得当，惹得汉武帝哈哈大笑，于是命令他在金马门待诏，充任顾问。

自荐时自嗨自吹，要待遇又找了一帮群众演员，汉武帝似乎很享受东方朔这种诙谐风格带给他的轻松与开心。故事"割肉遗妻"则让我们看到了检讨起来的东方朔也是那般另类。东方朔做常侍郎的时候，汉武帝有一次在伏天赏赐肉给侍从。然而负责分肉的太官丞却迟迟未来。东方朔便独自拔剑割肉，并对他的同僚们说："伏天应当早点回家，请允许我接受天子的赏赐。"随即把肉包好怀揣着离去。后来太官丞将此事上奏汉武帝。武帝便问东方朔："昨天赐肉，你不等诏令下达，就用剑割肉走了，是为什么？"于是东方朔脱帽跪谢请罪。汉武帝说："先生站起来自责吧！"东方朔再拜说："东方朔呀！东方朔呀！接受赏赐却不等诏令下达，这是多么无礼呀！拔剑割肉，多么豪壮呀！割肉不多，又是多么廉洁呀！回家送肉给妻子吃，又是多么仁爱呀！"汉武帝听罢笑着说："让先生自责，没想到你竟反过来称赞自己！"于是又赐给他一石酒、一百斤肉，让他回家送给妻子。这哪里是检讨啊？他明明是用自己的幽默、风趣与机智讨得皇帝欢心。

《汉书》的作者班固在评价东方朔时，除了肯定他说话风趣、通达明白的特点外，并没有给予更多的赞誉。而老百姓经常谈论他、赞美他,并且把许多奇谈怪论附着于他的名下,可见他的另类还是有影响力的。比方后世关于"善哉瞿所"的传说就是附着于他的名下。据说汉武帝游上林苑时看见一棵好树,问东方朔树名,东方朔说:"此树名叫善哉。"汉武帝暗中让人标记这棵树。过了数年之后,再次问东方朔此树之名,东方朔回答说:"此树名叫瞿所。"武帝于是说:"东方朔欺骗我很近了啊,此树的名字为何与之前说的不一样呢?"东方朔回答道:"大为马,小为驹;大为鸡,小为雏;大为牛,小为犊;人生为儿,长为老;昨日的善哉今日已长成瞿所。生老病死,万物成败,哪里有定数?汉武帝于是大笑。""不死之酒"也是后世关于东方朔的传说。汉武帝斋戒七天,遣栾大带来数十名男女去君山寻不死药。栾大得不死酒而归。汉武帝想要喝时,东方朔说:"我能识别这酒的真假,陛下请看。"说罢便饮了一口。汉武帝烦怒想要杀了东方朔,东方朔说:"陛下如果杀了臣,就证明这酒是假的;如果是真的喝了能够不死,那么陛下就杀不死臣。"于是汉武帝赦免了东方朔。

作为臣子,东方朔最大的另类就是敢自吹、敢要。东方朔为什么能够做到不时给汉武帝带来欢乐?一是东方朔能把握汉武帝的心理,不失时机地投其所好;二是东方朔才智机敏,确实很出色,语言诙谐幽默。汉武帝不仅需要建功立业的董仲舒、汲黯、卫青,也需要能让他快乐的东方朔。

总体来说,东方朔的"滑稽"倾向对后代产生了极大影响。从两汉到明清,从民间到文学,我们可以发现,优秀作品中的东方朔不但与史传记载中的滑稽机智、博闻强识一脉相承,而且是后代影响中最具特色、最受欢迎的个性特征。滑稽、诙谐既使得他在武帝朝政治风波中游刃有余,又使得他的形象在后人不断附会增饰中经久不衰。

为人耿正，为官忠直——汲黯

　　汲黯，为人耿直，好直谏廷诤，汉武帝刘彻称其为"社稷之臣"。

　　据《史记·汲郑列传》记载，汲黯不畏权贵。在汲黯任主爵都尉而位列九卿的时候，王太后的弟弟武安侯田蚡做了丞相，年俸二千石的高官谒见时都行跪拜之礼，田蚡竟然不予还礼。汲黯求见田蚡时从不下拜，经常向他拱手作揖完事。将军卫青的姐姐卫子夫做了皇后后，卫青愈发尊贵了，但是汲黯仍与他行平等之礼。有人劝汲黯说："天子就想让群臣居于大将军之下，大将军如今受到皇帝的尊敬和器重，地位更加显贵，你不可不行跪拜之礼。"汲黯答道："因为大将军有拱手行礼的客人，就反倒使他不受敬重了吗？"卫青听到他这么说，更加认为汲黯贤良，多次向他请教国家与朝中的疑难之事，看待他胜过平素所结交的人。

　　汲黯为官忠直。《史记·汲郑列传》记载，汉武帝为招揽文学之士和儒生，说他准备要如何如何，汲黯便答道："陛下心里欲望很多，只在表面上施行仁义，怎么能真正仿效唐尧虞舜的政绩呢？"汉武帝沉默不语，心中恼怒，脸一变就罢朝了，公卿大臣都为汲黯惊恐担心。汉武帝退朝后，对身边的近臣说："太过分了！汲黯太愚直了！"张汤以更改制定刑律法令做了廷尉，汲黯就曾多次在汉武帝面前质问指责张汤，说："你身为正卿，却对上不能弘扬先帝的功业，对下不能遏止天下人的邪恶欲念。安国富民，使监狱空无罪犯，这两方面你都一事无成。相反，错事你竭力去做，大肆破坏律令，以成就自己的事业。尤为甚者，你怎么竟敢把高祖皇帝定下的规章制度也乱改一气呢？你这样做会断子绝孙的。"汲黯时常和张汤争辩。张汤辩论起来，总爱故意深究条文，苛求细节。汲黯则出言刚直严肃，志气昂奋，不肯屈服。他怒不可遏地骂张汤说："天下人都说绝不能让刀笔之吏身居公卿之位，果真如此。如果非依张汤之法行事不可，必令天下人恐惧得双足并拢站立而不敢迈步，眼睛也不敢正视了！"

汉武帝外儒内法，公孙弘看出了，他创造性地以公羊派《春秋》阐释法律，因此，大得汉武帝欢心。张汤也看出来了，于是发明了以儒学断案的新方法，同样深得汉武帝赞赏。公孙弘和张汤都是精明人，他们利用汉武帝的外儒内法，为自己捞取了雄厚的政治资本。汲黯也看出来了汉武帝的外儒内法，他不但没有迎合，反而毫不客气地指出："陛下心里欲望很多，只在表面上施行仁义，怎么能真正仿效唐尧虞舜的政绩呢？"汉武帝沉默不语，心中恼怒。群臣中有人责怪汲黯，汲黯说："天子设置公卿百官这些辅佐之臣，难道是让他们一味屈从取容、阿谀奉迎，将君主陷于违背正道的窘境吗？何况我已身居九卿之位，纵然爱惜自己的生命，但要是损害了朝廷大事，那可怎么办？"公孙弘做了丞相，向汉武帝建议说："右内史管界内多有达官贵人和皇室宗亲居住，很难管理，不是素来有声望的大臣不能当此重任，请调任汲黯为右内史。"汲黯当了几年右内史，任中政事井井有条，从未废弛荒疏过。后来，汉武帝认为淮阳郡（治今河南周口淮阳区）是楚地的交通要道，又调任汲黯为淮阳太守。汲黯趴在地下不愿领命。汲黯伤心地哭诉："我原以为我死之前不能再见到陛下了，没想到陛下还要任用我。但是，我病痛缠身，不能担任地方官，能不能就在朝中做个中郎，为您纠正过失、补救缺漏呢？"汉武帝回答："爱卿是不是觉得淮阳这个地方太小？你先上任，我很快就会把你调回来。淮阳官民关系紧张，我想借重你的名望。你身体不好，就躺在家里处理政务吧。"汲黯到了淮阳郡，整个郡在他的治理下政通人和、一片兴旺。汲黯在淮阳郡任职七年，最后病死在淮阳太守任上。

未能善始，终得善终——公孙弘

公孙弘 60 岁时才以"贤良"之名被举荐。十年之中，从待诏金马门擢升为三公之首，封平津侯。公孙弘是西汉建立后第一位以丞相封侯者，为西汉后来"以丞相褒侯"开创先例，为儒学的推广做出了不可替代的贡献。

公孙弘为人圆滑，他发现与武帝的意见相反，便马上服输。《史记·平津侯主父列传》记载，公元前 127 年，卫青北击匈奴收复河南之地，主父偃上书建议筑朔方、五原二郡，汉武帝便令公卿议论是否置此二郡。左内史公孙弘反对说："秦时曾经发 30万人在北河筑城，但最终没能建成并放弃了。"汉武帝并未赞同公孙弘的说法。筑朔方郡的工程浩浩荡荡地进行着，劳役之累波及崤山以东，又因苍海郡及通往西南夷道路的修建令燕齐之地、巴蜀之民疲惫不堪，公孙弘多次向汉武帝谏言，称这些政策都是以疲敝中国为代价而去经营没有用的地方，希望汉武帝能够停止这些事情。汉武帝命中大夫朱买臣等人以设置朔方郡的利处来诘难公孙弘。朱买臣提了十个问题，公孙弘一个也答不上来。于是公孙弘道歉说："我是山东边鄙之地的浅薄人，不知道筑朔方郡有这些好处，希望陛下停止修通往西南夷的道路和修建苍海郡的事情，集中力量经营朔方郡。"汉武帝这才答应。《汉书·吾丘寿王传》记载，公孙弘曾经进言建议百姓不准携带弓弩，称："10 个贼人张开弓弩，100 个官吏不敢上前。盗贼不能及时被捕获，逃脱的就会多对贼人来说弓弩弊少而利多，这就是贼猖獗的原因。如果禁止百姓携带弓弩，那么盗贼只能与民众短兵相接，短兵相接则人多者胜。以众多的官吏补少数的盗贼，则势在必得。盗贼不能从中获得好处便不会再犯法，这是止刑罚之道。"汉武帝将此议下由众臣议论。光禄大夫吾丘寿王以古人制作兵器的目的、周室衰微而相贼害、秦废王道而乱亡为例，言圣王用教化百姓来代替防暴。又云大射之礼，良民自卫皆须弓弩。汉武帝便以吾丘寿王之论反问公孙弘，公孙弘屈服。

《汉书·公孙弘传》记载，汲黯曾上奏武帝，称公孙弘居三公要职、俸禄多，却盖粗布被子，是沽名钓誉。公孙弘是怎么处理的呢？公孙弘面对汲黯的指责和汉武帝的询问，一句也不辩解，首先是全部坦诚承认。这是怎样的一种智慧呀！汲黯指责他"使诈以沽名钓誉"，无论他如何辩解，旁观者都已先入为主地认为他也许在继续"使诈"。公孙弘深知这个指责的分量，采取了十分高明的一招，不作任何辩解，承认自己沽名钓誉。这其实表明自己至少现在没有使诈。由于"现在没有使诈"被指责者及旁观者都认可了，也就减轻了罪名。公孙弘的高明之处是接着赞誉了汲黯一番，后又分别列举出管仲越礼及晏婴勤俭做齐国相的例子。武帝听了之后认为公孙弘谦让有礼，愈加厚待他。于是武帝下诏公孙弘为平津侯，开创"以丞相褒侯"的先例。

公孙弘为人表面上看十分宽厚，甚至将大部分的俸禄都用于门客们的生计，但内心并非如此。他为人好忌，外宽内深；容不得比他高明的人，更容不得与自己意见相左的人；表面伪善，暗中报复。主父偃最终被族铢就与他有关。公元前 127 年，主父偃被拜为齐王相，揭发齐王奸事，后将此事故意泄露给齐王，齐王听后恐惧，畏罪自杀。齐王死后，赵王紧张。当年主父偃长期待在赵国，知赵王一些不法之事，赵王决定先下手为强，检举主父偃因为接受了封国贿赂，所以才建议分封亲王的子弟。恰巧齐王刘次昌自杀，汉武帝认为一定是主父偃胁迫所致，勃然大怒，召回主父偃，投入监狱。主父偃承认接受封国的贿赂，但并没有胁迫齐王刘次昌自杀。毕竟削弱诸侯的力量是汉武帝一直推行的，主父偃的行动也是得到武帝首肯的，而且削弱诸侯的使命还没有完成，此时的主父偃还有其作用。汉武帝本要赦免他，可是公孙弘上了让武帝拉不下面子的话："齐王自杀，没有儿子，封国撤除，由中央政府收回，改设郡县。主父偃本是罪魁，如果不杀他，无法向天下解释。"汉武帝的面子当然比小小的主父偃的生命更重要，遂屠杀主父偃全族，公孙弘阴暗的一面暴露无遗。

《史记·平津侯主父列传》记载，由于汲黯经常在汉武帝面前诋毁公孙弘，公孙弘因此而痛恨汲黯。在做了丞相之后，公孙弘向武帝进言，并建议任用汲黯右内史。武帝从公孙弘之言，任主爵都尉 11 载的汲黯迁为右内史。当胶西王相位空缺之时，公孙弘因董仲舒将其视作阿谀奉承之人而记恨董仲舒，而胶西王刘端凶残蛮横，害死过数位朝廷派去的国相，公孙弘故意向汉武帝推介说只有董仲舒这样的大儒才能够胜任胶西王相之位。不过，由于董仲舒比较善于处理与胶西王的关系，加上他的赫赫名声，胶西王反而很尊重他，自然也就没有加害他。公孙弘的如意算盘落空了。

虽为酷吏，也是廉臣——张汤

中国民间谚语"三岁看小，五岁看老"，张汤幼年时发生了一件小事，其性格中残忍冷血的一面已初显端倪。

《汉书·张汤传》记载，张汤幼年时，他的父亲曾任长安丞。一日外出，让张汤守护家舍。父亲回来后，发现家中的肉被老鼠偷吃了，父亲大怒，鞭笞张汤。张汤掘开老鼠洞，抓住了偷肉的老鼠，并找到了吃剩下的肉，然后立案拷掠审讯这只老鼠，传布文书再审，彻底追查，并把老鼠和吃剩下的肉都取来，罪名确定，将老鼠在堂下处以磔刑。他的父亲看见后，把他审问老鼠的文辞取来看过，如同办案多年的老狱吏，非常惊奇，于是让他书写治狱的文书。父亲死后，张汤继承父职，一直做到官达九卿的职位，得到汉武帝的赏识，成为汉武帝时期有名的酷吏。

　　要了解他的酷吏成长经历,我们先来看看他的政治发迹。他先是帮助过田胜。田胜在任职九卿时,曾因罪被拘押在长安。张汤一心帮助他。田胜获释后,被封为周阳侯,与张汤交情极深,引见张汤遍见各位贵族,得以在酷吏宁成手下任职。因为办事无误,又被推荐给丞相田蚡,遂被推荐给汉武帝,提升为御史。张汤仕途上的崭露头角始于陈皇后巫蛊案。陈皇后擅宠达十余年,但未生子。后闻卫子夫得到宠幸,气愤得几次寻死,激怒武帝。陈皇后又使女子楚服等人巫蛊祠祭,诅咒皇帝,被发觉。张汤办的这个案子快速利落,以大逆不道罪将楚服等枭首于市,受此案连坐而被处死的有 300 余人。陈皇后遭到废黜。贬入长门冷宫。张汤办理此案迎合了汉武帝不满陈皇后嫉妒的需要,不久就升张汤为太中大夫,从此为汉武帝所赏识一路青云直上。

　　青云直上后的张汤,首先与私交甚好的酷吏赵禹制定各项法令,制作"见知法",官吏以此法彼此相互监视、相互侦察、相互告讦,大概从这时开始。张汤还制定了《越宫律》27 篇,是宫廷警卫方面的专门法律,以维护皇帝的尊严和保护皇帝的人身安全。在实践中,他逢迎汉武帝的尊儒。汉武帝尊儒,张汤便引用《尚书》《春秋》的经文来断案子,甚至于张汤在他的廷尉府专门从博士的弟子中间,找学习《尚书》《春秋》的博士的弟子来当文秘,用经书来附会法律。这样一来,就在严酷法律的外表披上了一套经学的外衣,汉武帝非常欣赏。据《汉书·张汤传》记载,他断决的罪犯,若是汉武帝欲图加罪,他便让廷尉监或掾史穷治其罪;若是汉武帝意欲宽免其罪,他便要廷尉或掾史减轻其罪状。所断决的罪犯,若是豪强,定要运用法令予以诋毁治罪;若是贫弱的下等平民,则当即向汉武帝口头报告。虽然仍用法令条文治罪,汉武帝的裁决,却往往如张汤所说。张汤对于高官非常小心谨慎,常送给他们的宾客酒饭食物;对于旧友的子弟,不论为官的,还是贫穷的,照顾得尤其周到;拜见各位公卿大失,更是不避寒暑。因此,张汤虽然用法严峻深刻不公正,却由于他的这种做法获得了很好的声誉。而那些严酷的官吏象爪牙一样为他所用者，也依附于有文才学问的人。丞相公孙弘多次称道他的优点。汉武帝元狩年间（前 112—前 117 年），淮南王、衡山王、江都王联合谋反，他们派人刺杀大将军卫青。事情败露后，汉武帝命令张汤审理此案。在处理淮南、衡山、江都三王谋反的案件时，张汤都穷追狠治。汉武帝欲释放严助和伍被。张汤与汉武帝争论说："伍被本来就曾谋划反叛之事而严助交结的陛下近臣，私自交结诸侯。不加惩处，以后将无法处治。"汉武帝因此同意将伍被、严助治罪。

张汤的酷吏形象除了有史记载的，还有一个比较有名的轶事典故。汉武帝与张汤商量制造白鹿皮币，询问大司农颜异的意见。颜异反对，汉武帝不高兴。张汤又与颜异不和，正好有人以其他事告发颜异，颜异就被逮捕下狱，由张汤审问。颜异曾和客人对话，客人说法令初下，有不便之处，颜异没回应，只是稍微讥讽了几句。张汤就上奏称颜异作为九卿，见法令不便，没有明说，却内心诽谤，判处死刑。于是开启了所谓"腹非（腹诽）"的先例，从此公卿大夫也大多阿谀奉承、讨好皇帝。

据《汉书·张汤传》记载，张汤在审理案件中，得罪了丞相府长史朱买臣。于是朱买臣伙同他人合谋策划："当初张汤与丞相相约向汉武帝谢罪，不久却出卖了丞相；如今又欲以宗庙之事弹劾丞相，这是欲取代丞相的地位。我们知道张汤的不可告人之事。"他们派属吏逮捕审讯了张汤的友人田信等，说张汤向武帝奏报提出建议，田信都事先知道，因此囤积取利，与张汤平分。他们还说张汤有其他奸邪之事、这些话很快传到武帝那里。汉武帝向张汤说："我有什么打算，商人都事先知道，加倍囤积货物，这都是因为有人把我的计划告诉了他们。"张汤听后，没有谢罪，还惊讶地说："肯定是有人这样做。"减宣又上奏了鲁谒居之事。汉武帝果然认为张汤心中险诈，当面撒谎，派使臣带着簿借以八项罪名指责张汤。张汤一一予以否认。于是汉武帝又派赵禹责备张汤。赵禹见到张汤后，责劝张汤说："阁下怎么不懂分寸？您审讯处死了多少人，如今人们指控你的事情都有根据，圣上很重视你的案子，想让你自己妥善处置，为什么要多次对证呢？"张汤于是上疏谢罪说："张汤没有尺寸的功劳，从刀笔吏起家，因得到陛下的宠幸而官至三公，没有任何可开脱罪责之处。然而阴谋陷害张汤的，是丞相府的三位长史。"于是自杀身死。

《汉书·张汤传》记载，张汤死后，"家产直不过五百金"，都是得自皇上的赏赐，没有其他产业。他的兄弟之子要厚葬张汤。张汤的母亲说："张汤作为天子的大臣，被恶言污蔑致死，有什么可厚葬的？！"遂用牛车装载他的尸体下葬，只有棺木而没有外椁。汉武帝知道后，说："没有这样的母亲，不能生下这样的儿子。"因此将三位长史处以死罪，释放了田信。丞相庄青翟被迫自杀。武帝很为张汤之死惋惜，晋升了他的儿子张安世的官职。2002年，西北政法学院（今西北政法大学）在建设长安校区时，发掘了张汤的墓葬。张汤墓葬的发现，在一定程度上验证了《汉书》张汤虽位至三公，但其"家贫，无他业"记载的真实性。通过史书和考古发现这二重证据，证实张汤确实是位廉洁的酷吏，正如司马迁所肯定的："其廉者足以为仪表。"

驰骋大漠，铁马金戈——李广、卫青、霍去病

李广历经汉文景、景帝、武帝，立下赫赫战功。"李广难封"是为飞将军李广虽勇猛善战却不能封侯的感慨。立下赫赫战功的李广，对部下很谦虚和蔼，匈奴称之为"飞将军"，数年不敢来犯。司马迁称赞他是"桃李不言，下自成蹊"。

据《史记·李将军列传》记载，公元前166年，匈奴大举入侵萧关，李广以良家子弟的身份从军抗击匈奴，因为精通骑马射箭，斩杀匈奴首级很多，被任为汉中郎。李广曾经数次随从汉文

帝狩猎，格杀猛兽。汉文帝说："可惜呀，你没遇到时机，假如让你生在高帝时代，封个万户侯不在话下！"汉景帝即位后，李广在平定"七国之乱"时，夺取了叛军军旗，立了大功，以此名声显扬。还师后，朝廷没有给予封赏。后来李广调为上谷、上郡等太守，都因与奋力作战而出名。匈奴大举入侵上郡时，汉景帝派亲近的宦官跟随李广整训士兵，抗击匈奴。一次，这位宦官带了几十名骑兵，纵马驰骋，遇到3个匈奴人，与他们交战。那3个人转身射箭，伤了宦官，那几十名骑兵也被射杀将尽。李广意识到是匈奴射雕的人，就自做主张，带百余名骑兵追击，追上后，还令他人一边看着，独自上前射杀2人，活捉1人。不料前方出现了数千名匈奴骑兵，李广身处险境，只要他们100多人一逃跑，数千敌人就会尾随射击，一个都跑不掉。李广让大家卸下马鞍，让敌人以为是自己是诱敌的疑兵，敌人不敢前进。他们与敌人周旋了一天，敌人才被吓退。因为李广出发时没有告诉其他人，军营也无法派遣援军。这次冒进差点就闯下大祸。

　　除了冒险，李广个人英雄主义比较明显。据《汉书·李广传》记载，公元前121年，汉武帝委派将领霍去病出征河西匈奴军。为了防止东北方向的匈奴左贤王部乘机进攻，他又让张骞、李广等人率偏师出右北平（治今内蒙古宁城），攻打左贤王，以策应霍去病主力的行动。走了大约几百里，匈奴左贤王带领四万骑兵包围李广，李广的士兵都很恐惧，李广就派他的儿子李敢快马冲击敌人。李敢带了几十名骑兵飞奔而去，直穿匈奴骑兵的包围圈，抄出敌军的左右两翼而回，报告李广说："匈奴人容易对付。"士兵才安定下来。李广布成圆形阵势，面向着四外，匈奴猛攻他们，箭下如雨。汉兵死亡的超过一半，汉军的箭也快用完了。李广便命令士兵把弓拉开，不要放箭。李广亲自用大黄弩射敌人的副将，射死了几个，匈奴人渐渐散开。恰巧天色黑了下来，军官士兵都面无人色，可是李广的神气同平常一样，更加精神振奋地指挥军队，军中士兵很佩服他的勇气。第二天，继续奋力战斗,张骞的军队也到了,匈奴军队才解围而去。汉军疲乏了,不能去追击。这时李广几乎全军覆没,只好收兵回去。按汉朝的法律,张骞耽误了预定的日期,当处死刑。后来,他出钱赎罪,降为平民。李广的军功和罪责相当,没有封赏。公元前119年,汉武帝发动漠北之战,由卫青、霍去病各率五万骑兵由定襄(今属山西)、代郡(治今河北蔚县代王城)出击跨大漠远征匈奴本部。李广几次请求随行,汉武帝起初以他年老没有答应。后来经不起李广请求,同意他出任前将军。汉军出塞后,卫青捉到匈奴兵,知道了单于驻地,就自带精兵追逐单于,而命令李广和右将军队伍合并,从东路出击。李广不满卫青让他迂回绕远,领兵与赵食其合兵后从东路出发。军队没有向导,有时迷路,结果落在卫青之后,卫青与单于交战,单于逃跑,卫青没能活捉单于只好收兵。卫青南行渡过沙漠,才遇到李广与赵食其的军队。经过漠北之战,李广丧失了立功封侯的最后机会,最终因为迷路的过失将会受到审问而自尽。

秦汉时期,北方的匈奴一直对中原王朝构成巨大的威胁。在秦代,匈奴曾一度为蒙恬所击败,逃往漠北,有十多年不敢南下。秦朝覆灭后,匈奴趁楚汉相争、无暇北顾之机再度崛起。在领袖冒顿单于统率下,重新控制了中国西北部、北部和东北部的广大地区。汉朝方面,自高祖刘邦几十万大军被围于白登山,靠贿赂冒顿单于的阏氏才脱困。后只能对匈奴采取和亲政策,以缓解匈奴的袭扰。在军事上,则主要采取消极防御的方针,尽量避免与匈奴进行决战。经过汉初的"积极无为",社会经济较快地得到恢复。"文景之治"的出现为汉朝创造了相对雄厚的物质基础,为日后汉武帝的战争动员和实施创造了有利的条件。汉武帝登基后,历史将一对舅甥卫青、霍去病送于汉武帝面前,再加上父亲汉景帝给他留下声名赫赫、威震匈奴的"飞将军"李广等名将,雄心勃勃的汉武大帝将长剑直指漠北。"一战获胜,再战成名,三战封侯,一生战功赫赫"是历史对卫青的记录,卫青一生七次出击匈奴，为汉武帝时期汉在汉匈战争中所取得的胜利做出巨大的贡献。《资治通鉴》记载，卫青首征匈奴，便取得了龙城大捷。公元前129年，匈奴兴兵南下直指上谷。汉武帝分派四路出击，四路将领各率一万骑兵，迎击匈奴。卫青首征，果敢冷静，深入险境，直捣匈奴祭天圣地龙城，并在龙城之战中，首虏700人，取得胜利。另外三路，两路失败，一路无功而还。汉武帝看到只有卫青凯旋，封卫青为关内侯。公元前127年，匈奴骑兵再次进犯上谷等地。汉武帝避实就虚，实施反击，派遣卫青率大军进攻匈奴所盘踞的河南地。卫青引兵北上，全部收复了河南地。收复河南地，抽掉了匈奴进犯中原的跳板，解除了其对长安的威胁，并为汉军建立了一个战略进攻的基地。公元前124年，卫青奇袭高阙，包围右贤王，俘虏小王十余人、男女一万五千余人，牲畜达千百万头。卫青官拜大将军，汉军所有将领归其统辖。公元前123年，二出定襄，斩获万余人。公元前119年，与霍去病分兵远涉漠北，和单于兵相遇，卫青以武钢车结阵，以弱胜强击败单于主力。

据《汉书·霍去病传》记载，公元前123年，年仅18岁的霍去病随大将军卫青出击匈奴，首次出战便率精骑800深入敌腹，歼灭匈奴2 000余后回定襄休整，一月后再破匈奴万人。霍去病获封冠军侯，谓"勇冠三军"之意。此后数年皆为霍去病将星闪耀之时，其光芒甚至盖过卫青。公元前121年春，汉武帝任命霍去病为骠骑将军，率骑兵1万出陇西，进击匈奴右贤王部。他6天连破匈奴5个王国，接着越过焉支山1 000多里，与匈奴鏖战于皋兰山下，歼敌近9 000人，杀匈奴卢侯王和折兰王，俘虏浑邪王子及相国、都尉多人。同年夏，霍去病再率精骑数万出北地郡，越过居延海，在祁连山麓与匈奴激战，歼敌3万余人，俘虏匈奴王5人，以及王母、单于阏氏、王子、相国、将军等120多人，降服匈奴浑邪王及部众4万人，全部占领河西走廊。匈奴为此悲歌："失我祁连山，使我六畜不蕃息；失我焉支山，使我嫁妇无颜色。"公元前119年,霍去病率大军5万北进大漠两千余里,大败匈奴左贤王,斩首7万余,封狼居胥,取得出击匈奴以来最大的胜利,自此"匈奴远遁,漠南无王庭"。几万大军在大漠中连年征战,每日所耗粮草甚巨,根本不要指望粮草按时补给。其间,汉军是如何解决的给养,至今仍是军事史上的一个谜。

《史记》记载,公元前117年,因为匈奴伊稚斜单于拒绝对汉称臣,汉武帝再一次进行战争动员,决心歼灭单于主力。然而在准备过程中,或许是多次领兵出征的劳累,长时间处于艰苦的环境,霍去病却因病早逝,年仅24岁。汉武帝因此被迫暂时停止了对匈奴的作战。将星陨落,骠骑大将军霍去病病逝于长安,谥景桓侯。霍去病一生四击匈奴,歼敌11万余人,俘4万余人。他用兵灵活,注重方略,不拘古法,善于长途奔袭、快速突袭和大迂回、大穿插、打歼灭战。汉武帝奖其功,为其建立豪宅,霍去病言道:"匈奴不灭,无以家为也。"这几个字激励后世无数名将烈士"血洒疆场尽,马革裹尸还"。

在名将辈出的汉代,李广、卫青、霍去病这三位老、中、青将领,年纪相差虽大,却在同一时代立下不世功勋。李广刚猛、卫青勇毅、霍去病果敢,他们代表了一个时代——汉武名将的时代。

辅国功勋,败于齐家——霍光

霍光,大司马霍去病异母弟,拥立汉宣帝即位,掌权摄政,权倾朝野,女儿为汉宣帝第二任皇后。

如果从修身、齐家、治国、平天下的为人处事标准来看,霍光的失败之处在于——齐家。汉武帝晚年,体弱多病,对于死后政权的和平过渡深感担忧,因太子刘据在"巫蛊之祸"中自杀身亡,储君位置一直悬空。武帝偏重于让年幼的刘弗陵继位。然而幼子登基政局难免会发生变动,汉武帝便在一众臣子中物色忠实可靠的人选。他令宫中画师画《周公辅成王朝诸侯图》赐给霍光，暗示他准备辅政。《汉书·霍光传》记载，公元前87年春，汉武帝去世。霍光正式接受汉武帝遗诏，成为汉昭帝刘弗陵的辅政大臣。霍光忠心辅佐汉昭帝刘弗陵，并凭着汉昭帝的信任粉碎了上官桀、桑弘羊、燕王刘旦等人的多次夺权阴谋。在昭帝时期，霍光得到汉昭帝的全面信任，因而得以独揽大权，他采取休养生息的措施，多次大赦天下，鼓励农业，使得汉朝国力得到一定的恢复。对外也缓和了同匈奴的关系，恢复和亲政策。就在霍光安心治国、大汉平稳发展的时刻，汉昭帝撒手人寰，他没有儿子。霍光迎立汉武帝孙昌邑王刘贺即位。但27日之后，霍光就以刘贺淫乱无道为理由报请上官太后废除了刘贺。霍光同群臣商议后决定从民间迎接汉武帝曾孙刘病已（后改名刘询）继承帝位。汉宣帝即位初，霍光表示归政于帝。汉宣帝没有接受，朝廷事务的决策仍先经过霍光过问再禀报皇帝。霍光辅佐汉宣帝6年，辅佐汉昭帝的13年，他尽心尽力，大部分时间国家都处于安定兴盛的状态，近20年的时间逐渐成就了"文景之治"后的又一个兴盛局面，史称"昭宣中兴"。

但同历史上任何有作为的政治家一样，霍光没有跳出时代的圈子，摆脱不了光宗耀祖思想的束缚，也摆脱不了身为将相、子弟封侯的腐朽观念。霍光之于刘询，既有恩又有功，刘询对其既敬重又畏惧，成语"芒刺在背"形象地勾勒出君臣间的复杂关系。对于霍光来说，家里还有一个飞扬跋扈的女人在扯他的后腿。她原本是霍光正室的陪嫁侍女，妻死扶正，后生儿育女，成了一家主母。她骄奢淫逸，举止张狂，费尽心思将同自己品性如出一辙的女儿霍成君嫁入宫中。汉宣帝即位后，没有依照群臣提议立霍光之女霍成君为皇后，而是委婉地以寻故剑的名义，表示要立自己的原配妻子许平君为皇后。霍光的继室对女儿没有成为皇后感到不满，并趁许皇后生产的机会买通医生淳于衍，毒死了许皇后。许皇后死后，汉宣帝追究医生责任，淳于衍下狱受审，害怕而向霍光坦白了此事。霍光惊骇之余，想要追究显的责任，但最终还是碍于夫妻情分替她掩盖了过去。这是后来引发灭族事件的原因之一。

公元前68年，霍光去世，汉宣帝与上官太后一同到场治丧，将之与萧何相比，以皇帝级别的葬仪葬于茂陵。霍光遗孀显犹嫌不够气派，将霍光生前自己安排的坟墓规格扩大。前66年，霍家谋反事情败露，霍家一族遭到满门抄斩。霍家族灭以后，霍光之墓未被株连，依旧陪葬茂陵。过了十多年，汉宣帝接受南匈奴归降，回忆往昔辅佐有功之臣，乃令人画十一名功臣图像于麒麟阁以示纪念和表扬，列霍光为第一。因其死后家族谋反，满门抄斩，故不名霍光全名，只尊称为官职和姓氏。

治世能臣，乱世枭雄——曹操

曹操，曹魏的奠基者。名士许劭其为"治世之能臣，乱世之奸雄"。

在做洛阳北部尉和济南相的时候，曹操在政治上崭露头角。《三国志·魏书·武帝纪》记载，年轻时期曹操机智警敏，有随机权衡应变的能力，而且任性好侠、放荡不羁。但是他早年时就表现出对武艺的爱好与才能，博览群书，尤其喜欢兵法，曾抄录古代诸家兵法韬略，还有注释《孙子兵法》的《魏武注孙子》著作传世。这些为他后来的军事生涯打下了稳健的基础。举为孝廉后，曹操被任命为洛阳北部尉。洛阳为东汉都城，是皇亲贵戚聚居之地，很难治理。曹操一到职，就申明禁令、严肃法纪，造五色棒十余根，悬于衙门左右，"有犯禁者，皆棒杀之"。皇帝宠幸的宦官蹇硕的叔父违禁夜行，曹操毫不留情，将蹇硕的叔父用五色棒处死。黄巾起义爆发，曹操受命进攻颍川的黄巾军，结果大破黄巾军，斩首数万级，被任命为济南相。济南相任内，曹操大力整饬，贪官污吏纷纷逃窜。

经过如此多的战役，汉献帝从准许曹操"参拜不名、剑履上殿"、封曹操为魏公，加九锡到册封曹操为魏王，曹操逐渐位极人臣。190年前后，汉朝陷入军阀割据。经过数年的重组和兼并，北方两位军阀以黄河为界对峙：显赫的袁绍在河北，他的旧盟友曹操在河南。显然一场冲突在所难免，双方都迅速聚集军队在黄河沿岸防守。中国战争史上以少胜多、以弱胜强的著名战例官渡之战就这样爆发了。这一战从客观条件上看，曹操处于劣势。曹操所占的黄河以南地区，地盘既小，又是四战之地，残破不堪，还没有完全恢复，物资比不上袁绍那样丰富。曹操的兵力也远不及袁绍。官渡之战初期，袁绍派大将颜良进攻白马（今河南滑县东北）。曹操虽处于劣势，但由于他能正确分析客观条件，善于听取谋士荀攸之计，采用声东击西，袁军大败，白马之围遂解。曹操初战得胜，主动撤军，继续扼守官渡。半年后，袁军向曹营发动猛攻，先是作高橹、起土山，由上向曹营中射箭，接着又挖地道，欲从地下袭击曹营，皆被曹操以设投石机、挖掘沟堑之法破解。两军一攻一守，相持近两个月。久战之下，曹操处境极为困难。这时袁绍谋士许攸来投曹操，献计让曹操偷袭乌巢，曹操予以采纳。曹操亲率精锐步骑5 000人，乘夜从小路偷袭乌巢。曹操军到了乌巢，命四面放火，袁军大乱。袁绍只此少量援兵救援乌巢，而以重兵围攻曹军营地。由于曹军营地营垒坚固，乌巢先被攻破，袁军溃散。袁绍弃军逃回黄河以北，曹军大获全胜。官渡之战，曹操击溃了最大的敌人袁绍。袁绍退回冀州后不久就病死，而他的儿子袁尚、袁熙又投奔了乌桓。出自战略的需要，曹操远征乌桓。远征乌桓中的白狼山之战又是一场以少胜多的战役，曹军大胜，基本统一了北方。曹操把乌桓俘虏去10余万户的汉人和幽、并二州的乌桓万余"落"（乌桓的人口统计单位，相当于户）迁入内地，促进了乌桓人同汉族逐渐融合，这对巩固北方社会秩序、使人民生产与生活安定有着积极的作用。

作为杰出的政治家,曹操无愧为"治世能臣"这一美誉。汉魏之间,社会生产遭受严重破坏,出现大饥荒。这一时期,粮食供应成为各军事集团最大的问题,因军粮不足而无敌自破者不可胜数。曹操在北方屯田,兴修水利,解决了军粮缺乏的问题,对农业生产恢复有一定作用。在兴置屯田的同时,曹操采取各种措施,扶植自耕农经济。针对当时人口流失,田地荒芜的情况,曹操先后采取招怀流民、迁徙人口、劝课农桑、兴修水利、检括户籍等办法,充实编户,恢复农业生产。此外,曹操还陆续颁布法令,恢复正常租调制度,防止豪强兼并小农,对社会经济的恢复和经济的整顿起了积极作用。

曹操好才,有容人之量,故而英雄多乐为之用。但随着年华的老去,曹操性格中多忌越来越凸现出来,为此不少人死于他的刀下。《三国志·魏书·崔琰传》记载,205 年,曹操打败袁氏后,兼任冀州牧,征召崔琰任别驾从事史。他对崔琰说:"我审查了一下冀州的户籍,总共有 30 万人,可真是个大州啊!"崔琰回答说:"现在天下大乱,袁氏兄弟又互相残杀,百姓苦不堪言。您来到这里,也不先问问百姓的生活风俗如何,救他们于水火之中,反而先问户籍,这可不是冀州的百姓所希望的啊!"曹操部下的宾客听完之后脸色都变了,为崔琰捏一把汗。想不到曹操没有怪罪崔琰,反而向他谢罪。然而就是这样一个人,最终还是被曹操杀了。杀他的理由,就是"腹诽心谤"。曹操加封魏王后,曾经被崔琰推荐为官的杨训上表盛称曹操功德。当时有人讥笑杨训为人虚伪,又说崔琰推荐错了人。崔琰阅过杨训的上表后,给杨训写信说:"省表,事佳耳!时乎时乎,会当有变时。"崔琰原本是想说那些议论杨训的人不明事理。没想到有人说崔琰这封信是对曹操的不满,曹操听后很生气,于是就下令惩罚崔琰为徒隶。他派人去看正在受处分的崔琰时,崔琰"辞色不挠",没有一点服软求饶的意思,就下令:"崔琰虽然受刑,然而还敢和宾客交往，门庭若市，还对宾客吹胡子瞪眼，好像有什么怨气。"因此将崔琰赐死。《三国志·魏书·华佗传》记载，华佗行医足迹遍及今安徽、河南、山东、江苏等地，钻研医术而不求仕途。后来曹操亲自处理国事，头风沉重，让华佗专门为他治疗。华佗说："这病在短期之内很难治好，即便是长期治疗也只能延长寿命。"华佗因为离开家太久想回去，于是说："收到一封家书，暂时回去一趟"。到家之后，他又说妻子病了，多次请求延长假期而不返。之后曹操三番五次写信让华佗回来，又下诏令郡县征发遣送。华佗自恃有才能，厌恶为人役使以求食，仍然不上路。曹操很生气，便派人去查看：如果他妻子真的病了，便赐小豆 4 000 升，放宽假期期限；如果欺骗，就逮捕押送。结果华佗撒谎，于是用传车把华佗递解交付许昌监狱，经审讯验实，华佗供认服罪。荀彧向曹操求情说："华佗的医术确实高明，关系着人的生命，应该包涵宽容他。"曹操说："不用担忧，天下就没有这种鼠辈吗？"终于，华佗在狱中拷问致死。华佗临死前，拿出一卷医书给狱吏，说："这书可以用来救活人。"狱吏害怕触犯法律不敢接受，华佗只好忍痛，讨取火来把书烧掉了。曹操虽然头风病没有得到根治，但是并不后悔杀了华佗。直到他最喜爱的儿子曹冲病重而死，曹操才后悔不已。

"鞠躬尽瘁，死而后已"——诸葛亮

　　"孤之有孔明，犹鱼之有水也"是刘备对诸葛亮的评价。在群雄纷争的汉末，凭借自己中山靖王后裔的政治身份、统一天下恢复汉室的政治抱负和诸葛亮的忠心辅佐，成就了建立蜀汉的事业。从"隆中对"之后，诸葛亮一直是刘备的主心骨。
　　诸葛亮 3 岁时，母亲病逝。8 岁时丧父，与弟弟诸葛均一起跟随叔父新任豫章（今江西南昌）太守诸葛玄到豫章。诸葛玄解职后，投奔荆州刘表。197年，诸葛玄去世，诸葛亮就在隆中隐居。201年，刘备为曹操所败，投奔荆州刘表同时，积极联络当地的豪杰。经过司马徽的推崇和徐庶的推荐，刘备多次亲自前往隆中拜访诸葛亮，去了多次才见到诸葛亮。刘备向他询问重振天下的计谋，诸葛亮遂向他陈说了三分天下之计。刘备听后大赞，力邀诸葛亮出山相助，于是诸葛亮便出山入幕。诸葛亮提出"隆中对"时只有27岁，这成为此后数十年刘备和蜀汉的基本国策。

孙权、刘备在赤壁之战中能结盟抗战，与诸葛亮的智慧劝说相关。据《三国志·蜀书·诸葛亮传》和《资治通鉴》记载，刘备败走夏口时态势紧急，孙权率领军队驻扎在柴桑，观望事态的发展，并派鲁肃到夏口观察情况，鲁肃向刘备建议向孙权求救，诸葛亮便自荐到柴桑向孙权求救。诸葛亮先是主张孙权与曹操断交；接着是采用激将法，说刘备有气节，绝不投降；最后才分析两军的情况。他先说刘备方面能掌控的兵力；再说出曹军远来疲敝，是"强弩之末，势不能穿鲁缟"而且北方人不习水战，荆州百姓又是被逼服从曹操，不是心服。通过以上分析，诸葛亮的结论就是曹操必定可打败。最后孙权决定联刘抗曹，与曹操开战。他们扬水战之长，巧用火攻，终以弱胜强，此战为尔后三国鼎立奠定了基础。

《三国志·蜀书·诸葛亮传》记载，221年，刘备为夺回荆州，为关羽报仇，不顾诸葛亮劝阻，亲率大军攻打东吴，兴举国之兵伐吴，招致夷陵之败。刘备恼羞于夷陵惨败，一病不起，亡故于白帝城。刘备知道太子刘禅愚顽不堪托以大任，临终前把刘禅托付给诸葛亮，并嘱咐诸葛亮道："若嗣子可辅，辅之；如其不才，君可自取。"诸葛亮涕泣地说："臣必定竭尽股肱的力量，报效忠贞的节气，直到死为止！"刘备又要刘禅视诸葛亮为父。刘禅继位，封诸葛亮为武乡侯，开设官府办公。不久，再领益州牧，政事上的大小事务，刘禅都依赖于诸葛亮，由诸葛亮决定。本来南中地区因刘备逝世而乘机叛乱，诸葛亮因国家刚逝去君主，先不发兵，派人赴东吴修好。225年，诸葛亮率军南征，采取参军马谡的建议，以攻心为主，先打败雍闿军，再七擒七纵孟获，平定了所有乱事，稳定了南中，获得大量的资源，并且组建了无当飞军这支劲旅。经过长期积累，有了北伐的基础，他率兵北伐中原。史书记载，诸葛亮南征后对曹魏用兵共有七次，诸葛亮从祁山出兵伐魏仅有两次，而"六出祁山"的说法出现于小说《三国演义》。由于《三国演义》在民间的影响力较大，因此"六出祁山"也渐渐成为诸葛亮北伐的代名词。他在北伐是分兵屯田，在魏国境内与魏国百姓共同种粮自给自足，打算长期驻扎下去，但诸葛亮却因过于操劳而病重，最后在军中去世。

生前死后，哀荣始终——郭子仪

郭子仪，出身太原郭氏。早年以武举高第入仕从军，一生经历武则天、唐中宗、唐睿宗、唐玄宗、唐肃宗、唐代宗、唐德宗七朝。

纵观郭子仪的一生，功高震主而主不疑，位极人臣而众不嫉。皇帝稍有担心其功高盖主，他就马上移交权柄，坦然离去。等国家有难，一接到圣旨，他又毫无怨言，立下赫赫战功。玄宗时，安史之乱爆发，郭子仪于守孝期间被朝廷"夺情"启用，权充朔方节度副大使，率朔方军东讨安禄山，收复了大量失地，斩杀了众多叛将，取得了一次又一次的胜利。756年，太子李亨在灵武登基。李亨遣使入蜀，通报唐玄宗。唐玄宗遂退位为太上皇，命房琯等往灵武，正式册封唐肃宗为皇帝。郭子仪和李光弼二人也赶到灵武，率军勤王，收复河北、河东。唐肃宗任命郭子仪为兵部尚书、同中书门下平章事（宰相），兼朔方节度使。唐肃宗发兵南征讨伐叛军，宰相房琯动请缨讨伐叛军，但他不通兵事，又用人失误,结果在陈涛斜(今陕西咸阳东)大败而回。唐军损失大半,唐肃宗只能倚靠朔方军为根基。郭子仪率朔方军与回纥联兵进击,斩获数万,平定河曲。757年,郭子仪率军克服两京,因功加封司徒、代国公,余官如故,加食邑1 000户。郭子仪入朝,肃宗命人在灞上迎接,并慰劳他道:"国家再造,是你的功劳。"758年,郭子仪因在黄河边击败叛军,擒获叛将安守忠,献俘至京师,肃宗命百官到长乐驿迎接,并亲自在望春楼等待,进封其为中书令。唐肃宗令重臣郭子仪等九节度使率领唐军数十万,讨伐安禄山儿子安庆绪的叛军。叛军大败,安庆绪的弟弟安庆和也被唐军俘获,叛军退守相州(治今河南安阳)城。郭子仪等指挥唐军追击,驻军相州城西南。安庆绪将叛军主力投入决战,被唐军击溃,兵力丧失殆尽。安庆绪向史思明求救,史思明派1万多人前往救援。唐军包围相州城,又北引河水灌城。城中井泉向外溢水,平地水深数尺,一片汪洋。在此情况下,叛军仍然负隅顽抗,不肯投降。后史思明指挥10多万叛军急趋相州城,与唐军在城之北相遇。唐军虽然兵多将广,但唐肃宗害怕诸将拥兵自重,未在军中设主帅,导致唐军指挥失灵。唐肃宗还任命亲信宦官鱼朝恩为观军容宣慰使到军中牵制。诸将畏首畏尾,不敢大胆决策。两军正准备交战时,突遇狂风大作,飞沙走石、遮天蔽日,即使近在咫尺也看不清楚。唐军与叛军都大惊,各弃兵仗辎重,唐军向南、叛军向北面溃退,唐军各部相继引还。观军容鱼朝恩一直妒忌郭子仪,趁机把相州之败的责任推到郭子仪身上,并在肃宗面前进谗言。郭子仪的兵权被剥夺,但他仍以大局为重,忠心于朝廷。760年,在百官的要求下,肃宗准备命令郭子仪带兵出征。郭子仪再度掌兵权。唐代宗能即位,宦官程元振自认为有拥立之功,担心老将难以制服,多次离间诬陷,郭子仪被再失兵权。763年,吐蕃入寇,唐代宗起用郭子仪。郭子仪率军击败吐蕃,再复长安。唐代宗任命郭子仪为长安留守,赐郭子仪铁券,并将他的画像挂在凌烟阁上。764年,唐代宗任命郭子仪为尚书令，郭子仪恳辞不受。779 年，代宗驾崩，德宗继位。郭子仪被德宗调回朝廷，进位太尉，仍兼中书令，充任皇陵使，赐号"尚父"。

郭子仪心胸坦荡，对后代言传身教。郭子仪的汾阳郡王府从来都是大门洞开，贩夫走卒之辈都能进进出出。郭子仪的儿子多次劝告父亲，后来，郭子仪语重心长地说："我家的马吃公家草料的有 500 匹，我家的奴仆吃官粮的有 1 000 多人，如果我筑起高墙，不与外面来往，只要有人与郭家有仇，略微煽风点火，郭氏一族就可能招来灭族之祸。现在我打开府门，任人进出，即使有人想诬陷我，也找不到借口啊！"儿子们恍然大悟，都十分佩服父亲的高瞻远瞩。单从齐家来看，郭子仪的儿子、女婿、子侄也都加官晋爵，所提拔的幕府部属中 60 余人，后来皆为将相。《资治通鉴》记载了关于他"齐家"方面最耳熟能详的两件事。一是处理他儿子和代宗女儿升平公主口角之事。郭暧曾和升平公主发生了口角，骂道："你仗着父亲是皇帝吗？我父亲不稀罕当皇帝！"公主大怒，回宫告诉父亲。代宗道："他说的没有错，郭令公要是想当皇帝的话，天下就不是我们家的了。"并命公主回家。郭子仪得知后，将郭暧关起来，自己去向皇帝请罪。代宗道："俗话说：'不痴不聋，不做家翁。'子女夫妻间的事，不用理他。"郭子仪回来后，将郭暧杖打数十。另外一件事情是，郭子仪曾严令禁止军营内无故骑马。郭子仪妻子南阳夫人的奶妈的儿子触犯禁令，被都虞候乱棍打死。郭子仪的几个儿子到他面前哭诉，指责都虞候骄横，郭子仪将他们斥退。次日，郭子仪将此事告诉幕僚们，并叹道："我的几个儿子，都是当奴才的料。他们不赞赏父亲的都虞候，反而痛惜母亲奶妈的儿子，不是当奴才的料又是什么？！"

救时首辅，祸发身后——张居正

我国古代君臣论政的时候，臣子们从秦汉时期的"坐位"走向了隋唐宋元的"站位"。到明太祖朱元璋时，借口胡惟庸事件废除了宰相制度。到万历年间（1573—1620 年），张居正任内阁首辅 10 年，实行一系列改革措施，他是明代唯一生前被授予太傅、太师的文官。死后被明神宗抄家。《明史·张居正传》是这样评价内阁首辅张居正的："张居正通识时变，勇于任事。神宗初政，起衰振隳，不可谓非干济才。而威柄之操，几于震主，卒致祸发身后。"寥寥数语勾勒出张居正的大致轮廓。

张居正在荆州府江陵县一位秀才的家里出生。湖北省人民政府官网 2019 年 4 月 19 日在《荆州区张居正故居》中是这样介绍的张居正的出生：据说张居正出生之前其曾祖父做了个梦。梦中一轮圆月落在水瓮里，照得四周一片光明，然后一只白龟从水中慢慢浮起。曾祖父认定白龟就是这小曾孙，于是信口给他取了个乳名"白圭"，希望他来日能够光宗耀祖。张居正少年聪颖过人，很小就成了荆州府远近闻名的神童。

1536 年，12 岁的张居正参加童试，荆州知府李士翱很欣赏张居正的机敏伶俐，替他改名为"居正"。1547 年，张居正中二甲第九名进士，授庶吉士，这期间，在重视经邦济世学问的徐阶引导下，张居正努力钻研，为他日后走上政治舞台打下了坚实的基础。张居正入翰林院学习的时候，内阁中正在进行着二人争夺首辅职位的激烈斗争，张居正通过几年的冷眼观察，对朝廷的政治腐败和边防废弛有了直观的认识。1549 年，张居正以《论时政疏》系统阐述了他改革政治的主张，没有引起嘉靖皇帝的重视，此后除例行章奏以外，张居正在嘉靖朝再也没有上过奏疏。1554 年，张居正因病请假。在休假的三年中，他在江陵游山玩水。张居正游览了许多名胜古迹，使他发现了新的问题，责任感让他重返政坛。

嘉靖皇帝去世后，隆庆皇帝继位，张居正进入内阁，参与朝政。在张居正等人的力劝下，隆庆皇帝诏封鞑靼首领，开设马市，与鞑靼进行贸易，北部边防得以巩固。《明史》记载，1572年，隆庆皇帝崩，年仅10岁的万历皇帝继位，张居正在这一年六月担任了首辅。张居正"救时"体现在各个层面。从政治上，实行了考成法。他以"课吏职"加强官吏考核。在执行上，他强调"信""严"，使赏罚有准。军事上，最有名的就是任用戚继光，在长城上加修"敌台"，加强北方的防备。经济上，清查土地，从1581年开始在全国推广"一条鞭法"。2013年11月12日发表在张居正研究会官网上的《千古一相——张居正之生平介绍》中是这样评价张居正的："从历史大局看，张居正新政无疑是继商鞅、秦始皇以及隋唐之际革新之后直至近代前夜影响最为深远、最为成功的改革。张居正改革的影响，不仅表现在他起衰振隳、力挽狂澜，奇迹般地在北疆化干戈为玉帛，在一定程度上缓解了国内的阶级矛盾和民族矛盾，延长了明王朝的国祚；还表现在一举扭转'神运鬼输，亦难为谋'的财政危机，弼成万历初年之治，为万历年间资本主义萌芽的进一步发展打下了良好的基础；更体现在对近代前夜国家统一与社会转型起到的巨大推动作用。'一条鞭法'是介于两税法与摊丁入亩之间的赋役制度。在我国封建社会后期的赋役制度的演变中有着承前启后的作用。"

发表于2013年11月12日湖北广播电视台官网的《旷代宰相之杰——张居正》中是这样介绍张居正身后遭到的清算："张居正逝世后的第四天，御史雷士帧等七名言官弹劾潘晟。潘晟乃张居正生前所荐，他的下台，标明了张居正的失宠。言官也把矛头指向张居正。神宗于是下令抄家，并削尽其官秩，迫夺生前所赐玺书、四代诰命，以罪状示天下。张居正险遭开棺鞭尸。家属或饿死或流放，后万历在舆论的压力下中止进一步的迫害。张居正在世时所用一批官员有的削职，有的弃市。张居正在世时所用一批官员有的削职,有的弃市。"清算张居正的力量来自多方面。一是曾经受张居正提携、支持他的人,比如张四维。张居正主持国事之初,军政败坏,国库空虚,农民起义此伏彼起,危机严重。张四维极力支持张居正的一切政令主张和改革措施。张居正死后,张四维为首辅,他劝皇帝放宽政策,使受张居正排挤或罢官的重要人物复职。二是张居正曾经冷落的人,如王士贞与汪道昆。张居正觉得他们都是吟风弄月的文人,因此冷落了他们。各种力量在张居正死后清算了张居正及其骨干,就连张居正的家人也遭遇酷刑逼供。张居正长子张敬修遭到严刑拷打,留下绝命书自缢;次子张嗣修发配边疆;三子张懋修投井未死,绝食数日仍不死,被削籍为民;夺四子张简修、五子张允修的官职;据传六子隐居江苏。作为名臣张居正的身后得到如此结局,实在是堪怜。让一般人感到意外的是,给皇帝提出建议要给张居正平反昭雪的,竟是在"夺情"事件中被张居正迫害的著名清流邹元标。1577 年,张居正父亲病死。按照当时规定,父母逝世,在外为官的儿子必须离任回乡服丧三年,丧满后回任。否则,就是"夺情"。当时,因为张居正的改革才刚刚开始,如果回乡服丧,改革就可能功亏一篑,所以他选择了"夺情"。邹元标三次针对"首辅张居正居丧不丁忧"上疏反对"夺情"。张居正十分恼怒,将邹元标打了 80 棍子,贬职流放。1582 年,张居正去世,此时邹元标流放已经过了六年,邹元标被征召授官,重返朝廷。他有感于朝内党派纷争,大臣各怀偏见的情况,向万历皇帝进谏"和衷"之议,提出给张居正平反。

张居正是万历年间(1573—1620 年)的内阁首辅,是推行"万历新政"的改革家。他学旷古今,满腹经纶,辅佐万历皇帝十余载,单从他对明朝"救时"这一视角看,是值得肯定的。但死后却遭清算,改革彻底失败,自己也声誉尽毁。此后数十年间,无人敢提张居正。历史如过眼烟云,这些历史人物的功过,早已随滔滔江水所流逝,留给我们的只是无尽的思考和缅怀。

以身许国，放眼世界——林则徐

林则徐，中国近代史上开眼看世界的第一人。美国历史学家费正清主编《剑桥中国晚清史》评价林则徐：他的经历清白无瑕。他有着一个从未犯过错误的人的强烈信心。他为人处事很讲道德，有强烈的责任感。

据施鸿保《闽杂记·林文忠公取名》记载，林则徐出生时，新任福建巡抚徐嗣曾正"鸣驺过其门"。林则徐父亲林宾日将其字取字为"则徐"，意在希望林则徐像徐嗣曾一样仕途坦荡，官运亨通。林则徐在其《先妣事略》中忆述，林家已是家道中落，外债颇多。林宾日虽为私塾先生，但因大部分收入用来还债，加之家里"食指既繁"，开支日大，"贫窭益甚"，三餐都无以为继，时常断炊挨饿。在此情况下，他的母亲只得以女红帮补家计，而且她将此剪纸手艺传于女儿，才能维持家庭生活。林则徐每天到书塾之前，都会先把母亲、姊妹的剪纸拿到店铺寄卖，回家时再到店铺收钱。这种幼时的生活经历，让林则徐比一般的孩子成熟得早，在为官后更懂得民间群众的生活状态。

讲起林则徐，首先要谈的是销禁鸦片。英国经过工业革命，资本主义发展迅速，需求大量的海外市场；而当时的清政府是实行闭关锁国政策的，只允许广州一口通商，而且中国自给自足的小农经济对英国输入商品具有顽强的抵制力。在中英贸易中，英国处于出超，为了扭转贸易逆差，打开中国市场，英国向中国输入鸦片。林则徐上书道光帝："（鸦片）迨流毒于天下，则为害甚巨，法当从严。若犹泄泄视之，是使数十年后，中原几无可以御敌之兵，且无可以充饷之银。"他坚决主张严禁鸦片。当时许乃济则主张持弛禁鸦片，一是让"让夷商照药材纳税"，二是"让内地得随处种植"。面对着白银大量外流，道光帝从维护其统治着眼,采用了严禁的主张,任命林则徐为钦差大臣到广东查禁鸦片。在严禁鸦片时期,林则徐主要做了三项工作:第一,调查鸦片走私贸易情况,采取有效措施,限令外国鸦片贩缴出烟土进行具结,并将缴获的全部鸦片予以销毁,主持了虎门销烟;第二,组织各方面人才,搜集和翻译西方国家的书报,积极了解资本主义世界的政治、军事、法律、经济、文化、历史、地理等各方面的情况,开近代中国学习西方先进科技和文化知识的先河;第三,积极加紧战备,整顿和加强海防力量,增设炮台,训练水师,招募水勇,号召民众组织起来抵御外来侵略,作各种必要的战争准备,并坚决痛击前来挑衅的英军。在浦启华与彭立兵编著的《百年图强》中评价:虎门销烟是人类历史上旷古未有的壮举。林则徐销烟的正义行动,得到了广大人民的支持,虎门海滩每天都有上万人观看,人们无不拍手称快。外国人看到这情形,也对林则徐禁烟的果断表示钦佩。林则徐领导禁烟运动的胜利,是中国人民反侵略斗争史上第一个伟大胜利,维护了中华民族的尊严和利益,向全世界宣告了中华民族决不屈服于侵略的决心。

林则徐在广州主禁烟与抗英斗争中认识到中国人对西方了解有限,他便开始设译馆、翻译外国书籍,在这个过程中林则徐认识到只有向西方学习才能抵御外国的侵略。他主持编译了《四洲志》。该书简述30多个国家的地理、历史、政情,是当时中国第一部较系统的世界地理志,在近代史上具有开风气的作用。后来,魏源在《四洲志》的基础上,于1843年编辑写成《海国图志》,张学习西方国家的先进技术,提出"师夷长技以制夷"的思想,使向西方学习与救亡图存相结合成为近代的一股潮流。

虎门销烟被英国当做了发动鸦片战争的借口,林则徐遭投降派诬陷,被道光帝发配到新疆。何马在《福建论坛》(文史哲版)发表的《林则徐在新疆》中指出:林则徐不顾年高体衰,从伊犁到新疆各地"西域遍行三万里",实地勘察了南疆八个城,加深了对西北边防重要性的认识。林则徐所译资料中发现俄国对中国的威胁，促成了他抗英防俄的国防思想，成为近代"防塞论"的先驱。他明确向伊犁将军提出"屯田耕战"，有备无患。他还领导群众兴修水利，推广坎儿井和纺车，人们为纪念他的业绩，称为"林公井""林公车"。林则徐根据自己多年在新疆的考察，结合当时沙俄胁迫清廷开放伊犁，指出沙俄威胁的严重性，临终时曾大声疾呼，告诫国人："终为中国患者，其俄罗斯乎？吾老矣，君等当见之。"

中国文人自古倡导"修身、齐家、治国、平天下"，特别重视家教、家风，流传下来的家训、家书数不胜数，其中的经典包括《颜氏家训》《裴氏家训》《朱子治家格言》《曾国藩家训》等。以身许国却被远贬新疆，放眼世界亦不忘教育子女，林则徐家训与其他家训告诫后人的模式不同，林则徐的"十无益"，不仅陈述原则，还点明了道理，让人耳目一新，非常难得。作为鸦片战争后开眼看世界的第一人，他的思想在当时是有世界眼光的。他的"十无益"为家庭教育提供了借鉴。通过学习林则徐，我们应该认真思考该，新时代的我们要如何做，才能成为一名有世界眼光的中国人。

以身护堤，爱民如子——魏源

夏剑钦的《魏源传》中对魏源的评价：综观魏源一生，他从理学家转而为汉学家，从幕友转而为亲民官，从解经笺诗的通儒转而为关心水利盐漕的实干家，从忧时忧民的学者转而为放眼世界的先驱，都充分显示他是一名真挚的爱国者。他因受鸦片战争失败的刺激，时时以涤洗国耻为念，提出"后王师前王""师夷长技以制夷"思想。

魏源在《四洲志》的基础上写成《海国图志》。这是一部介绍西方国家的科学技术和世界地理历史知识的综合性图书。全书详细叙述了世界各地和各国历史政治、风土人情，主张学习西方国家的科学技术,提出"师夷长技以制夷"的思想。曹阳发表于2013 年 12 月 6 日《人民日报》(海外版)的《魏源:睁眼看世界》评价了《海国图志》的影响:《海国图志》刊行后,在国内虽一度受到统治阶级的冷遇,但随着认识的深入,逐步被近代中国各阶级所接受。洋务派首领左宗棠公开申明,他在福建设局造战船,在甘肃设厂造枪炮,就是继承了魏源在《海国图志》中所提出的"师夷长技以制夷"的思想。而在国外,一经传播就引起了很大反响,受到日本朝野的高度重视,纷纷翻译刊印,争相传阅,认为对他们了解世界各国情况,学习西方先进技术,加强海防建设,有很大的启示和帮助,甚至被推崇为"海防宝鉴""天下武夫必读之书"。

魏源本属早慧之人,7 岁师从刘之纲、魏辅邦读经学史,常苦读至深夜。魏源从 15 岁起,他逢科举例考必定参加,直到 51 岁时考上进士。魏源出仕后,其表现可圈可点。在清代官场中,县官是最难当的。它担负的职责最多、最实际,又最难办,而国家给予的俸禄是很少的。2019 年 8 月 28 日的《兴化日报》第 6 版"历史文化名城"专版介绍了兴化稻为什么被誉为"魏公稻"。1849 年夏天,已经 50 多岁的魏源出任兴化县知县。科场的坎坷遭遇,经世致用的志向,促使他珍惜这个机会,决心当好百姓的"父母官"。兴化与邻近的高邮、宝应、江都、东台一带合称为里下河地区。这里地势低洼,最易雨涝成灾。而数地中,兴化地势最低,宛如大锅锅底,洪水一来,首当其冲。这几县人民全靠高邮城西京杭大运河的百里大堤,拦着高邮湖和洪泽湖的洪水。当时长堤上设有五个大坝,遇上水情紧急,河官害怕长堤决口,掉了自己的乌纱帽,就会下令开坝泄洪。一旦泄洪,则当年所种庄稼全部淹没,"虽黄穗连云弗顾也"。魏源上任后直奔大堤察看水势,组织百姓筑护河堤,并阻止河官启坝。他亲赴总督陆建瀛处击鼓撞钟,请求陆建瀛缓开高邮五坝。魏源自己则在风雨中奔走呼号,指挥七县农民挑土护堤。正当魏源紧锣密鼓地组织农民加固大堤时，一场罕见的暴雨突然袭来。一时间，风雨交加，电闪雷鸣，暴雨倾盆，汹涌的洪水时刻冲击着大堤，岌岌可危。暴雨持续下了一天一夜后仍没有停歇迹象，河督发急了，当着总督的面再次强令启坝泄洪。眼看万亩良田稻谷即将淹没，魏源顶着风雨，扑倒在河堤上痛哭，要启坝就先让水把他冲走。魏源带头站在河堤上，不肯离去，当地群众见此，纷纷涌上河堤，场面十分壮观感人。据史书记载："自辰至未，屡为巨涛所漂，士民从者十余万。"第二天傍晚，洪水终于退去。魏源浑身泥水，双眼被暴雨和风浪激打得赤肿如桃。两江总督陆建瀛见此，百感交集，忙从堤坝上扶起这位 50 多岁的老人说："真是精诚所至，金石为开。"自此，他对魏源越发倚重。这一年秋后，兴化县获得了特大丰收，士民有感魏源救稻之恩，都称其稻为"魏公稻"。后来，魏源在兴化县处理事情极为顺利，凡是"魏老爷"发令要办的事情，无不计日程功。他发动百姓趁冬季水枯之便，疏通河道，沿河堤植柳，兴修水利。魏源为了永久性地解决启坝问题，亲临一线深入调查，指挥河堤重修工程，保障了下河地区七县人民的安居乐业。

一季"魏公稻"，一生"好官声"。魏源在兴化留下的金灿灿的"魏公稻"，成为他为民情怀最典型、最形象的物证。岁月流逝，有一些东西越来越湮没无闻，有一些东西却越来越清晰。当年那护稻的感人场景不见了，魏源的疲累和伤病不见了，那些丰收的稻穗不见了，当时人们丰收的喜悦也不见了，但魏源护稻如家、爱民若子的情怀却依然不散，活在后人口耳相传的记忆中。

忧国忧民，名士狂士——龚自珍

龚自珍出生于书香家庭，父辈们为官显赫且清廉，家人的文学修养都很高。他的母亲段驯是清代文字训诂学家、经学家段玉裁之女,有文集作品传世。在这样的家庭环境熏陶下,龚自珍自幼便显示出了不凡的才华。

出身书香门第的龚自珍才华横溢,仕途不顺利,尽管如此,他一直保持忧国忧民、关注国家与民族命运的爱国情怀。他加了四次乡试才中举人,参加了六次会试才考中贡士。在殿试中,主持殿试的大学士曹振镛以"楷法不中程",不列优等,将龚自珍置于三甲第十九名,不得入翰林。龚自珍的官运可谓平淡无奇,在从六品礼部主事任上封了顶,再也没有任何升迁的迹象。他支持林则徐查禁鸦片,并建议林则徐加强军事设施,做好抗击英国侵略者的准备。由于龚自珍屡屡揭露时弊,触动时忌,因而不断遭到权贵的排挤和打击,他又忤其长官,决计辞官南归,百感交集的龚自珍写下了许多激扬、深情的忧国忧民诗文,这便是著名的《己亥杂诗》,诗文充分体现出龚自珍的爱国之情。

龚自珍任性使气,不拘细行琐德,弄得狂名远播。据《龚定庵逸事》载,龚自珍会试时,墨卷落在王植的考房。王植认为该考生立论诡怪,于是边读边笑,忍不住笑出声来。隔房温平叔听到笑声后,过来检看考卷,他说:"这是浙江卷,考生一定是龚定庵。他生性喜欢骂人,如果你不举荐他,他会骂得很难听。依我看,还是将他圈中为妙。"王植心想,龚自珍文名噪天下,被他骂可不是好受的,除了生前遭人戳脊背,说不定还会遗臭万年,反正取舍予夺之权操持在我手中,这回就成全这位狂生算了。放榜揭晓之日,有人问龚自珍他的房师是谁。龚自珍笑道:"真正稀奇,竟是无名小卒王植。"王植听说后,便一个劲地埋怨温平叔:"按照你的主意我举荐了他,他也考中了进士,我却仍旧免不了挨他的辱骂。我做到这样仁至义尽,他到底还要如何?"26岁时,龚自珍将自己的文集《伫泣亭文》送给著名学者王芑孙过目,说是请教,实则等待对方极口赞誉。龚自珍满以为"当代嵇康"王芑孙会对他惺惺相惜,却没料到冷水浇背,收获的是满纸规箴。他年少气盛,如何听得进逆耳净言? 一怒之下,把文集撕成碎片。及至不惑之年，龚自珍阅世渐深，《咏史》诗中便有了"避席畏闻文字狱，著书都为稻粱谋"的痛切之语，早年的棱角已被磨平了许多。据况周颐《餐樱庑随笔》记载，龚自珍嘲笑自己的叔父龚守正文理不通，甚至嘲笑自己的父亲龚丽正也只不过半通而已。他自命不凡，批评别人，完全不讲情面。有一回，龚自珍拜访叔父、礼部尚书龚守正。刚落座，叔侄尚未寒暄数语，就有一位门生到府中求见。来人新近点了翰林，正春风得意。龚自珍识趣，捺下话头，暂避耳房，外间的交谈倒也听得一清二楚。龚守正问门生最近忙些什么。门生回答，也没啥要紧的事情好忙，平日只是临摹字帖，在书法上多下点功夫。龚守正夸道："这就对啦！朝考无论大小，首要的是字体端庄，墨迹浓厚，点画工稳。若是书法一流，博得功名即如探囊取物！"那位门生正洗耳恭听，龚自珍却忍不住在隔壁鼓掌哂笑道："翰林学问，不过如此！"话音一落，那位门生万分窘迫，慌忙告辞。龚守正则勃然大怒，将龚自珍狠狠地训斥一番，叔侄间竟为此闹翻了脸。后来，龚自珍让女儿、妻子、小妾、宠婢临池习字，专练馆阁体。平日，若有人夸赞翰林学士了不起，他就会嗤之以鼻，挖苦道："如今的翰林，还值得一提吗？我家的女流之辈，没有一人不可入翰苑。不凭别的，单凭她们那手馆阁体的大字小字，就绝对够格！"

"屠狗功名，雕龙文卷，岂是平生意？"龚自珍是忧国忧民的名士。

师夷长技，以图中兴——洋务四名臣

在晚清统治权力结构中，汉族地主实力开始上升主要得益于洋务运动。曾国藩、李鸿章、左宗棠与张之洞是洋务运动的主要实践者，被誉为"洋务四名臣"。

清末洋务运动在"中学为体、西学为用"的思想指导下，引进西方先进技术,对西方的学习主要是集中在器物的层面。19 世纪 60—70 年代洋务派以"师夷长技以自强"为口号创办了一系列军事工业;19 世纪 70 年代前后以"求富"为口号,为解决军事工业原料、燃料和运输问题,同时达到"分洋商之利",创办了一系列民用企业,在一定程度上抵制了外国的经济侵略。此外,洋务运动还创办了南洋水师、北洋水师、福建水师三支海军力量,派遣幼童出国留学。在这个过程中,曾国藩、左宗棠、李鸿章、张之洞在创办洋务企业过程中成为佼佼者。随着清政府在甲午中日战争中战败,洋务派创立的水师全军覆没,宣告了洋务运动在中国的破产。洋务运动的失败说明了幻想只靠引进西方先进技术而不改变落后封建制度来谋取中国现代化与民族独立的道路在半殖民地半封建社会的中国是行不通的。洋务运动虽然没有挽救晚清政府,没有阻止近代中国一步步沦为半殖民地半封建社会的命运,却推动了中国近代化的进程。

曾国藩自诩有"八风吹不动"的定力,却犹如百变金刚,生前死后,扮演的正反角色何其驳杂。按理说,后世史家要对前人盖棺论定,100 多年时间已基本够用了。然而关于曾国藩,却仍是个"曾国藩者,誉之则为圣相,谳之则为元凶"(章太炎语)的各执一端、相持不下的局面。曾国藩作为晚清"四大名臣"之首,在军事上创建湘军镇压太平天国运动、追剿过捻军,曾被称为"曾剃头""曾屠户"。白寿彝主编的《中国通史》中记载,曾国藩出生于湖南的一个普通耕读家庭,祖辈以务农为主。《清史稿·曾国藩传》记载,曾国藩从一个偏僻的小山村以一介书生入京赴考,中进士留京师后十年七迁,连升十级。鸦片战争后,清政府为转嫁战争赔款,激化了阶级矛盾,加上广西地区发生自然灾害,1851年 1 月,洪秀全在广西桂平金田村起义。清政府从全国各地调集大量八旗军、绿营官兵来对付太平军,可是这支腐朽的武装已不堪一战。因此,清政府屡次颁发奖励团练的命令,力图利用各地的地主武装来遏制太平军势力的发展。清政府命令曾国藩办理团练，这就为曾国藩的编练湘军，提供了机会。曾国藩此时在为其母守丧，他因势在其家乡湖南一带，依靠师徒、亲戚、好友等复杂的人际关系，建立了一支地方团练，称为湘军。湘军领导层均出身于耕读之家，自幼饱读诗书，深受湖湘学风的熏染，尊奉儒学、主张学以致用。湘军是为对抗太平军而组建的，是以曾国藩为首的军阀武装。具有以下几个特点。一是按地域以封建宗法关系维系起来。兵将多为湖南人，将领多有同乡、同学、师生、亲友等关系。二是以募兵制取代世兵制，建立起严格的封建个人隶属关系，兵为将有。湘军成为近代中国军阀的开端。三是强调军事训练和思想控制。强调对军队的"忠""诚"教育，把长幼尊卑思想贯穿于军队中。四是水陆并重，发展新式武器，具有战斗力。据中国军网刊载的《曾国藩是如何建起湘军的》一文介绍，在组建湘军时，曾国藩首先面临的难题是要向勇卒发高于绿营兵一倍的饷银，还要买洋炮和制械。曾国藩以保卫家乡的名义向乡绅摊派，但所得不多。于是，曾国藩向咸丰皇帝求了几千张清朝最高学历"监生"的文凭和虚衔官职的空白任命状，然后明码标价出售。南方几省的士绅出钱就能买到真文凭和空头官职。靠这种出售功名、卖官鬻爵的办法，曾国藩在1854年建成了一支人数达1.7万并装备有几百门洋炮的湘军。在团练湘军期间，曾国藩严肃军纪，先后将5 000人的湘军分为塔、罗、王、李等十营，并将团练地点由长沙迁至湘潭，避免与长沙的绿营发生直接矛盾。1861年7月，咸丰皇帝客死于热河，满朝上下一片哀痛时，50岁的曾国藩竟不顾风评、不顾夫人欧阳氏的反对、不顾国丧期间严禁嫁娶，纳了一房小妾陈氏入门。此事一出，满朝哗然，口诛笔伐说他是伪君子。弹劾他大不敬的奏折如雪片一般多。湘军干将彭玉麟甚至提着刀找到曾国藩，扬言要杀了他的小妾陈氏以定军心。曾国藩自己解释说，纳妾只是为了有人可以帮自己挠痒痒。曾国藩一直患有严重的皮癣病，与太平军作战导致精神压力暴涨，皮癣病越发严重，夜不能寐，影响到了视力和精神，所以才想到纳个小妾晚上帮他挠痒痒，缓解皮癣病带来的折磨。这件事情给曾国藩带来了负面评价，很多人认为他是伪君子，感慨即使是作为名臣的曾国藩也是"破山中贼易，破心中贼难"，其威信也就打了不小的折扣。但是其真实的目的和原因又是什么呢？透过现象看本质，曾国藩此举不排除他是为了"自黑"。当时咸丰皇帝刚刚驾崩，他手中有武装力量，朝廷会怕他造反，同僚也会抓住机会诋毁他。他也这种当时对于男性而言并无伤大雅的举动"自黑"，让统治者看到他也有色欲，他也需要荣华富贵，让朝廷看到湘军内部因为这个时期产生了矛盾，不会轻易将他从湘军撤走，也可以通过这个时期转移同僚对他的注意力。曾国藩往自己身上泼脏水，让自己形象受损，消除了清廷对自己这个湘军一把手的猜忌和疑心，避免了被卸磨杀驴、兔死狗烹的命运。《清史稿》记载，1864 年 7 月，湘军攻破天京，对无辜平民展开屠杀与抢掠，平民死伤无数，南京人称曾国藩、曾国荃兄弟为"曾剃头""曾屠户"。1866 年，曾国藩奉旨进驻周家口，以钦差大臣的重权身份，督师剿捻。曾国藩根据捻军行踪不定、流动作战的特点，采用了"重点防务、坚壁清野和画河圈围"的对策，但最终全部失败。

曾国藩首开洋务运动，信奉儒学对自我严格约束。1861年，曾国藩在安庆设内军械所，这是洋务派创办的第一所军事企业。1864 年，清军攻陷了太平天国的都城，曾国藩便把内军械所由安庆迁到那里，轮船的研制也就移到此继续进行。徐寿等人根据小火轮船试制的经验，大轮船采用明轮推进，并改低压蒸汽机为高压蒸汽机。1865，我国自行研制的第一艘轮船"黄鹄"号终于全功告成。"安庆"号试航时曾经轰动一时，但由于多种原因，并未正式投入实际使用。刊登于凤凰网的《西方列强步步紧逼　士大夫曾国藩徐图自强》一文中介绍，在推动中国科技教育近代化方面，曾国藩于 1862 年创办的京师同文馆，1866 年加设科学馆。1866 年，他在江南制造局设翻译馆。翻译馆先后翻译出版了西方近代科技等方面的书籍百数十种。这些书籍的翻译出版，不但为培养中国近代科学人才作出了贡献，而且对近代思想界也有相当大的影响，康有为、谭嗣同最初接触西学，就是从这些书籍入门的。曾国藩接受容闳的建议，派幼童到美国留学，开了中国公费向国外派遣留学生的先河，是中国近代教育史上的一件大事。历史上，只有日本、朝鲜等国向中国派遣留学生，学习中国先进的文化，而没有中国向外国派留学生的先例。在曾国藩接受容闳的建议时，大多数封建士大夫不通时变，以谈洋务为耻，他却不囿成见，派幼童出国，这在当时是一个很有胆识的举动。遗憾的是，后来由于受到坚持闭关自守，反对学习外国的保守势力的疯狂攻击，幼童未能按原定计划学满15年就于1881年全部被撤回了。尽管如此，仍然产生了像詹天佑这样伟大的铁路工程师。尤其值得一提的是，清政府派幼童赴美留学后，又陆续向欧洲和日本派遣留学生。随着留学生和国内新式学堂学生的增多，中国新式知识分子群逐渐形成。这是促进中国近代社会不断进步的一个重要因素。

曾国藩终生注重家庭教育。他的儿子曾纪泽是一位出色的外交官，曾纪鸿是一位数学家，两个儿子的成材和曾国藩提倡子女学习科学知识、学习西方先进的技术和文化大有关系。曾国藩难得的是，不光他的儿子成才了，他的曾孙曾约农也成为大教育家和大学者。曾国藩特别善于以身言教，通过剖析自己的言行来教育子女。他非常重视节俭，一件衣服他可以多穿很多年；他吃饭的时候，碰到饭里面有带壳的谷物的话，要把这个壳磕开，把里面的谷物吃掉。通过这样的身体力行，他的孩子们对于粒粒皆辛苦的道理是理解得非常深刻的。曾国藩在家书中多次苦口婆心地陈述自己这种勤俭的缘由："吾细思凡天下官宦之家，多只一代享用便尽。其子孙始而骄佚，继而流荡，终而沟壑，能庆延一二代者鲜矣。"曾国藩认为，子女在骄奢淫逸的环境之下是不可能立大志的，开始是骄逸继而就是流荡然后就是败家。

一个官宦之家能够延续一两代，真的是很少很少的。所以曾国藩觉得应该由勤俭入手教育孩子懂得如何生活，这才是最好的教子之道。根据曾国藩幼女曾纪芬《崇德老人自订年谱》记载了一件小事。曾纪芬小时候跟随母亲来到曾国藩的总督府。她上面穿了一件蓝色的小夹袄，下边穿了一条缀青边的黄绸裤。而这条黄绸裤其实也不是她的，而是她的长嫂，也就是曾国藩的长子曾纪泽过世的妻子留给她的。但就是这条裤子的一个青色花边让曾国藩觉得太繁复、太华贵了，就指责小女儿不应该穿这样的裤子，让她赶快换掉。小女儿赶紧回到房间换了一条没花边的绿裤子。曾纪芬嫁到聂家，带去的嫁妆中就有曾国藩发给她的"功课单"。曾纪芬婚后秉承父亲的勤俭美德，相夫教子，侍奉翁姑，和睦亲邻，作得中规中矩。

对于历史人物，须审慎看待。我们要把历史人物放到他们所处的时代去评价其，既不可苛求古人，又不能过度美化。梁启超称赞曾国藩："一生得力在立志自拔于流俗，而困而知，而勉而行，历百千艰阻而不挫屈，不求近效，铢积寸累，受之以虚，将之以勤，植之以刚，贞之以恒，帅之以诚，勇猛精进，卓绝艰苦，如斯而已。"辜鸿铭对曾国藩肃然起敬，他曾说："微曾文正，吾其剪发短衣矣。"

从不同的侧面去看不同的人物会有不同的结论，但都是片面的，而当把一个个侧面，一个个人眼中的他融合在一起时，才会更接近真实的曾国藩。他是一个人，一个血肉丰满的世俗中人，是一个集名利于一身的人。在他身上，可以说集中了中国传统官僚的所有特点，也掺杂了一些文人的品格。曾国藩既不是什么成色十足的刽子手和卖国贼，也不是什么近乎完美的英雄和圣人，他只不过是那个时代的产物。

李鸿章活跃在晚清政治舞台上，与曾国藩一样是洋务运动"中体西用"的实践者，镇压过太平天国运动、追剿过捻军，组建了淮军。他在创办江南制造总局等军事工业的同时，把洋务运动的重心转移到民用工业上来了。1872 年，中国第一家民用轮船公司——轮船招商局建立了，包括此后创办的民用企业，逐渐由官督商办转向官商合办，刺激了中国资本主义的产生、发展，推动了中国近代化。19 世纪 70 年代的清政府，面临着严峻的边疆危机。面对列强陆上、海上而来的威胁，以左宗棠和李鸿章为代表，出现了塞防和海防之争。1874 年末，李鸿章曾上书《筹议海防折》，使清廷开始较以往重视海军建设，开始北洋海军的初创。但与中国漫长的海岸线和面临的险恶的国际形势相比，清廷对海军的重视显然不够，所以海军发展很不理想，除北洋水师外，其余南洋、福建、广东 3 支水师发展极其缓慢。而且各支水师皆由当地督抚管辖，而各督抚更将水师看作是自己的私产，更难调遣。1885 年，清政府设立总理海军事务衙门，从此，中国近代化的海防力量由中央政府直接运筹。

随着历史的久远，曾国藩家书越来越被推崇，而历史将板子狠狠地打在了李鸿章身后。通过学习中学历史教材，学生们更多的是记住了李鸿章的外交活动，更容易把他与"卖国贼"联系在一起：他代表清政府签订了《中法新约》《马关条约》《辛丑条约》这三大丧权辱国的条约，使中国一步步沦为半殖民地半封建社会。《马关条约》签订后，按照条约内容规定，中国要把辽东半岛割让给日本，这对沙俄在远东的扩张极为不利。于是，沙俄联合德、法两国对日本进行交涉，通过追加中国对日赔款，换取日本退还辽东半岛，日本最后被迫归还辽东半岛，却乘机向清政府勒索了 3 000 万两白银。沙皇则以所谓"帮助"了清政府为名，向清政府索取回报。为扩张在中国的势力范围，沙俄趁沙皇尼古拉二世加冕典礼之际，诱使清政府派出李鸿章参加典礼。沙俄使用重金贿赂的卑劣伎俩，向李鸿章许诺，如果"接路"顺利进行，将付给李鸿章 300 万卢布酬金。李鸿章没有提出实质性的修改意见，就把约稿转奏光绪帝请旨，并电催清政府准其画押。《中俄密约》的签订，使俄国实际上不费一枪一弹，把中国东北区域变成了俄国的势力范围。这对于俄国将侵略矛头进一步伸向华北及长江流域,进一步对清政府施加影响,争夺远东霸权,具有重要意义。

毛泽东曾把李鸿章比作舟,清政府比作水,"水浅而舟大也"。梁启超说:"吾悲李鸿章之遇"。李鸿章回眸近 80 载坎坷,感慨皆奉旨行事,潸然泪下:"我办了一辈子的事,练兵也,海军也,都是纸糊的老虎,何尝能实在放手办理?不过勉强涂饰,虚有其表,不揭破,犹可敷衍一时……"回顾对这位洋务名臣的不同评价,不胜唏嘘:留于青史的名人,不管是美名还是臭名,其功过是非,身后任人评说,盖棺未必就能论定。

如果要寻找时势造英雄的典型,那么左宗棠无疑是其中之一。当时,外有列强侵华,内有太平天国运动,内忧外患之下,清政府为维护自身统治,实际上的最高统治者支持了洋务运动。这些历史事件的发生给左宗棠提供了机会。左宗棠是湖南人,20 岁乡试中举,虽此后在会试中屡试不第。左宗棠一生遇到了很多贵人,能遇到贵人主要还是缘于他自身有才能。在长沙城南书院读书期间,他的老师贺熙龄非常喜欢他。1831 年,左宗棠娶周诒端为妻,入赘周家。左宗棠大器晚成,周诒端无怨无悔,一直鼎力相助。等到左宗棠仕途高涨,她的娘家逐渐衰微,她也不让家族人叨扰左宗棠,成为左宗棠的贤内助、好知己。1850 年,林则徐从新疆回来的时候,与左宗棠相见。两个人在长沙船上攀谈了很长时间,林则徐将新疆的人文风貌全都讲述给左宗棠听,这也为后来左宗棠收复新疆打下了基础。1852 年,太平天国大军围攻长沙,左宗棠在郭嵩焘等人的劝勉下,应湖南巡抚张亮基之聘出山,投入到了保卫大清江山的阵营。由于熟读兵书,左宗棠出任后一顿操作让太平军的围攻长达三个月无法奏效,最后只得悻悻而归。张亮基大喜过望,将全部军事悉数托付给左宗棠。左宗棠的仕途由此登上了一个新的阶段。1854 年,太平军驰骋湘北,长沙形势也出现危机。他开始悉心辅助湖南巡抚骆秉章，湖南军政形势转危为安。在镇压太平天国后，左宗棠倡议减兵并饷，加给练兵。1866年，他于福州马尾择址办船厂，派员出国购买机器、船槽，并创办船政学堂，培养造船技术和海军人才。

左宗棠作为洋务派代表人物之一，与曾国藩等人并称"晚清中兴四大名臣"。左宗棠除了在创办军事、民用企业，发展近代教育与海军力量方面做出了突出贡献，他最主要的贡献是收复了新疆。19世纪60年代以后，中国西北、西南、东南边疆地区安全遇到严重危机。俄国、英国、日本、法国加强了对中国的侵略。1875年，清政府任命左宗棠为钦差大臣督办新疆军务，发兵去新疆平乱。1878年，左宗棠收复新疆南北两路。左宗棠收复新疆的时候，清廷的钱并不及时，可军队每天都要花钱，为此胡雪岩给左宗棠牵线搭桥，让他以清廷的名义向列强贷款。1884年，清政府在新疆正式建省，使西北边疆度过了危机。此外，左宗棠还最终促成了台湾建省。左宗棠被历史记住的更是是因为他收复了新疆，为维护国家统一做出了贡献。

张之洞，洋务派的主要代表人物。张之洞在"中学为体，西学为用"思想的指导下，以"自强"为口号创办汉阳铁厂等。当八国联军入侵时，张之洞、刘坤一等与驻上海各国领事议订"东南互保"。此事件使南方大部分地区得以免于义和团之乱和八国联军战乱的波及，也严重动摇了清政府的统治。说到张之洞的轶事典故，百度百科"张之洞"词条中介绍的"张梁妙联"一事，是最为人们津津乐道的。梁启超锐意改良，想力挽清王朝颓势，对张之洞寄予极大的希望。梁启超到广州后，张之洞差人将一上联送于梁启超。联文是："披一品衣，抱九仙骨，狂生无礼称愚弟。"这上联狂傲无礼，且拒人千里之外。梁启超气度不凡，坦然对了下联，请来人回送给张之洞："行千里路，读万卷书，侠士有志傲王侯。"对答不卑不亢，有理有据，文字高雅，气势慑人。张之洞一看，马上出衙迎接，大有相见恨晚之意。后来，张之洞调任湖广总督,名气更大,傲气也更盛。一次,梁启超到江夏拜访他,张之洞又出联求对:"四水江第一,四时夏第二,先生居江夏,谁是第一,谁是第二?"上联既包含四水(指古代江、河、淮、济四水),长江排首位,又总括春夏秋冬四季,而夏是排第二。接着,提出了"谁是第一,谁是第二?"这样难以回答的问题。才思敏捷的梁启超,略加思索,巧妙地答出下联:"三教儒在先,三才人在后,小子本儒人,何敢在先? 何敢在后?"张之洞吟读再三,不禁叹息道:"此书生真乃天下奇才也!"梁启超所对的下联非比寻常。他以自己的身份"儒人"拆开:古代儒、佛、道三教中,以儒为首;在天、地、人三才中,则以人才居末位。梁启超以"何敢在先,何敢在后"巧对"谁是第一,谁是第二"其含意深远,既挫了对方的傲气,又不失宾主之礼,难怪张之洞为之叹服不已。傲慢的张之洞特别优容人才,毕生礼贤下士。《清史稿·张之洞传》中称其"爱才好客,名流文士争趋之"。他在山西巡抚任上,即以保荐人才众多而出名,后在督鄂与暂署两江期间,保荐人才之多,更称一时之极。

甲午战争战败宣告了洋务运动的基本破产,张之洞选择继续艰苦奋斗。甲午战争后,张之洞在湖北大规模兴办新式教育——实业教育、师范教育和国民教育。这些新式教育活动使其教育强国的构想在推动中国教育近代化过程中起了重要作用。张之洞对中国文化建设事业也有特殊贡献,创建了两湖书院、创办广雅书局并等。

张之洞去世后,无遗产,家境不富裕。他的门人僚属早知道这种情况,所以致送赙仪都比较厚重,丧事也就全依赖这笔钱。治丧下来,也所剩无几。人们每及此事便说:"一生显宦高官,位极人臣,而宦囊空空,可称廉介云云。"

曾国藩、左宗棠、李鸿章、张之洞在很大程度上影响了中国近代史。面对数千年未有之变局,数千年未有之强敌,曾国藩、左宗棠、李鸿章、张之洞顺应了历史的潮流,以"中体西用"为指导，以"自强""求富"掀起了洋务运动。前期洋务派地方上主要以曾国藩、左宗棠、李鸿章为代表，后期洋务派地方上主要以张之洞为代表。曾国藩创办了安庆内军械所，它是中国最早的洋务工厂；他主持制造了中国第一艘火轮船，使中国的造船业进入了蒸汽机时代。左宗棠创办了福州船政，它是中国近代规模最大也是最早的专业造船厂；创办了福州船政学堂，它是中国近代最早的海军军官学校。李鸿章在上海创办了江南制造局，它是中国近代规模最大的机器厂。自从有了江南局，中国初步建立了近代重工业体系他组建了北洋水师。北洋水师是一支系统完整的远洋海军。他派遣留学生，开启了中国近代的留学大潮。他创办了轮船招商局、开平煤矿、漠河金矿等一系列洋务企业，他是洋务派中创办洋务企业最多的一个人。他把铁路、电报、西医等一系列西方文明大规模深入地首次引入中国，创造了无数个第一。张之洞作为第二代洋务派，他的洋务实践主要集中在湖北，他创办了中国近代最大也是亚洲最大的钢铁厂——汉阳铁厂。毛泽东说，研究近代中国工业发展史，不能忘了张之洞。他创办了湖北兵工厂，该厂制造的汉阳造步枪，直到抗日战争时期，仍然是中国步兵的主力装备；他组建了湖北新军，它成为辛亥革命的主力军。他主持修建的京汉大铁路，改变了中国对京杭大运河近1 400多年的依赖。时至今日，仍然是中国南北经济大动脉。他在湖北还扮演着教育改革家的角色，走出了一条改造旧书院到创办新式学堂的渐进式教育改革之路，并成功示范全国。他以精卫填海的精神把闭塞的湖北建设成了全国心脏地带最强劲的发动机，并自豪地以楚人自居。

女　杰

中国的封建专制主义制度延续了2 000多年,其最残酷的特点之一,就是对女性极端严厉的束缚,妇女不仅被封建制度压制,还被男性统治着。在这样的男权社会中,女性堂堂正正掌权称帝的只有一个武则天。武则天成就了一道亮丽的盛唐风景,书写了女性统治男性的历史。更多女性更习惯站在男性的后面,其中一些杰出的女性通过自己的努力创造了属于自己的辉煌,深刻影响了历史发展进程。让我们怀着崇敬的心情走近、认识她们。

胸中有野心，眼里有天下——吕后

司马迁在《史记》当中,没有给汉惠帝立本纪,而是给吕后立了本纪,这是对吕后施政的极大肯定。吕后的政治智慧首先是表现在帮助刘邦消除威胁中央集权的诸侯王。张良、萧何、韩信是刘邦最得力的功臣。这三人中,谋士张良是个明白人,无威胁;能臣萧何是个踏实人,没有野心;只有韩信,让刘邦难以放心。所以,第一个被她选中的就是韩信。"成也萧何"是指韩信成为大将军是萧何推荐的;"败也萧何"是指韩信被杀是萧何出的计策。据《史记·淮阴侯列传》记载,刘邦称帝后,封韩信为楚王,后有人告发楚王谋反,刘邦虽然赦免韩信,却将韩信降为淮阴侯。公元前197年,陈豨兴兵叛汉,自封代王。刘邦因此御驾亲征,韩信称病未出,却暗中派人与陈联络。韩信的一位家臣得罪了他，韩信把他囚禁起来，打算杀掉他。家臣的弟弟上书告变，向吕后告发了韩信准备反叛的情况。坐镇京城的吕后想召见韩信，又怕他拥兵不肯就范，就同萧何商议计策。韩信本是萧何极力向刘邦推荐的，这时他听说韩信谋反，害怕受到牵连，就又向吕后献了一条消灭韩信的妙计。他派人传旨韩信，声称陈豨已经被捉拿斩杀了，列侯、群臣都要进宫朝贺。萧何欺骗韩信道："你尽管有病在身，也得勉强进宫朝贺，以免皇上生疑。"韩信不知是圈套，就到了长乐宫，当即就被武士捆了起来，拉出长乐宫斩首了。吕后杀韩信，是政治斗争的需要，吕后在危急时刻果断行动，表现出了超人的政治勇气和智慧。《史记·魏豹彭越列传》记载，吕后还让刘邦杀了汉初名将彭越。公元前 197 年，汉高祖亲自讨伐陈豨，向彭越征兵。彭越说有病，只派出将领带着军队到邯郸。刘邦派人责备他，他的部将劝他直接造反，彭越没有听取。但是彭越的太仆逃到汉高祖那里控告彭越要造反。经主管官吏审理，认为他谋反的罪证具备，请求刘邦依法判处。刘邦赦免了他，废为平民百姓，流放到蜀地。在押解途中，彭越恰好遇上吕后，于是他又向吕后诉苦，希望吕后能为他向刘邦说说情。吕后不露声色答应了，把彭越带回京城。结果，彭越这次请托不仅让自己掉了脑袋，还被灭了三族。汉初，亟须加强中央集权，从维护汉朝统治的角度、历史的发展角度来说，吕后帮助刘邦消灭这些诸侯王，应该说是有利于维护社会稳定的。

吕后的"心狠手辣"是很闻名的，就是这个"心狠手辣"的吕雉在面对匈奴的侮辱时却体现出政治家的智慧。刘邦死后，刘盈即位，是为惠帝，吕雉开始独掌大权。《汉书·外戚传》记载，吕雉做了皇太后，下令将戚夫人幽禁在永巷，剃去头发，颈束铁圈，穿上囚徒的红衣，让她舂米做苦役。戚夫人一边舂米一边唱着《舂歌》，吕太后听说后大怒，说："你还想靠着你的儿子吗？"然后毒杀了赵王刘如意，接着砍断了戚夫人的手脚，剜掉眼珠，熏聋耳朵，喝下哑药，把她扔在窟室里，称为"人彘"。数日之后，才叫汉惠帝来看"人彘"。汉惠帝见了一问才知道这竟是戚夫人，就大哭了一场，从此得了病，一年多还没有好。汉惠帝派人去对太后说："这不是人干的事。我做了太后的儿子，终究不能治理天下。"

《汉书·匈奴传上》记载，在这个"心狠手辣"的吕雉当政第四年的时候，匈奴冒顿单于的妻子去世了，于是冒顿单于派使者给吕后送来一封言词极为不敬的国书，信中说："孤偾之君，生于沮泽之中，长于平野牛马之域，数至边境，愿游中国。陛下独立，孤偾独居。两主不乐，无以自虞，愿以所有，易其所无。"冒顿单于的这个话，充满了挑衅和侮辱。说挑衅，是有"数至边境，愿游中国"这话。显然，冒顿单于并不是真的要到汉朝来旅游，而是有吞并汉朝的意思。说侮辱，表达的地方就更多了，比如"两主不乐，无以自虞""愿以所有，易其所无"等等。尤其是最后一句，不仅仅是侮辱，简直就是耍流氓了。吕后当然读懂了冒顿单于的侮辱，所以她非常生气，把这封信拿到朝廷中，把文臣武将召集起来讨论。樊哙当时说："给我十万人马，我将横扫匈奴。"季布却说："樊哙这个人，可以拉出去斩了。当年高帝在与匈奴之战中最终未占得便宜，不得已采纳和亲建议。如今，我们的军事实力依然不及匈奴，宜以和亲为上。"最终，吕后听从了季布的意见，放弃了攻打匈奴的打算。她回了一封信："单于不忘弊邑，赐之以书，弊邑恐惧。退而自图，年老气衰，发齿堕落，行步失度，单于过听，不足以自污。弊邑无罪，宜在见赦。窃有御车二乘，马二驷，以奉常驾。"吕后是一个非常强硬的人，但是面对冒顿单于那样的侮辱，在衡量国内不稳、国力不强的基本情况下选择忍辱负重，表现出政治家的智慧。

在浩瀚的历史上，吕后占有一席之地。她当政期间，缓和了内外矛盾，刺激了生产发展，增强了汉王朝的国力。《史记·吕太后本纪》评价说："孝惠皇帝、高后之时，黎民得离战乱之苦，君臣俱欲休息乎无为。故惠帝垂拱，高后女主称制，政不出房户，天下晏然。刑罚罕用，罪人是稀。民务稼穑，衣食滋殖。"这俨然是一幅盛世景象。对于吕后的评价，已经足够。

一腔改革志，二度掌权柄——冯太后

冯太后是中国古代著名的女政治家，主持北魏政权多年，对北魏国家封建化有一定作用。

冯氏出身于北燕皇族，祖父是十六国时期北燕国君。冯氏出生时，北燕已经灭亡，北魏太武帝已经统一了北方。她出生后不久，父亲因受一桩大案株连被太武帝下令诛杀了。按照北魏惯例，年幼的女孩就被没入宫中，就这样冯氏成了拓跋氏的婢女。冯氏在宫中做婢女的时候得到了姑母冯昭仪的多方照应。文成帝登基不久，就选中冯氏做了贵人，后来又被文成帝立为中宫皇后。冯氏被册为皇后的第二个月，文成帝与李氏所生之子拓跋弘被立为储君。为防母以子贵，专擅朝政，李氏被赐死了。冯后将拓跋弘视若己出，竭尽慈爱，使文成帝也深感快慰。天不作美，冯后做皇后尚不到 10 年，文成帝在太华殿去世，年仅25 岁。

冯太后有果敢善断的政治才干。文成帝死后第二天，年仅12 岁的拓跋弘即位，是为献文帝，冯后被尊为皇太后。文成帝去世，北部尚书慕容白曜联合太原王乙浑共同辅政献文帝。慕容白曜执法如山，刚直不阿。而乙浑则杀了陆丽等文成帝时期的重臣，而且只要谁不称他心意他就要铲除谁，一时间许多宗室和大臣都被诛杀，其余的人也是过得胆战心惊。但已经位极人臣的乙浑却还是不满足，有件事始终是他的心头病，那就是自己妻子的身份过于低微。乙浑为此绞尽脑汁，终于想到了一个妙计，就是将自己的妻子封为公主。为此，乙浑找到了负责这一块的掌吏曹事、安远将军贾秀。面对乙浑这个无理的要求，贾秀很是为难,与礼与法这事都不符合规矩。但乙浑权势遮天得罪不起,贾秀只能选择默不作声拖一天是一天。但有一次贾秀因公事不得不去乙浑府邸,乙浑夫妻同坐厉色责问他:"公所管的事无所不从,我请为妻子称公主,公不应是何意?"贾秀见逃不过去了,义正词严地说:"公主是王姬之号,尊宠之极,岂是庶姓所应该称的?!我宁肯今日去死,也不可为后世讥笑!"乙浑的所作所为让朝野怨声不断,冯太后胸有成竹地进行了秘密布置,定下大计,平定了乙浑之乱,宣布由自己临朝称制,掌控朝政大权。冯太后这次临朝听政,前后仅有 18 个月的时间,稳定了北魏动荡的政局。

献文帝的儿子拓跋宏出生后不久,冯太后定停止临朝,让献文帝亲政。献文帝亲政以后,贬斥了不少冯太后宠臣男侍。后来献文帝借机下令将冯太后宠爱的李弈杀死。李弈死后,冯太后心中极难平静。这是对冯太后威权的挑战,此后献文帝在与冯太后矛盾越来越深。献文帝天资聪明,当皇帝也能有所作为,但他本质上却是一个"佛系"皇帝,崇尚黄老之术,对待朝政也是一种"佛系"的态度。于是,在冯太后的强大压力下,献文帝禅位给不满 5 岁的太子拓跋宏。拓跋宏即位,即是历史上著名的孝文帝。献文帝自己则做了太上皇,冯太后被尊为太皇太后,并再度临朝听政,成为北魏的政治核心。

冯太后再掌朝纲,面临着新的挑战。冯太后运用高超的政治智慧和钢铁般的手腕,对北魏进行了卓有成效的改革。冯太后在进行全面改革的实践中,并没有把孝文帝排斥在外,她尽可能让他参与,以便使孝文帝得到锻炼。正是由于冯太后的悉心培养,孝文帝才真正成熟起来。冯太后颁布了"均田令",把国家控制的无主荒田以政府的名义分给无地农民,提高了农民的生产积极性,增加了国家的财政收入。使北魏社会经济得到发展,促进了民族融合,而且奠定了后来隋唐社会的经济基础。冯太后对地方基层组织进行了改革,实施了"三长制",使北魏建立起了较为完善的地方基层组织。冯太后大兴教育,尊崇儒法,促进了北魏的封建化进程。

冯太后在政治上无疑是个铁腕人物,但她在日常琐事上却表现得仁慈和善,发生在她身上有名的此类轶事典故也不少,并且给孝文帝树立了良好的榜样。有一次,她身体不舒服,服用庵闾子,主事的厨子却稀里糊涂地端上一碗米粥。由于粗心,他居然没有发现粥中竟有一支数寸长的蝘蜓。冯太后正要张嘴吃时,用汤匙轻轻一搅挑了出来。在一旁侍奉太后的孝文帝见此情状,很是恼火,狠狠地将那厨子大骂了一通,并准备处以严刑。冯太后却笑着摆摆手,把早已吓得体如筛糠的厨子释放了。孝文帝对此感触很深,很多年后,他也没有忘记。到他亲政后,也发生过类似的事情。一次是厨师在进食时不慎将热汤洒了,烫伤了孝文帝的手;另一次是他在吃饭时,也发现碗中有飞虫之类的东西。孝文帝既没有对厨师发火,也没有怪罪于人,只是和冯太后当年一样,一笑了之。公元490年,冯太后去世,时年49岁。冯太后生前使北魏成为文明国度,死后谥号为"文明"。冯太后的死,使孝文帝痛不欲生,给予冯太后以国君的葬礼规格。

诗坛女名士,文界衡量者——上官婉儿

上官婉儿,女诗人、唐中宗昭容。在《旧唐书》《新唐书》的《后妃传》中都有专篇记载。她得到过武则天的重用,有"巾帼宰相"之名;曾主持风雅,代朝廷品评天下诗文,被誉为"称量诗坛";她一度享尽荣华与权力,却要依附于皇上、皇后、公主,要曲意逢迎;她最终虽被斩杀,其作品却被编成文集,一代旷世才女,不至于湮没在历史长河中。

上官婉儿的祖父上官仪是唐高宗时期的宰相。《新唐书·

上官仪传》记载,664年,宦官王伏胜告发皇后武则天行厌胜之术,唐高宗密召宰相上官仪商议,听取了上官仪废黜武则天的建议,并命他起草废后诏书。武则天得到消息,向高宗申诉辩解。高宗比较惧怕武则天怨怒,便道:"这都是上官仪教我的。"武则天便指使亲信诬陷上官仪、王伏胜图谋叛逆,上官仪与儿子上官庭芝、宦官王伏胜一同被处死。年幼的上官婉儿与母亲被配没掖廷。在掖廷为奴期间,上官婉儿熟读诗书,而且明达吏事。上官婉儿一生在权力的刀尖旁行走,她先是依附于武则天。上官婉儿14岁的时候,武则天当场出题考校,非常欣赏她,便下令免了上官婉儿的奴婢身份,并让她掌管宫中诏命。自690年武则天称帝之后,这期间的诏敕多出自上官婉儿之手。《旧唐书·上官昭容传》记载:"则天时,婉儿忤旨当诛,则天惜其才不杀,但黥其面而已。"以后,上官婉儿遂精心侍奉,曲意迎合,更得武则天欢心。从696年开始,武则天开始让上官婉儿参与其处理百司奏表,参决政务,权势日盛。705年,张柬之等大臣发动神龙政变,武则天被迫退位,唐中宗复辟,上官婉儿拜为昭容,专掌起草诏令,她又得到了唐中宗的信任。唐中宗当政期间,她既要依附于唐中宗,又要曲意迎合韦后。在这期间,上官婉儿祖父的案件也得到平反,同时她借助唐中宗信任的政治影响力,设立修文馆,广召当朝词学之臣,组成了阵容庞大的宫廷诗人集团。而且当时宫廷诗人中应酬唱和的诗歌活动极其频繁,并且其规模之大,气氛之热烈,上官婉儿在这些诗歌活动中主持风雅,与学士争写诗赛诗,对文人提拔奖掖,大力开展文化活动。每当唐中宗赐宴赋诗,婉儿不仅代皇室作诗,而且负责评定群臣之作,在其中发挥着诗坛领袖的作用。她虽在诗歌史上不以诗人著称,但她"称量天下士",品评天下诗文的故事广为流传。上官婉儿诗才敏捷,诗风清秀,她继承、发展了其祖父"绮错婉媚"的诗风,开拓了唐代园林山水诗的题材,突破了以往写景状物的宫廷诗歌形式,寓情于景,却更具有自然山水味。婉儿以其诗歌的示范作用引导着初唐的诗风，客观上促进了初唐诗坛的繁荣。

上官婉儿在权力角逐中不断依附于皇帝、皇后，渐渐失去了政治节操。据《资治通鉴》记载，710年六月，唐中宗李显暴死，外界传韦后和安乐公主下毒，暗杀唐中宗，朝野上下人心惶惶。韦后意欲临朝摄政，她扶李重茂登基，改元唐隆，并将领南北衙禁卫军交与韦家子弟统领，其独揽大权之心昭然若揭。这个时候的上官婉儿看到太平公主势力日盛，上官婉儿又依附太平公主。上官婉儿与太平公主起草了一份遗诏，平衡各方势力。得到消息的临淄王李隆基与太平公主商议，决定先下手为强，发动了"唐隆之变"。在李隆基率军进入宫中时，上官婉儿执烛率宫人迎接，并拿出她与太平公主所拟遗诏以证明自己是和李唐宗室站在一起的，请求李隆基开恩。李隆基没有答应，下令将上官婉儿斩首。

在上官婉儿46年的人生岁月中，她历经唐高宗、武周、中宗三朝，历经六位太子，以及两个权欲极强的公主，始终处于李唐王朝皇权斗争的旋涡之中。上官婉儿才华诗文不让须眉男子，但其轻弄权势，人品、功过颇具争议。

一身辅三朝，功高不自居——孝庄文皇后

苏跃在《孝庄皇后》一书中评价孝庄文皇后（以下简称孝庄）："皇太极把她看作一位聪明颖慧，贤达有为的贤内助；顺治帝福临则把她看做恶毒残忍，了无亲情的仇人，而不是母亲；在康熙的眼中，他又是一位慈爱稳重感情至深，又颇具政治才能的老祖母，而在她的政治对手看来，她却是一位颇具心计，不可战胜的出色的女政治家。"

在清初，满蒙联姻是一项既定国策。在那个充满战争杀戮、权利纷争的年代，她们的婚姻都不能自主，她们身上都背负着家

族的使命。孝庄的婚姻就是一场为家族所牺牲的政治联姻。孝庄从遥远的蒙古大草原来到盛京,1636年皇太极称帝时被封为永福宫庄妃,给皇太极生下一男三女。尽管她后来成为清廷政坛主宰,但皇太极生前,她在后宫的地位并不显赫。《清太宗实录》记载,皇太极一生娶了15位妻子,而他最喜欢的是博尔济吉特氏,1636年封她为关雎宫宸妃。这位妻子贤淑文静,皇太极和她颇恩爱,婚后曾生一子,皇太极高兴至极,为此发布了大清第一道大赦令。这个儿子2岁而殇。50岁的皇太极在松锦前线,忽听宸妃病危,急忙赶回盛京,到时宸妃已死。皇太极悲不自胜。从此这位身体一直健壮的皇帝忽而昏迷,忽而减食,常常"圣躬违和",最终暴死于清宁宫。帝王暴卒,向来容易引起政治动乱。由于皇太极对皇位的继承问题没有留下遗嘱,在烦琐的丧仪背后,一场激烈的权力角逐正悄悄展开。

作为皇长子的豪格力大超群,久经沙场,屡建军功。但皇太极生前却并未有立豪格为嗣的举动。当时的多尔衮由于功劳太大,支持者又多,势力也大,成为豪格最大的对手。双方一直互不相让,群臣基本卷入了这场争夺之中,为防止出现混乱,孝庄凭着自己的聪明才智,私下笼络各方势力,尤其是关键人物多尔衮和代善。代善虽然当时年事已高,对皇帝位置已经不抱任何希望,但是他地位尊贵,对清朝初期王爷们的言行有着一定的控制作用。而多尔衮年轻,军功卓著,掌握两白旗的兵权。多尔衮自知当时自己自立的条件还不成熟,在不得已的情况下,多尔衮最后议定由皇太极的第九子、年仅6岁的福临即帝位。郑亲王济尔哈朗和睿亲王多尔衮摄政。济尔哈朗是豪格的支持者,出任第一摄政,宫廷多数高官没有异议。多尔衮任第二摄政稳住了多尔衮兄弟集团及其支持者。多尔衮高踞摄政王之位,掌握了大清军政大权。孝庄在多尔衮的步步进逼下,采取了隐忍、退让委曲求全的态度。她的方法是,不断给多尔衮戴高帽、加封号,不使多尔衮废帝自立:1645年,多尔衮晋为皇叔父摄政王;

1647年以后，多尔衮再不用向顺治帝行礼了；1648年，多尔衮变成了皇父摄政王。1650年，多尔衮出猎时坠马跌伤后死亡。他死后不久，济尔哈朗首先拉拢三王联名追论多尔衮的罪状，三王深知多尔衮一派大势已去，就顺水推舟，在伯父济尔哈朗主持下联名向福临举发多尔衮，多尔衮的党羽也受到清洗。在"倒多"过程中，济尔哈朗取而代之，成为一个新的权力集中点。孝庄敏锐地发现了这一苗头，防微杜渐，让福临发布上谕，宣布一切章奏悉进皇帝亲览，不必启济尔哈朗，消除了可能产生的隐患。

权力斗争刚告一段落，孝庄又陷入家庭矛盾的旋流。福临即位不久，孝庄就册立自己的侄女、蒙古科尔沁贝勒吴克善的女儿博尔济吉特氏为皇后，顺治皇帝亲政当年，就大礼成婚，正中宫之位。自古帝王婚姻，总是带有明显的政治色彩，人的喜好与感情则是次要的。福临恰恰缺乏这种胸怀，他更多以自己的好恶来对待这种关系。皇后博尔济吉特氏聪明、漂亮，但喜奢侈、爱嫉妒。本来，作为一个贵族出身的女子，这些并不是什么大毛病，但福临不能容忍，坚决要求废后另立。这个未成年的皇帝性格十分执拗，尽管大臣们屡次谏阻，仍然坚持己见，毫不退让。1653年，孝庄见儿子实在没有回转余地，只好同意，皇后降为静妃，改居侧宫。为了消除这一举动可能带来的消极政治影响，孝庄又选择蒙古科尔沁多罗贝勒之女博尔济锦氏进宫为妃，福临对这位新后仍不惬意。顺治真正视为知己的是董鄂氏，即后来追封的孝献皇后。年轻的福临对董鄂氏一见钟情，董鄂氏由贤妃晋升为皇贵妃仅用一个多月的时间。据李国荣的《清宫档案揭秘》记载，董鄂氏在后宫的地位仅次于皇后，不过福临对董鄂氏的感情，已到了无以复加的地步。甚至要册立董鄂氏为皇后，这一切造成了母子间的隔阂。后来董鄂氏去世了，他甚至把一切统统归集到太后身上，连太后病倒，也不去问候一声。1657年，董鄂妃生下皇四子，顺治十分欣喜，颁诏天下"此乃朕第一子"，对这个孩子的待遇如同嫡出，大有册封太子之意。然而这个孩子生下不到三个月就夭折了，顺治下令追封其为和硕荣亲王，为他修建了高规模园寝。皇四子百日而殇，体弱多病董鄂妃没有经受住这种打击，1660 年，董鄂妃香消玉殒。李国荣，清宫档案揭秘顺治皇帝遭此打击，精神颓落，怏怏无生趣，未出半年，患痘症而逝。就这样她又担当起培养孙子玄烨的重任。

顺治病逝后第三天，年仅 8 岁的玄烨继位，改元康熙。48 岁的孝庄，成了皇太后圣祖母太皇太后。为防止外戚干政导致亡国，清初就有后妃不许临朝乱政的规定。将康熙帝扶上皇位后，孝庄严守国制，让四位大臣辅理政务，问政而绝不擅权。当时有人上书，劝孝庄垂帘听政，都被她拒绝。康熙帝 10 岁时，生母就亡故了，她就一直照看他。孝庄严格按照帝王的标准，管理康熙帝的生活，孝庄让康熙帝学习蒙文；请汉族老师教授他儒家经典，且"必使字字成诵"；让康熙帝每日习武，练得一身好武功，"弓马娴熟，箭不虚发"。孝庄不仅使康熙帝具备了中国传统文化的深厚基础，还让他学习西方的科技。她聘请洋人，当时给康熙帝上课的有汤若望、南怀仁等。玄烨让南怀仁设计的轻型火炮，在平定"三藩之乱"中，显示出巨大威力。在鳌拜集团被铲除后，孝庄放手让康熙帝理政，让他在实践中得到锻炼，又一再提醒他要谨慎用人、居安思危等。对于祖母的教诲，康熙帝非常尊重，重大事情无不先征求意见，然后施行。在他们的携手努力下，清朝从动乱走向稳定，经济从萧条走向繁荣，为平定三藩、收复台湾和用兵边疆等大规模战争奠定了物质基础。清朝在康熙朝形成第一个黄金时代，其中包含了孝庄的一份功劳和心血。康熙帝是中国历史上在位时间最长的皇帝，他取得了对三藩、沙俄的战争胜利，消灭了台湾的明郑政权，显示了康熙军事指挥才能。另一方面，康熙帝少年时就挫败了政治对手鳌拜，年老时利用"文字狱"打击汉族异议人士。康熙帝举行"多伦会盟"取代战争，怀柔蒙古各部；意图以条约确保清朝在黑龙江的领土控制。

他开创康乾盛世的局面，是一位英明的君主、伟大的政治家。1687年，孝庄病危，康熙帝昼夜不离左右，亲奉汤药，并亲自率领王公大臣步行到天坛，祈告上苍，请求折损自己生命，增延祖母寿数。孝庄在75岁的时候走完了她的人生旅程，安然离开了人世。康熙帝给祖母上了尊崇的谥号，简称孝庄文皇后。

孝庄一生荣光，躬助三朝，两扶幼主，在顺治和康熙二朝危难之际，她都显示出了力挽狂澜的气魄。雄才大略的孝庄，不贪恋权位，不争名分，一心只为儿孙，仁慈护下，堪称大清国母。

醉心于权术，是非任君评——慈禧

慈禧，叶赫那拉氏，咸丰帝的妃嫔，同治帝的生母。中国二千年封建历史上最后一位垂帘听政的太后。她有擅长阴谋政变的头脑，政治手腕堪称干练，尤其擅长操弄亲贵朝臣之间的权力平衡，宫廷斗争手法残忍。

慈禧首次政治秀是发动辛酉政变，这次权力争夺，她利用的是咸丰帝的异母弟奕䜣。道光帝立储时，在四子奕詝和六子奕䜣之间犹豫不决。最后通过秘密立储皇四子奕詝，奕詝继位后年号咸丰。咸丰帝在热河病死，遗诏令肃顺等八人为赞襄政务王大臣，顾命辅政。按亲疏远近关系，奕䜣应该排在辅政第一位，咸丰帝顾虑因为道光帝秘密立储，他与奕䜣间产生了间隙，所以把奕䜣摒弃于顾命大臣的行列之外。再加上自从咸丰帝到达承德之后，肃顺为了保证咸丰帝去世后政治不会发生大的变动，极力劝说咸丰帝留在热河。恭亲王奕䜣为打破肃顺的信息封锁，上奏去热河给咸丰帝请安，奏折受到肃顺的阻扰，由此恭亲王与肃顺集团的矛盾激化，这更加深了奕䜣与肃顺等人的矛盾。这时候的慈禧体现出来她特别擅长政治操弄的特点，她抓住了咸丰帝遗命中的纰漏，利用了奕䜣，成功地发动了辛酉政变,诛杀了顾命八大臣,夺取了政权,授予奕䜣议政王,形成"二宫垂帘,亲王议政"的格局。

慈禧在辛酉政变中利用了奕䜣,政变成功后奕䜣也获得了地位与权力。但随着奕䜣政治势力的提高,慈禧又利用一切机会对奕䜣进行打击。自鸦片战争开始,外国资本主义又对晚清政府接连发动了第二次鸦片战争、中法战争、甲午中日战争和八国联军侵华等。善于政治操弄的慈禧在垂帘听政前是主战的。第二次鸦片战争,英法联军火烧圆明园,当时朝廷分成两派:一派主张跟英国和法国谈判讲和,一派主张要跟英法两个侵略者继续战斗下去。慈禧是主战派的。由于英法联军打到了北京附近,咸丰帝就要跑到热河的避暑山庄,慈禧站出来,她劝阻皇帝不离开北京,她说如果皇帝留在北京,这个形势就可以镇得住。咸丰帝逃到热河后病死,慈禧发动辛酉政变,垂帘听政。在辛酉政变中,慈禧展现了她能决断、有手腕、权欲强等个人特质。在同治帝大婚后,两宫太后卷帘归政,但同治帝亲政后仍难摆脱慈禧的干预。同治帝病逝后,光绪继位,两宫太后再次垂帘听政。1881年,慈安太后暴崩后,慈禧逐渐实现了大权独揽。1883年,中法战争爆发,她由之前的主战转变为主动求和。1884年,清军在中法战争中失利,慈禧借口奕䜣"委靡因循",免去他的一切职务。奕䜣集团全班人马被逐出军机处和总理各国事务衙门,这一事件又称"甲申易枢",开始了她的独裁。光绪大婚,名义上由光绪帝亲政,但是慈禧又训政了数年。在训政结束后,朝内一切用人行政,仍出其手。光绪帝驾崩,她让一个3岁的孩子登基,"司马昭之心,路人皆知"。她紧紧抓住权利,直到她离开了这个世界。

慈禧在逐渐登上了权力的巅峰过程中一直在玩弄政治平衡策略。在洋务运动之时,一方面,她支持以奕䜣为首的洋务派;另一方面,又扶植顽固派以牵制洋务派。戊戌变法时,她先同意变法,后镇压变法,前后几个月,态度发生了一百八十度大转弯。

光绪帝在变法的开始的时候，曾经颁布了《明定国是诏》。光绪帝颁布这份诏书的时候，是请示过慈禧的。慈禧认为："今宜专讲西学"，赞同废除八股等。但是她有一个底线，有一条不能够超越的界限，就是不能够损害她本人的权力，不能够损害满洲贵族的利益，步子不能走得太快，而且最重要的是不能够涉及政治体制方面的改革。当改革派和慈禧的利益发生冲突的时候，她用屠刀发动了"戊戌政变"，屠杀了"戊戌六君子"，囚禁了光绪帝。义和团运动兴起时，她先是利用义和团。后在携光绪帝逃往西安的过程中，命令李鸿章等与列强进行谈判，把战争的责任推到义和团身上，下令对义和团"痛加剿除"，并发布上谕，表示要"量中华之物力，结与国之欢心"。

慈禧一生中支持过两次改革：第一次是洋务运动，第二次是清末新政。她重用洋务派，以"自强"和"求富"的方针，发展一些军用、民用工业，训练海军，洋务运动后清王朝的军事实力有所提高，工商业有了初步发展，客观上对中国的近代化起到了一定的积极作用。从这个意义上讲，慈禧的大力支持是功不可没的，值得充分地肯定。慈禧太后在"西狩"期间，统治危机日益严重。为了抵制日益高涨的革命形势，慈禧宣布实行"新政"。清末新政的内容主要涉及改革教育、派遣留学生、编练新军、振兴商务、奖励实业等。新政客观上促进了中国民族资本主义的发展，但并没有使清政府摆脱内外困境，革命很快爆发了。辛亥革命推翻了清朝的统治，结束了 2 000 多年的封建君主专制的统治。

思 想 家

在中华民族五千多年的历史里,思想文化无疑是中华文明灿若星河的瑰宝。上至三皇五帝,下至元明清,每一时代都因其独特的思想文化魅力在历史的长河里熠熠生辉。每一次朝代更迭,都诠释着一种思想文化的变迁。

儒学是我国封建社会的正统思想、主流思想。孔子是儒家学说的创始人,董仲舒是经学大师,朱熹是理学大师。这三位大师的思想体系是不同时期的儒家学说代表,是儒家发展的三座里程碑。明清时期,随着商品经济发展,出现了批判程朱理学的新思潮,代表人物主要是黄宗羲、顾炎武和王夫之。

创立儒家,泽被后世——孔子

孔子名丘,字仲尼,春秋时期鲁国人,祖上为宋国贵族,春秋末期的思想家和教育家,儒家思想的创始人,被后世统治者尊为"至圣""万世师表",被联合国教科文组织评选为"世界十大文化名人"之首。

孔子的政治思想,对后世进步思想家、改革家等都有启发。孔子创立了以仁和礼为核心的儒家学说,孔子的"仁"强调的是人的社会属性,强调"己所不欲,勿施于人""君子成人之美,不成人之恶""躬自厚而薄责于人"等,都是做人准则。在政治上,他主张"为政以德",强调道德对政治生活的决定作用,主张以道德教化为治国的原则。孔子的最高政治理想是建立"天下为公"的大同社会。在"大同"社会里,"人不独亲其亲,不独子其子,使老有所终,壮有所用,幼有所长,矜寡孤独废疾者皆有所养"。孔子主张的较低政治目标是小康社会,在小康社会里"天下为家","各亲其亲,各子其子,货力为己"。这种大同与小康的思想对历代思想家、改革家产生了一定的启发作用,比方太平天国时期洪秀全主张建立"大同社会"。

因为孔子,我们明白了人生需要终身学习。从学习者的角度看,孔子自述"十五而志于学",这就告诉我们学习起点要尽早;"学而不思则罔,思而不学则殆"强调的是学习与思考相结合;"学以致用",是要求将学到的知识运用于社会实践;"学而知之"要求我们在学习过程中要不耻下问,要"三人行必有我师",要"不耻下问"。一日孔子乘着一辆马车周游列国来到一个地方,见有一孩子用土围成了一座"城",坐在里面。孔子就问:"你看见马车为什么不躲开呀?"那孩子回答:"人们说您孔老先生上晓天文,下知地理,中通人情。可是,今天我见您却并不怎么样。因为自古到今,只听说车子躲避城,哪有城躲避车子的道理呢?"孔子愣了一下,问:"你叫什么名字?"孩子答道:"我叫项橐。"孔子为了挽回面子,就想出了一连串问题来为难项橐,但是都被项橐巧妙地化解了。孔子觉得这孩子知识渊博,连自己也辩不过他,只得长叹一声,俯下身子和蔼地对项橐说:"后生可畏,我当拜你为师。"从施教者的角度看,他主张"因材施教",要引导学生进行"温故而知新",要采用启发式教学等。从学校的角度看,孔子主张"弟子,入则孝,出则弟,谨而信,泛爱众,而亲仁。行有余力,则以学文",也就是学校要把道德教育放在首要的位置。当下被过度解读最严重的是孔子提出的"学而优则仕",成为很多人立志从政的动力。我们不能盲目去追求"学而优则仕",要分析自身是否适合。因为孔子的教育思想,使我们体会到只有终身去学习,才能逐渐地提升,才能有所感悟,才能一步步抵达人生理想。

　　因为孔子，我们懂得了人生需要坚持。孔子作为儒家学派的创始人，55 岁时，他在鲁国看到鲁国君臣迷恋歌舞，不理朝政，孔子非常失望。孔子与当政者季氏出现不和。不久鲁国举行郊祭，祭祀后按惯例送祭肉给大夫们时并没有送给孔子。这表明季氏不想再任用他了，孔子在不得已的情况下离开鲁国，去寻找出路，开始了他周游列国的旅程。他带着其弟子风尘仆仆地奔走于诸国之间，在诸侯面前游说，宣传他的政治主张，可结果是处处碰壁。但是他从未放弃过他的政治理想，四处宣扬他的"仁"与"礼"，强调为政以德。14 年周游列国的漂泊生涯之后，孔子重回鲁国，鲁哀公和季康子常以政事相询，但终不被起用。73 岁时，孔子因病逝世。

　　因为孔子，我们对报怨有了豁达的看法。冤者，怨也。冤冤相报，也就是怨怨相报。这是一般人的方式和宿命：冤冤相报，仇恨绵绵，战火频仍，无穷无尽。《旧约全书·申命记》反映了西方人的抱怨方式："以命偿命，以眼还眼，以牙还牙，以手还手，以脚还脚"。这与冤冤相报没有什么差别，只是更具体了，更行动化了。佛家崇尚"我不入地狱，谁入地狱"的哲学理念，面对困苦的态度是逆来顺受。根据佛经中的记载，大鹰要吃释迦牟尼的肉，他便从自己身上一刀刀帮大鹰割下肉来，这种坚忍已经超越西方人能够承受的范围。关于"怨"在《老子》中指出"大小多少，报怨以德。"；《老子》中也出现过"和大怨，必有余怨；报怨以德，安可以为善？"《论语·宪问》记载，有个学生问孔子："以德报怨，何如？"孔子说："何以报德？ 以直报怨，以德报德"。可见，孔子不是一味要以一种仁爱之心去宽宥一切的人。而在封建社会统治者为维护其统治的需要，把"以德报怨"过度解读了。他们希望民众成为"以德报怨"的顺民，只有"以德报怨"的民众，才会老老实实地服从他们的统治。对待统治者的残暴统治，民众需要"以德报怨"讴歌赞美暴虐；对待统治者沉重的剥削，民众要"以德报怨"服繁役纳重税。面对英法联军火烧圆明园，要求民众

"以德报怨"赔款割地通商；面对因八国联军侵华而西逃的慈禧，要"量中华之物力，结与国之欢心"……我们不提倡以怨报怨，冤冤相报何时了？"以德报怨"同样不可取，你用自己的"德"，用自己的善良，去解决对你已经造成了伤害的事情，若是这些伤害你的事情如果是不符合是非原则底线的，你这种德就是助纣为虐，就是在纵容黑恶。如何抱怨，其实还有更好的态度与方法，那就是坚持底线原则，坚持是非黑白，用我们的正直，用我们的光明磊落，坦然地面对这一切，既不去跟"怨"的影子结怨，也不一味放纵影子的伤害，我们要坚持自己做事的原则、把握好原则的分寸。

今天我们重新认识孔子，并不是要掀起尊孔的新潮流，而是要更加理性认识作为中国传统文化象征的孔子思想的精髓，更好地服务于当下社会现实，把崇高的道德信念落实到具体的行动中去，使孔子的伦理教导和人文关怀真正化为推进社会文明进步的力量。

"罢黜百家，独尊儒术"——董仲舒

我国著名学者蔡尚思曾有诗云："东周有孔子，南宋有朱熹。中国古文化，泰山与武夷。"此诗以东周的孔子和南宋的朱熹为中国古文化的两个杰出代表。实际上，在孔子与朱熹之间还有一位儒家大师、文化巨人：西汉的董仲舒。

"三年不窥园"讲的是董仲舒学习的境界。少年时的董仲舒酷爱学习，读起书来常常忘记吃饭和睡觉。其父董太公看在眼里急在心上，为了让董仲舒能歇歇，决定在宅后修筑一个花园，让他能有机会到花园散散心、歇一歇。第一年，董太公一边派人到南方学习，看人家的花园是怎样建的，一边准备砖瓦木料。头一年动工，园里阳光明媚、绿草如茵、鸟语花香、蜂飞蝶舞。姐姐多次邀请董仲舒到园中玩。他手捧竹简，只是摇头，继续学习

《春秋》,背诵先生布置的诗经。第二年,小花园建起了假山。邻居、亲戚的孩子纷纷爬到假山上玩。小伙伴们叫他,他在竹简上刻写诗文,头都顾不上抬一抬。第三年,后花园建成了。亲戚朋友携儿带女前来观看,都夸董家花园建得精致。父母叫董仲舒去玩,他只是点点头,仍埋头学习。中秋节晚上,董仲舒全家在花园中赏月,可就是不见董仲舒的踪影。原来董仲舒趁家人在赏月之机,又找先生研讨诗文去了。这就是著名的"三年不窥园"的故事。随着年龄的增长,董仲舒的求知欲愈见强烈,遍读了儒家、道家、阴阳家、法家等各家书籍,终于成为令人敬仰的儒学大师。

公元前 140 年,汉武帝刘彻继位。汉武帝是一位一心希望有所作为的皇帝,即位不久就下了一道诏令,要各地方长官推举"贤良方正"到长安献计献策,汉武帝进行了三次策问。董仲舒三次对策,这就是历史上著名的"天人三策"。通过这三策,概括来说,董仲舒的思想主张有五点:一是针对中央集权的需要,提出"春秋大一统"和"罢黜百家,独尊儒术"的主张;二是针对加强君权的需要,提出"君权神授"的政治思想,同时用"天人感应"的观念来警策皇帝;三是针对土地兼并的现实,主张限制豪强占田、节制土地兼并,并且薄敛、省役;四是针对"有为"政治的需要,主张建立培养、选择官吏的制度,如建立太学、征选贤良;五是针对为人处世的标准,提出"三纲五常"(后人归纳),倡导孝道。这给汉武帝以极大的影响,并把这种影响体现在了具体政策之中,而且这些政策对后世也产生了极深的影响。

董仲舒对策后,被武帝派到江都易王刘非那里当国相。刘非是武帝的哥哥,此人粗暴、蛮横,一介武夫,但因为董仲舒当时声望很高,是举国知名的大儒,所以对董仲舒非常尊重。刘非把董仲舒比作辅助齐桓公称霸诸侯的管仲,希望董仲舒要像管仲辅助齐桓公一样来辅助自己,以篡夺中央政权。但董仲舒是主张"春秋大一统"的,因此,对于刘非的发问,他借古喻今进行了规劝,暗示刘非不要称霸。董仲舒为江都易王相六年,搞了不少祈雨止涝之类的活动。前135年,皇帝祭祖的地方长陵高园殿、辽东高庙发生了大火,董仲舒认为这是宣扬天人感应的好机会,于是带病坚持起草了一份奏章,以两次火灾说明上天已经对汉武帝发怒。结果奏章还没上,正巧主父偃到董仲舒家做客,看见奏章,因嫉妒董仲舒之才,就把奏章草稿偷走,交给了汉武帝。武帝看后大怒,决定将董仲舒斩首。后怜其才,又下诏赦免,但江都王相却被罢免。从此,董仲舒不敢再说灾异之事,而是干起了老本行,从事教学活动,又教了十年的《公羊春秋》。

董仲舒为人耿直,有话直说。当时,还有一个人与他一样专治《公羊春秋》,即公孙弘。公孙弘学问不及董仲舒,但却会察言观色,所以官至公卿,比董仲舒官职大了好多。董仲舒认为公孙弘有些阿谀逢迎,公孙弘听了当然不高兴,便想着算计他。后来,趁汉武帝给胶西王选国相的时候,就推荐了董仲舒,说只有董仲舒可以做胶西王相。于是,汉武帝又起用了董仲舒,让他去胶西做国相。胶西王刘端也是汉武帝的长兄,比江都易王刘非更加骄横,害死了不少二千石的高官。公孙弘推荐董仲舒,其实是把他往火坑里送。因董仲舒是知名的大儒,刘端对他还比较尊重。董仲舒一直提心吊胆,小心谨慎,唯恐时间长了遭到不测,遂于四年后以年老有病为由,辞职回家,结束了仕禄生涯。董仲舒晚年对什么事情都不过问,只是埋头读书、著作。辞官回家之后,董仲舒不问家居杂事,不置产业,埋头修学著书。另外,他还写了一部《春秋繁露》,该书流传了下来,从中可以看到董仲舒的思想观点。公元前104年,董仲舒病卒,他一生虽然未做高官,但他的治国思想对汉武帝的影响无人能出其右。有一次汉武帝经过他的墓地,特下马致意。

孔子生于乱世,董子生于盛世。历史发展到汉武帝的时候,汉武大帝面临的问题是如何解决王国问题、匈奴问题与土地兼并问题,而汉初的黄老学说已经不适应汉武帝时期的现实需要,这个时候董仲舒顺势而为,吸取阴阳家、道家、法家等思想,把孔孟儒学发展为新儒学,新儒学具有"外儒内法"的特点,适应了汉武帝加强中央集权的需求。董仲舒的这一改造,把儒学推到了正统的地位,使儒学成为封建社会的主流思想,也使自己在历史长河上留下了浓重的一笔。

"存天理,灭人欲"——朱熹

到宋朝时儒学发展为新儒学,新儒学的产生,从经济上看,宋朝封建经济迅速发展,科学进步,引发理学家对自然界及社会的思考。从政治上看,宋代加强中央集权要求统一思想,重文轻武,提供文化环境。从文化上看,魏晋南北朝以来,佛、道盛行,挑战儒学;唐宋时期,儒家学者的探索和思考,儒家学者为了重兴儒学,使儒学在三教合一的思潮中吸收佛、道思想,使儒学体系得到了丰富和更新。朱熹是新儒学的集大成者,被后世尊称为朱子。时至今日,很多人在提到朱熹理学的时候,都会想到四个字:"以理杀人"。其实,这是一种十分简单化的片面看法。

朱熹出生时右眼角长有七颗黑痣,排列如北斗。5 岁时,朱熹始入小学,能读懂《孝经》。八九岁时能读《大学》《孟子》等。当读到《孟子·告子上》所述弈秋之事时,朱熹弄懂了孔子所说的"仁远乎哉,我欲仁,斯仁至矣"说的道理就是要下功夫,坚持不懈地做认定的事情,就能成功,于是他更发愤于为学求知。当读到《孟子·告子上》"圣人与我同类者"时,"熹不自胜,以为圣人亦易做",从此确立了以做"圣人"为榜样的人生目标。朱熹14 岁那年,父亲朱松因积劳成疾,不幸壮年病故。19 岁时,朱熹考中进士。三年后,被派任泉州同安县主簿,从此开始仕途生涯。赴任途中拜见了著名道学家、程颐的再传弟子李侗。1443年,30 岁的朱熹决心向要李侗求学,为表诚意,他步行几百时从崇安走到延平。李侗非常欣赏这个学生，替他取字元晦。从此，朱熹开始建立自己的一套客观唯心主义思想——理学。"理"是理学的核心范畴，所谓"存天理，灭人欲"，更多的是指消除那种过分膨胀的私欲而非一切感性欲望。在理学的流变过程中，这一点被严重地曲解了。尤其是历朝统治者为维护自身统治帝王有意识将程朱理学主张的"天理"与"人欲"对立起来，将其理学树立为统治臣民的工具，"天理"也就逐渐演变成为统治阶级的代言人。

朱熹母去世，朱熹建寒泉精舍为母守墓，在这期间他编写了大量书籍，在从事讲学活动的过程中，他的门徒很多。朱熹东山再起后知南康军，重新入仕后他也未忘自己的学者身份。他建立了白鹿洞书院，制定了一整套学规。很快朱熹又解职回乡，他又修建了武夷精舍，广召门徒，理学得到了进一步传播。这期间他做出的最大贡献便是从儒家经典中精心节选出"四书"，而且进行了刻印发行，这极大地方便了普通人对儒学的学习，后来成为封建教育的教科书，这也对我国古代教育史产生了深远影响。解职之后朱熹再次出仕是任职于湖南，他依然没有忘记自己的学者身份，仍然致力于文化的传播，他在这期间主持修复了岳麓书院样，就这样岳麓书院成为朱熹在湖南期间讲学、传播理学的主要场所。书院在南宋发展迅速，甚至有超过官学的势头，这种教育发展的良好势头是与朱熹的推动分不开的。

朱熹在官场上因品性耿直而一再离任，也得罪了一些权臣。浙东遇到饥荒时，朱熹守王淮推荐赴任浙东路。到职后，他微服下访，调查时弊和贪官污吏的劣迹，弹劾了一批贪官以及大户豪右。他不徇私情，牵连攻击了王淮等人。王淮便指使人上书抨击理学，攻击理学为"伪学"，朱熹又一次解职回乡。后来朱熹出任了江南西路提点刑狱公事。随着王淮罢去，理学曾经一时得势。朱熹也一度仕途顺利，他受宰相赵汝愚推荐，成为皇帝的顾问和教师。朱熹为宋宁宗进讲《大学》，每逢双日早晚进讲，但他进讲的时候对朝政多有批评，最终导致宋宁宗的不满，以干预朝政的罪名，将朱熹逐出了朝廷。后来赵汝愚受韩侂胄排挤被罢相位，韩侂胄因朱熹曾参与赵汝愚攻击自己的活动，于是发动了一场抨击"理学"的运动。监察御史沈继祖指控朱熹十罪，朱熹的得意门生蔡元定被逮捕，理学被贬斥为"伪学"，朱熹被斥为"伪师"，学生被斥为"伪徒"。朱熹最后是在家里忧愤而死的，临死还在修改《大学·诚意章》的注。

孔子作为儒学的创始者，他的思想在春秋时期并未受到重视，因为他主张"仁"不符合春秋时期诸侯争霸的社会动荡环境，经过后世才逐步成为主流思想；以朱熹为代表的宋明理学家，针对当时儒学地位受到"三教合一"的影响，吸收佛教、道教思想，把儒学发展为理学，形成了一套以"理""天理"为核心的新儒学，使儒学的传统进一步下移，具有系统化、世俗化、思辨化的特点，理学是对儒学的更新与丰富。朱熹成为儒学的集大成者。理学强调尊卑等级、重男轻女观念；轻视自然科学与个体自由。宋明理学强调三纲五常和名分等级的永恒性，用以维系专制统治，压抑、扼杀人们的自然欲求，产生了消极影响。但是宋明理学具有和谐意识，强调人与自然、与家庭、与国家的和谐的意识；具有忧患意识，鼓舞历代仁人志士胸怀天下，以天下为己任，塑造强化了中华民族的文化性格；奋发进取，为理想不懈追求。而且宋明理学崇尚道德，重义轻利，强调自我约束，可以促进文明的进步；强调身体力行，强调自主自强的精神，对中国文化起了推动和促进作用。重视主观意志力量，注重气节、品德，讲求以理统情、自我节制、发奋立志。强调人的社会责任和历史使命，又凸显了人性的庄严。我们应该本着批判、继承、改造赴任态度，对理学去粗存精，去伪存真，正确吸收理学中的精华。理学在历史上的负面作用，主要与理学的官学化过程有关。从南宋末期到元明两代，理学逐渐成为显赫一时的官方显学。其理念也发生了一定变化，最显著的一点是理学之"理"由裁抑帝王的利器转而成为压制和束缚普通人民的精神锁链。据《明史·列女传一》记载，以"贞白自砥"的妇女"著于实录及郡邑志者，不下万余人"。这除了儒家文化固有的"节操"观念之外，这也与明代的官方理学将"天理"与"人欲"过度对立有着密切的关系。

天之立君，本以为民——李贽

李贽，以传统儒学的"异端"而自居，他不仅从思想批判程朱理学是伪道学，而且在实践中也是反传统的真斗士。

李贽反对传统思想的禁锢。他否定孔孟学说是"万世之至论"，反对程朱理学空谈，提出天地万物是由阴阳两气所生，主张个性解放、倡导男女平等。针对理学家的"存天理灭人欲"的命题，他提出"穿衣吃饭，即是人伦物理"的主张，认为"理"就在百姓的日常生活当中，对正统思想提出了挑战；针对日益强化的君主专制，李贽大胆提出"天之立君，本以为民"的主张。李贽批判传统的重农抑商，肯定个人私欲的正当性，主张富国强兵。他蔑视传统权威，敢于批判权威。他认为要获得个性解放和思想自由，就必须打破孔孟之道及其变种宋明理学的垄断地位，冲破封建经典所设置的各种思想禁区。他主张每一个人都应该自为是非。为了打破孔孟之道提出的是非标准，李贽编写了《藏书》和《续藏书》，用自己的是非标准，重新评价了历史人物。李贽认为，社会上根本不存在高下贵贱的区别，老百姓自有其值得尊贵的地方；侯王贵族也有其卑贱的地方。李贽主张婚姻自由，热情歌颂卓文君和司马相如恋爱的故事。《焚书·答以女人学道为见短书》中能看到李贽反对歧视妇女。对封建礼教压迫下的妇女，李贽给以深深的同情，他大声疾呼，为妇女鸣不平。李贽批判了"男子之见尽长，女子之见尽短"的说法。当有人说："妇女见短，不堪学道"的时候，他驳斥说，人们的见识是由人们所处的环境决定的,并不是先天带来的。

李贽终生为争取个性解放和思想自由而斗争,他是反传统的真斗士。《环球人物》2007年第1期登载的彭勇《李贽:明朝第一思想犯》一文,讲述了李贽成为反传统讲学明星。1588年,李贽成为芝佛寺的常住客户和职业作家,他书写到高兴处,索性剃发留须,故意摆出一副"异端"面目,俨然是个搞学术的老和尚,如此便是10年。工部尚书刘东星亲自接他去山东写作;历史学家焦竑替他主持新书发布会;文坛巨子袁氏三兄弟跑到龙湖陪他一住三个月;意大利传教士利马窦和他进行了三次友好的宗教交流;全国各大城市轮流邀请他去做访问学者。李贽一开坛讲学,不管哪座寺庙,还是深山老林,和尚、樵夫、农民、甚至连女子也勇敢地推开羞答答的闺门,几乎满城空巷,都跑来听李贽讲课。一下子,李贽成了横扫儒、释、道的学术明星。《钱江晚报》2016年1月2日第4版登载的翁礼华的《李贽:怪异的宗师》一文,则具体反映了李贽反传统的另类讲学。李贽住在芝佛寺著述、讲学,虽说他是有大学问的人,却也开荒、种粮、种菜。李贽讲学跟别的先生不一样。别的先生只收男孩,他偏偏要男女收在一起教;别人都要求孩子走路要轻,说话莫大声,李贽偏要他们蹦蹦跳跳翻跟斗,大声读书;别人教书要白天,李贽白天要求孩子帮大人种田、种地,夜晚听他讲学;别人教书专讲"四书""五经",李贽专教些实用的东西,还经常出谜语逗孩子玩。有一次,李贽出了一个谜语:"皇帝老子去偷牛,满朝文武做小偷,公公拉着媳妇手,孩子打破老子头。"孩子们猜来猜去,都猜不出来。李贽笑着说:"你们不是猜不着,是还没有长这个胆量。要干大事,就得敢破旧规矩,敢想,敢说,还要敢干。"接着,他解释说:"第一句'皇帝老子去偷牛'是君不君;第二句'满朝文武做小偷'是臣不臣;第三句'公公拉着媳妇手'是父不父;第四句'孩子打破老子头'是子不子。"学生们听了以后,感到有趣,到处传播。

1602年，李贽被攻讦，最终以"敢倡乱道，惑世诬民"的罪名被逮捕，他的著作也被焚毁。李贽的一生充满着对传统和历史的重新考虑，最后被诬下狱，自刎死于狱中，留下一偈："壮士不忘在沟壑，烈士不忘丧其元。"

忧国为民，求实求真——"清初三先生"

明末清初，出现了许多具有先进思想的知识分子，黄宗羲、顾炎武、王夫之就是其杰出代表，他们被合称为"清初三先生"。明清之际的思想批判是多种因素综合作用的结果，这一时期封建统治危机的日益加深和人民起义的风起云涌为思想批判提供有利的社会环境。从经济上看，一方面是商品经济发展，资本主义萌芽产生与发展；另一方面统治者极力推行重农抑商政策，阻碍商品经济发展。从政治上看，统治者强化专制主义中央集权统治，专制统治走向腐化。从思想上看，宋明理学日益僵化，统治者的法治思想占主导地位，八股取士、"三纲五常"扼杀人的天性，摧残人的思想，启蒙思想家要求挣脱思想束缚，实现个性的自由发展。从阶级基础看，随着商品经济发展，工商业阶层队伍扩大，他们要求反对封建束缚，发展商品经济。

黄宗羲从批判封建君主专制制度的角度，批判理学视君臣之义为天理的伦常观。黄宗羲的政治理想主要集中在《明夷待访录》一书中。在《明夷待访录》中，黄宗羲提出了"君主是天下之大害"；经济上，黄宗羲提出"工商皆本"的主张，客观上顺应了资本主义经济关系产生和发展的历史要求。张晖的《明末清初大思想家黄宗羲的传奇人生》（《环球人物》2011年32期）介绍了黄宗羲反传统习俗、坚持裸葬的故事。黄宗羲死于1695年，但早在1687年，他就开始安排自己的后事。他对后事的安排还引来了一场轩然大波。黄宗羲一生抗清，晚年从事学术文化活动,不被人理解,所以内心十分痛苦。这种痛苦反复折磨着他,使得他对自己的葬礼产生了一种新的想法。人去世之后,一般都会穿上寿衣,放到木制棺材里下葬。黄宗羲却希望自己死后将头发散开,盖上一条单被,放在一个石头棺材里裸葬。清朝入关后,老百姓都要扎辫子。散发表示不愿意再扎辫子,不再当清朝的老百姓。这是当时很多遗民的做法,倒也不稀奇。但尸体不穿寿衣,放在石棺里很容易因虫蚁啃噬而迅速腐烂,这种下葬的方法就大大违背了当时的风俗。黄宗羲的儿子黄百家非常为难,于是就请自己的族叔前去和黄宗羲商量,看能不能让他改变主意。结果黄宗羲非常不高兴,特意写了一篇名为《葬制或问》的文章批评儿子:对于父亲的遗嘱,儿子都要遵守;否则,"则平日之为逆子无疑矣"。而且,作为儿子,不能阳奉阴违,一边答应父亲,另一边却希望父亲去世后仍按照普通的葬法来安葬。这让黄百家感到非常委屈。

顾炎武从经世致用的角度提倡实学,批判理学空谈。据萧养田《顾炎武轶事几则》[《文汇报》(香港)2006年8月11日]记载,顾炎武小时候,每年春夏温习经书,家人为他请了4名声音洪亮的士子,坐在周边。顾炎武面前放一本经书,四人前面还放着该经书的注疏。他先叫一人读一段经书,遇到其中字句不同的或他忘记了的地方,则与四人辩论或再记一遍。一人读20页书,之后再叫另一人读20页,他每天温习经书200页。顾炎武自小至老手不释卷,出门则总是骑着一头跛驴,用二匹瘦马驮着几箱书。遇到边塞亭障,就叫身边的老仆到路边的酒店买酒,二人对坐痛饮。他咨询当地的风土人情,考究其地理山川。如果与平生所听到的不相符,他就打开书本验证,必定要弄清楚才罢休。骑在驴上无事时,他就默诵诸经注疏。碰上老朋友,他往往记不起他是谁了。有时掉到崖下,他也毫不怨悔。顾炎武这样勤学,终于成为学问渊博的大家,没人可与之抗衡。顾炎武曾经客居北京。一天,在朝廷做官的王士祯去他住所拜访,对顾炎武说："先生博学强记，请您背诵一下古乐府《蛱蝶行》好吗?"顾炎武当即背诵出来了，一字不遗，同座皆惊。《蛱蝶行》虽然只是一首仅仅 56 字的短诗，但它较生僻，要完整地记在脑海里是不容易的。

跟黄宗羲和顾炎武不同的是，王夫之的思想具有朴素唯物主义的特点，他论述通过气和理的关系，论述物质第一，意识第二，对理学的唯心主义进行批判;通过运动绝对、静止相对的辩证关系，批判理学形而上学观点。他们三人共性的特点是反对君主专制独裁，主张限制君权。在学术思想上，他们批判地继承传统儒学，主张"经世致用"，提倡以史为鉴，将学术研究与现实相结合，努力构筑具有时代特色的新思想体系。学术上，他们提倡"经世致用"。他们主张为学应求务实，致力于社会变革，力图扭转明末不切实际的学风。他们这些思想反映资本主义萌芽时代的要求，继承了晚明进步的思想传统，在对传统儒学的批判继承中促使传统文化重新焕发生机，构筑具有时代特色的新思想体系，在一定意义上反映了资本主义萌芽时代的要求，具有解放思想的历史进步性。但是没有跳出儒学的大框架，仅仅在批判，对未来社会未做出系统规划，没能实现社会的转型。

史 学 家

汉武帝时,朝议李陵投降之事,司马迁直言以谏:李陵是迫于形势"诈降",被定罪"诬上"而施以宫刑。磨难对于强者,它是一笔难得的财富,对于懦夫,它就是万丈深渊。

千古之绝唱——司马迁

司马迁,西汉司马谈之子,继承父业,任太史令,著述历史。他以"究天人之际,通古今之变,成一家之言"的史识创作了中国第一部纪传体通史《史记》。该书记载了从黄帝时期到汉武帝时的历史,是"二十四史"之首,被鲁迅誉为"史家之绝唱,无韵之离骚"。

《史记》离不开司马谈的开创之功,离不开司马迁读万卷书行万里路而博闻广识。在司马迁离开故乡到任长安太史令的父亲身边之前,他已经能诵读不少古文文献。到达长安之后,司马谈便让司马迁行万里路,他考察了齐鲁文化,体会了孔孟之风;他走过楚汉相争战场,走过了秦汉风云人物的故乡……他遍访河山去搜集遗闻古事,为《史记》撰写奠定了基础。司马谈早年立志撰写一部通史,他在任太史令时,接触到大量的图书文献,广泛地涉猎了各种资料。司马谈虽然未能动手撰写通史,但为《史记》的撰写积累了大量的第一手资料,确立了部分论点。司马谈随同汉武帝赴泰山封禅,途中身染重病,留在洛阳,未能继续前行,心中愤懑,以致病情加重,不久即卒。在弥留之际,反复嘱咐司马迁一定要写好一部史书。在他父亲去世后，他继任了太史令。

《史记》之所以有别于其他所有史书，与司马迁的不幸遭遇有关。汉武帝时，朝议李陵投降之事，司马迁直言以谏：李陵是一位国士，他一心想的就是报效国家；他率领五千步兵深入匈奴腹地，与数万匈奴军队奋战多日。虽然战败了，但是他立下的战功足以告慰天下。再有，李陵这次迫于形势"诈降"，他是留得一命，日后见机报答朝廷。司马迁还未说完，逆耳之言已让汉武帝怒不可遏，司马迁被捕入狱，定罪"诬上"。诬陷皇上，这是非常严重的罪名，当处死刑。立即将司马迁投入监狱，定为死罪。汉武帝时代，触犯死刑的犯人，有三种选择：一是"伏法受诛"；二是拿钱免死；三是自请"宫刑"。司马迁"家贫，财赂不足以自赎"，拿不出 50 万钱为自己赎罪免死。因此，只剩下两条路可供选择：一是受死刑，二是受宫刑。如果选择死刑，已经开始著述的《史记》必将夭折；如果接受"宫刑"，一个"刑余之人"，必将被天下人耻笑为贪生怕死。司马迁却最终选择了宫刑。司马迁在《报任安书》中说："故祸莫憯于欲利，悲莫痛于伤心，行莫丑于辱先，诟莫大于宫刑"，从中足可以见宫刑不仅仅是男性身体的伤残，更是男性心灵深处无法言语的伤痛。受到宫刑之后，作为男人的司马迁死了，作为士大夫的司马迁也死了，而激扬文字的太史公新生了。脍炙人口的名言"人固有一死，或重于泰山，或轻于鸿毛"也是源自司马迁《报任安书》。而《史记》之重，亦重于泰山。司马迁置屈辱于脑后，成就了《史记》的"史家之绝唱"，完成那个属于太史公的使命。

司马迁从自己的经历中读懂了许多历史人物，读懂了许多他过去认识不深刻的东西。《史记·季布列传》写道，季布是楚地人，为人好逞意气，爱打抱不平，在楚地很有名气。项羽派他率领军队，曾屡次使汉王刘邦受到困窘。等到项羽灭亡以后，刘邦出千金悬赏捉拿季布，并下令有胆敢窝藏季布的论罪要灭三族。季布躲藏在濮阳一个姓周的人家。周家说："陛下悬赏捉拿你非常紧急，追踪搜查就要到我家来了。将军您能够听从我的话，我才敢给你献个计策；如果不能，我情愿先自杀。"季布答应了他。周家便把季布的头发剃掉，用铁箍束住他的脖子，穿上粗布衣服，把他放在运货的大车里，将他和周家的几十个奴仆一同出卖给鲁地的朱家。朱家心里知道是季布，便买了下来安置在田地里耕作，并且告诫他的儿子说："田间耕作的事，都要听从这个佣人的吩咐，一定要他和你吃同样的饭。"朱家便乘坐轻便马车到洛阳去了，拜见了汝阴侯夏侯婴。夏侯婴留朱家喝了几天酒。朱家乘机对夏侯婴说："季布犯了什么大罪，陛下追捕他这么急迫？"夏侯婴说："季布多次替项羽窘迫陛下，陛下怨恨他，所以一定要抓到他才甘休。"朱家说："您看季布是怎样的一个人呢？"夏侯婴说："他是一个有才能的人。"朱家说："做臣下的各受自己的主上差遣，季布受项羽差遣，这完全是职分内的事。项羽的臣下难道可以全都杀死吗？现在陛下刚刚夺得天下，仅仅凭着个人的怨恨去追捕一个人，为什么要向天下人显示自己器量狭小呢？再说凭着季布的贤能，陛下追捕又如此急迫，他应不是向北逃到匈奴去，就是要向南逃到越地去了。这种忌恨勇士而去资助敌国的举动，就是伍子胥所以要鞭打楚平王尸体的原因了。您为什么不寻找机会向陛下说明呢？"夏侯婴知道朱家是位大侠客，猜想季布一定隐藏在他那里，便答应了。夏侯婴等待机会，果真按照朱家的意思向刘邦奏明。刘邦于是赦免了季布。在这个时候，许多有名望的人物都称赞季布能变刚强为柔顺，朱家因此在当时出了名。后来季布被刘邦召见，表示服罪，刘邦任命他做了郎中。汉惠帝时，季布当了中郎将，阻止了吕后对匈奴用兵。汉文帝时，季布又担任了河东太守，成为汉朝一代名臣。在《史记·季布列传》结尾，司马迁说，在项羽那样以勇猛著称的名将面前，季布能凭自己的勇敢显露名声，可以称得上是壮士。但是，季布为了保全性命，在朱家家中当奴隶，这是多大的耻辱啊！为什么季布不选择死亡呢？因为他认为自己有才，他把受辱不当作是一种耻辱，而希望有朝一日能够充分施展自己的才华。"天将降大任于是人也，必先苦其心志，劳其筋骨。"能成大事者，在这一点上，概莫能外。司马迁对季布的认识、评价正是基于自己的切身体验。

在《史记》中，司马迁承认人们追求物质利益的正当性，还提出了一系列非常务实的观点。这或许与他可以"以钱赎罪"之时而拿不出 50 万钱而惨遭宫刑的个人经历有关。《史记·货殖列传》认为，追求富有是人的天性。司马迁说："天下熙熙，皆为利来；天下往往，皆为利往。"天下人忙忙碌碌，都是为追逐利益而来。拥有一方土地的王侯，还嫌自己不够富有，何况是天下百姓呢？儒家孟子主张"先义后利"。提倡安贫乐道，言利者往往会被人们所不齿。孔子在《论语·雍也》中有一段名言"子曰：'贤哉，回也！一箪食，一瓢饮，在陋巷，人不堪其忧，回也不改其乐。贤哉，回也。'"孔子赞赏颜回安于清贫，也就同时贬斥了物欲和金钱。然而，不衣不食，何谈礼义廉耻！司马迁有所洞察，在《史记》中明确提出，人们追求物质利益是正当的，只要是"取之有道"！

《史记》刻画历史人物入木三分，与司马迁行万里路游历天下的经历有一定关系。《史记》中"上乃大悦"便把开国皇帝刘邦的心事剖析得一针见血。刘邦为何而悦？当刘邦亲率大军平叛陈豨，吕后在京城采用萧何建议，利用陈豨事件诛杀了韩信。刘邦得知韩信"谋反"被诛一事后，派人拜丞相萧何为相国，文武百官得知萧何加封，纷纷前来祝贺。只有召平前来吊丧，萧何大惊，询问原因。召平说："皇上在外平叛，你不受征战之苦。韩信刚刚谋反，皇上怀疑你也有反意，所以加封你。希望你不要接受任何封赏，把全部家财捐出来作为军费，皇上一定很高兴。"萧何赶快依计行事。刘邦对萧何的这种做法有什么反应呢？《史记·萧相国世家》写了四个字："上乃大悦"。这四个字淋漓尽致地写出了刘邦对开国功臣的猜忌之心。

先儒司马子——司马光

司马光,北宋政治家、史学家、文学家,从祀于孔庙,称"先儒司马子"。

被誉为"先儒司马子"的司马光自小便稳重机智,学生时代所学语文教材中司马光"砸缸救人"一事流传广泛。《宋史·司马光传》记载:"群儿戏于庭,一儿登瓮,足跌没水中,众皆弃去,(司马)光持石击瓮,破之,水迸,儿得活。"简洁的文字让我们直观感受到了小小年纪的司马光,遇事是那样沉着冷静,成功救出小伙伴则体现出了他的聪明机智。

生活中的司马光,做每一件事都严格按照儒家法度。对待父母,他孝顺。正当司马光怀着远大的抱负步入了仕途,在仕途上也是步步上升时,他的母亲和父亲先后病逝,他按照封建儒家礼制依然辞官,回家服丧。在居丧期间,他没有忘记以儒家积极入世的态度去了解社会底层生活的情况。对待兄长,他友爱。他每次到夏县去扫墓,都会谨记儒家道德规范,都要去看望他的兄长司马旦,司马光一直按照儒家礼制侍奉司马旦。受儒家思想诚实教育的影响,司马光一生诚信。大概五六岁时,有一次,他要给胡桃去皮,他不会做,姊姊想帮他,也去不掉,姊姊就先行离开了,后来一位婢女用热汤替他顺利将胡核去皮,等姐姐回来,便问:"谁帮你做的?"他欺骗姊姊是自己做的,父亲便训斥他:"小子怎敢说谎。"司马光从此不敢说谎,一直到去世。年长之后,还把这件事,写到纸上,策励自己。《小读者》2010 年 11 期登载的陈春风《司马光卖马》讲述了司马光为人诚信的故事。有一次,司马光要卖一匹马,这匹马毛色纯正漂亮,高大有力,性情温顺,只可惜它每到夏季就会患肺病。司马光对管家说:"这匹马每到夏季就患肺病,这一定要告诉给买主听。"管家笑了笑说："哪有人像你这样的呀？我们卖马怎能把人家看不出的毛病说出来！"司马光可不认同管家这种看法，对他说："一匹马多少钱事小，对人不讲真话，坏了做人的名声事大。我们做人必须得要诚信，要是我们失去了诚信，损失将更大。"管家听后惭愧极了。

在政治生活中，司马光为官正直。司马光比王安石长两岁，他们都曾在包拯手下为官。两人才华横溢，且是相互仰慕的好友，但因政见不同渐渐疏远甚至决裂。北宋初年为了加强中央集权，宋太祖取了一系列措施，中央集权是加强了，同时也带来了"三冗两积"的局面。出于对国家财政的考虑，宋神宗大胆起用一直以来在地方上享有盛誉、干脆果断且深知百姓疾苦的王安石为参知政事，让他主管变革事宜。王安石一上任，就进行了一系列富国强兵的改革，出台了青苗法、募役法、方田均税法等一系列措施，受到以司马光、文彦博等为代表的一大批官员的强烈反对。司马光选择了上疏请求外任，自此居洛阳15年，不问政事。这段悠游的岁月，司马光主持编撰了编年体史书《资治通鉴》。《资治通鉴》具有强烈的正统立场，对于分裂时代的记载，如三国时期，魏有"纪"，蜀、吴无"纪"；南北朝时期，南朝有"纪"，北朝无"纪"；五代十国时期，五代有"纪"，而十国无"纪"。他对社会对王安石的偏颇之言给予了指正。他说世人都说安石奸诈，其实这对安石来讲实在太过分了。多年后，王安石宰相之职被免，告老还乡。一向支持王安石的神宗皇帝在继续施行了近10年的新法之后驾崩。10岁的哲宗即位，由太后垂帘，时年66岁的司马光被召回开封，出任宰相。他大刀阔斧地起用旧臣，恢复原有制度。尽管司马光在政治上全盘否定了王安石，可在生活上，尤其在王安石死后，他仍然吩咐手下要善待王安石的安葬事宜，由此足见其作为君子的坦荡。王安石死后不久，司马光也因积劳成疾，长眠于黄土之下。

宋衍申发表在《东北师大学报》（哲学社会科学版）1987年

第 5 期的《司马光文学成就述论》是这样评论司马光的文学成就：司马光一生主要精力用在修史和从政上，不以文学自矜，他评价自己"至于属文，实非所长"。但他学问博大精深，把做学问与作文章结合起来，虽无意为文而文自工。司马光"务为可用之文，推崇文以载道"，认为华而不实的诗无用。他所称赏的不是辞藻堆砌的诗，而是平淡闲远，抒发真性情、真自我的诗歌。司马光信守儒家的"义利观"，对财物和物质享受看得很淡薄，他在洛阳只有田地三顷，司马光的妻子去世后，清贫的司马光无以为葬，拿不出给妻子办丧事的钱，只好把仅有的三顷薄田典当出去，置棺理丧，尽了丈夫的责任。

1086 年，司马光去世，朝廷追赠他太师、温国公，谥号"文正"。宋仁宗以后，文官的最高谥号就是"文正"，这是所有读书人梦寐以求的殊荣。对于历朝历代的文官来说，宁愿不封爵，不拜相，只要能获得一个"文正"谥号，便就死而无憾了。纵观整个宋朝，仅 10 人获此殊荣（李昉、王旦谥号先是"文贞"，后因避宋仁宗讳改为"文正"）。司马光堪称儒家"修齐治平"的典范。

文 学 家

　　强盛的汉朝,体现在文学上,"千人唱,万人和"足以显示出汉赋的特点,司马相如就是借助赋而平步青云。唐诗、宋词是中国文学史上的两颗明珠,唐代被称为诗的时代,而宋代则被称为词的时代。词源于民间,始于唐,兴于五代,盛于两宋。让我们一起走近历史感受文人们的情怀吧。

千人唱,万人和——司马相如

　　鲁迅在《汉文学史纲要》中把司马相如和司马迁二人放在一个专节里加以评述,指出:"武帝时文人,赋莫若司马相如,文莫若司马迁。"《史记·司马相如列传》记载:"司马相如者,蜀郡成都人也,字长卿。少时好读书,学击剑,故其亲名之曰犬子。相如既学,慕蔺相如之为人,更名相如。"通过这寥寥数语,我们知道了司马相如原名是"犬子",因为仰慕蔺相如而改名司马相如,而且喜欢读书击剑。

　　终汉武一朝,甚至于在整个汉朝历史中,司马相如的文坛地位达到了至高至上且不可撼动的程度,这主要的得益于他对汉赋的贡献。据《史记·司马相如列传》记载,司马相如20多岁时以钱财捐了个官,做了汉景帝的武骑常侍,后来他因病退职。当时汉景帝同母弟梁王刘武(七国之乱时,拱卫了长安,功劳极大,谥号"孝")营造了梁园,招揽天下人才。司马相如在游梁时作了《子虚赋》。此赋写楚国之子虚先生出使齐国,子虚向齐国乌有先生讲述随齐王出猎，齐王问及楚国，子虚极力铺排楚国之广大丰饶，以至云梦不过是其后花园之小小一角。乌有不服，便以齐国之大海名山、异方殊类，傲视子虚。其主要意义是通过这种夸张的描写，表现了汉朝的强大声势和雄伟气魄。此赋极铺张扬厉之能事，辞藻丰富，描写工丽，散韵相间。汉武帝好辞赋，他看到《子虚赋》非常喜欢，马上召司马相如进京。接着司马相如为武帝作了《上林赋》。《上林赋》的假托人物增加了亡是公，内容与《子虚赋》相衔接，文采胜过《子虚赋》，文字优美、措辞得当、旁征博引、句式工整。全文设为问答，放手铺写，以维护国家统一、反对帝王奢侈为主旨，歌颂了统一大帝国无可比拟的形象，又对统治者有所讽谏，再次赢得了汉武帝的赞美。司马相如被授官为汉文帝的陵园令。汉武帝既赞美子虚之事，司马相如又看出皇上喜爱仙道，趁机说："上林之事算不得最美好，还有更美丽的。臣曾经写过《大人赋》，未完稿，请允许我写完后献给皇上。"相如认为传说中的众仙人居住在山林沼泽间，形体容貌特别清瘦，这不是帝王心意中的仙人，于是就写成《大人赋》。赋中一反神仙隐居山林的俗套，直言神仙就在人世间，并巧妙地将三皇五帝、唐尧虞舜等先古圣君与各路神仙真人的事迹相提并论，表达了明君治世就是人间仙境，循道而为就能羽化登仙的观点。不但文辞之美，引征之博堪称绝妙，而且也算是从"正面"引导了君主。《史记·司马相如列传》记载："（司马）相如既奏《大人》之颂，天子大说，飘飘有凌云之气，似游天地之闲意。"司马相如去世前预先作好了《封禅书》。《封禅书》延续了司马相如的一贯风格，内容先是概括了上古圣王封禅事迹，然后假借"大司马"之言论主张汉武帝举行封禅大典，最后还为封禅仪式作了一篇颂文。几年之后，在汉朝国力有所恢复的条件下，汉武帝便以《封禅书》为蓝本，封禅泰山。

作为文学家的司马相如成就斐然，生活中司马相如与卓文君的爱情故事也得以广泛流传。梁王刘武去世后，司马相如因不得志，称病辞职，离开梁地回到临邛，生活清贫。临邛令王吉与司马相如交好，对他说："长卿，你长期离乡在外，求官任职，不太顺心，可以来我这里看看。"于是司马相如在临邛都亭住下，王吉天天拜访司马相如，司马相如托病不见，王吉亲自相迎，相如只得前去赴宴。卓王孙有位离婚女儿，名文后，又名文君。因久仰相如文采，遂从屏风外窥视相如，司马相如佯作不知。当他受邀抚琴时，便趁机弹了一曲《凤求凰》，以传爱慕之情。因司马相如亦早闻卓文君芳名，卓文君听出了司马相如的琴声，偷偷地从门缝中看他，不由得为他的气派、风度和才情所吸引，也产生了敬慕之情。宴毕，司马相如又通过卓文君的侍婢向她转达心意。于是卓文君深夜逃出家门，与相如私奔到了成都。卓王孙大怒，声称女儿违反礼教，自己却不忍心伤害她，但连一个铜板都不会给女儿。司马相如的家境穷困不堪，除了四面墙壁之外，简直一无所有。卓文君在成都住了一些时候，对司马相如说："其实你只要跟我到临邛去，向我的同族兄弟们借些钱，我们就可以设法维持生活了。"司马相如听了她的话，便跟她一起到了临邛。他们把车马卖掉做本钱，开了一家酒店。卓文君当垆卖酒，掌管店务；司马相如系着围裙，夹杂在伙计们中间洗涤杯盘瓦器。卓王孙闻讯后，深以为耻，觉得没脸见人，就整天大门不出。他的弟兄和长辈都劝他说："你只有一子二女，又并不缺少钱财。如今文君已经委身于司马相如，司马相如一时不愿到外面去求官，虽然家境清寒，但毕竟是个人才，文君的终身总算有了依托。而且，他还是我们县令的贵客，你怎么可以叫他如此难堪呢？"卓王孙无可奈何，只得分给卓文君奴仆百人，铜钱百万，又把她出嫁时候的衣被财物一并送去。于是，卓文君和司马相如双双回到成都，购买田地住宅，过着富足的生活。相传，司马相如在事业上取得少许成就之后，相如想遗弃卓文君，纳茂陵女子为妾。于是司马相如给卓文君送出了一封 13 字的《两地书》："一二三四五六七八九十百千万"。一行数字中唯独少了一个"亿"。无

"忆",聪慧的卓文君怎能不明白相如的心意?卓文君倍感伤怀,便回以这封著名的《怨郎诗》:"一别之后,二地相悬。只说是三四月,又谁知五六年?七弦琴无心弹,八行书无可传,九连环从中折断,十里长亭望眼欲穿。百思想,千系念,万般无奈把郎怨。万语千言说不完,百无聊赖,十依栏杆。重九登高看孤雁,八月中秋月圆人不圆。七月半,烧香秉烛问苍天;六月伏天,人人摇扇我心寒。五月石榴红似火,偏遇阵阵冷雨浇花端。四月枇杷未黄,我欲对镜心意乱。急匆匆,三月桃花随水转;飘零零,二月风筝线儿断。噫,郎呀郎,巴不得下一世,你为女来我做男。"信中一无撒泼谩骂的泼妇之言,二无摇尾乞怜的恳求之语,而是按照13个字的正反顺序,作了一篇极具文采、如泣如诉的诗,抒发自己的空闺之苦、思念之情和对郎君无情的怨恚之意。司马相如看过书信之后,不禁惊叹卓文君的才华,更想起当初与卓文君的私奔出逃之情和相濡以沫之义,司马相如左思右想,还是放弃了放弃卓文君的想法。卓文君总算是凭着自己的真情和文采打动了负心郎,修成了"正果"。

"笔落惊风雨,诗成泣鬼神"——李白

唐朝是一个兼收并蓄、多元开放的时代,这样的时代造就了唐朝诗歌的繁荣。从政治上看,国家统一,社会稳定为诗歌发展提供了良好的环境;开明的政治及文化政策和科举"以诗取士",不仅使文人思想开放、活跃,直接刺激了诗歌创作的迅猛发展。从经济上看,经历了贞观之治、武周政治时期,唐朝社会经济繁荣,国力强盛,这就为诗歌的发展准备了必要的物质条件。从文化上看,南北、中外的文化交流也为诗歌繁荣提供了深厚的文化基础。在唐朝诗坛上,李白是生活在盛唐时期的浪漫主义诗人,杜甫是生活在由盛转衰时期的现实主义诗人,而白居易则是代

表了生活在唐朝衰落时期的现实主义诗人。

李白，被后人誉为"诗仙"。唐朝诗人韩愈在《调张籍》称"李杜文章在，光焰万丈长"，可见李白与杜甫在唐朝诗坛上的地位。通过阅读《上安州裴长史书》我们看到了李白"少长江汉，五岁诵六甲，十岁观百家。"；通过阅读《赠张相镐(其二)》我们看到李白"十五观奇书，作赋凌相如"；同样是通过《上安州裴长史书》我们看到了25岁的李白开始离家出蜀，"乃仗剑去国，辞亲远游。南穷苍梧，东涉溟海"。自此，李白的一生游历了大半个中国，写下了许多具有浪漫主义色彩的诗歌。62岁的李白病死于当涂，长眠在青山西麓。

李白性格豪迈，热爱祖国山河，游踪遍及南北各地，写出大量赞美名山大川的壮丽诗篇；体察到社会各方面的情况，产生了"济苍生、安黎元"的政治理想，写出了很多同情劳动人民、愤恨黑暗现实和蔑视封建权贵的诗篇。为了实现自己"济苍生、安黎元"的政治理想，735年李白曾向唐玄宗献《明堂赋》《大猎赋》。《明堂赋》里李白阐述了自己的政治主张；《大猎赋》希图以"大道匡君，示物周博"博得玄宗赏识，都没有如愿。直到742年，43岁的李白才被人推荐，奉召入京，供奉翰林。唐玄宗虽对他恩礼有加，但只不过希望他充当一个御用文人而已。加之他个性傲岸不羁，常受到权贵的排斥，诋毁，理想仍无法实现，仅仅过了一年，李白便上疏"乞归"。744年，李白到了东都洛阳，结识了杜甫，结下了深厚的友谊。"安史之乱"期间，又入永王李璘幕两年。经过三年的官场生涯，李白对上层统治集团的荒淫腐朽和现实政治的黑暗有了清醒的认识，对他以后的诗歌创作产生了极大的影响。

李白的思想中结合了儒家的政治理想，道家的愤世嫉俗和游侠思想中反抗强暴、扶危济困的精神。他创作的诗歌表达了对祖国的热爱、对劳动人民的同情、对黑暗现实的愤恨和对封建权贵的蔑视，以及对个人自由和个性解放的追求。李白在诗中强烈地表现自我、塑造自我,突出抒情主人公的独特个性。他喜欢采用雄奇的形象表现自我,在诗中毫不掩饰、也不加节制地抒发感情,表现他的喜怒哀乐。因而他的诗歌具有鲜明的浪漫主义特色。李白诗歌的一个极重要内容,就是饱含对祖国壮丽河山的描绘与歌颂:"飞流直下三千尺"让我们记住了庐山瀑布的宏大气魄;"噫吁嚱,危乎高哉!蜀道之难,难于上青天!"让我们领略了古老蜀道的惊险。李白的诗歌中包含了对权贵的蔑视:《梦游天姥吟留别》"安能摧眉折腰事权贵,使我不得开心颜";《庐山谣寄卢侍御虚舟》"我本楚狂人,凤歌笑孔丘";《上李邕》"世人见我恒殊调,闻余大言皆冷笑"。李白的诗歌饱含对劳动人民疾苦的同情:《丁都户歌》中他对纤夫之苦"心摧泪如雨";《乌夜啼》中"停梭怅然忆远人,独宿孤房泪如雨"写出了他对无数妇女因亲人征戍哀怨的同情。《南奔书怀》中"过江誓流水,志在清中原。拔剑击前柱,悲歌难重论",表达了他对社稷倾覆、民生涂炭慷慨激昂;《山中与幽人对酌》中"两人对酌山花开,一杯一杯复一杯。我醉欲眠卿且去,明朝有意抱琴来",表达了与朋友开怀畅饮时,他是那样天真直率。

中国作家网刊载的《李白的地位与影响》一文是这样评价李白诗歌影响的:李白对后世的巨大影响,首先是他诗歌中所表现的人格力量和个性魅力。他那"天生我才必有用"的非凡自信,那"安能摧眉折腰事权贵"的独立人格,那"戏万乘若僚友,视俦列如草芥"的凛然风骨,那与自然合为冥一的潇洒风神,曾经吸引过无数士人。在中国古代封建社会那种个体人格意识受到正统思想压抑的文化传统中,李白狂放不受约束的纯真的个性风采,无疑有着巨大的魅力。他诗歌豪放飘逸的风格、变化莫测的想象、清水芙蓉的美,对后来的诗人有很大的吸引力,苏轼、陆游等大家,都曾受到他的影响。由于他以才力写诗,凭气质写诗,他的诗风事实上是无法学习的。在中国诗歌史上,李白有不可替代的不朽地位。

"半生坎坷踌躇志，忧国忧民圣人心"——杜甫

　　杜甫，唐朝现实主义诗人，被尊称为"诗圣"，与李白合称"李杜"。一定时期的文化是对这一时期社会政治、经济状况的反映。杜甫的诗歌在总体上反映了唐朝由盛而衰的变化过程，所以被称为"诗史"。

　　中小学时期，我们接触杜甫诗歌。我们乐意背诵"两个黄鹂鸣翠柳""剑外忽传收蓟北""车辚辚，马萧萧"，乐意感受杜甫"安得广厦千万间，大庇天下寒士俱欢颜"的期盼。但是让我们背诵《石壕吏》时，对于其中的悲惨，年少的我们懂得的不多。杜甫早期诗歌具有浪漫主义色彩，那时的唐朝还是处于安史之乱爆发之前的盛世，加之优越的家庭境况和个人的性格、才华都对他这一时期创造了具有浪漫主义色彩的诗歌产生了影响。读杜甫诗歌，我们看到了杜甫少年时就表现出诗歌天赋，受到当时文坛耆宿的赏识，但性情刚直，被同辈疏远，嗜酒傲狂，放荡不羁。如《壮游》中第一部分是这样描绘的："往昔十四五，出游翰墨场。斯文崔魏徒，以我似班扬。七龄思即壮，开口咏凤凰。九龄书大字，有作成一囊。性豪业嗜酒，嫉恶怀刚肠。脱略小时辈，结交皆老苍。饮酣视八极，俗物都茫茫。"杜甫少年时的顽皮则在《百忧集行》中跃然纸上："忆年十五心尚孩，健如黄犊走复来。庭前八月梨枣熟，一日上树能千回。"《中国通史·隋唐时期下》》中则记录了他少年时家庭的优越："他五六岁时在河南郾城看过舞蹈家公孙大娘的剑器浑脱舞；后在洛阳尚善坊的岐王李范宅里，遵化里玄宗宠臣崔涤堂前，听过李龟年的歌声；在洛阳北邙山顶玄元皇帝庙里欣赏过画圣吴道子画的五圣尊容、千官行列，这在他以后的诗歌创作中都有所反映。当时社会名流崔尚、魏启心看到他习作的词赋，夸奖他有班固、扬雄之风。还有李邕、王翰这

样的长辈也屈尊来访问他。"身处盛世、家庭优越、个人有才华的杜甫却二十四岁在洛阳应进士时,因为权相李林甫编导了一场"野无遗贤"的闹剧而科举落选。落选的杜甫在《奉赠韦左丞丈二十二韵》中写道:"甫昔少年日,早充观国宾。读书破万卷,下笔如有神。赋料扬雄敌,诗看子建亲。李邕求识面,王翰愿卜邻。自谓颇挺出,立登要路津。致君尧舜上,再使风俗淳。"诗中陈述了自己的才能和抱负,表达了希冀入仕,实现自己"致君尧舜上,再使风俗淳"的理想抱负。24 岁时,科举落第的杜甫开始了为时十年以上的"壮游"。在这长期的壮游中,杜甫接触到祖国无比丰富的文化遗产和壮丽河山。《望岳》就是在这期间写下的。"岱宗夫如何? 齐鲁青未了。造化钟神秀,阴阳割昏晓。荡胸生曾云,决眦入归鸟。会当凌绝顶,一览众山小。"诗中流露出了杜甫尽管科举落第,雄心壮志依然未减。

　　"安史之乱"爆发后,回家探望妻儿的杜甫得知自己的小儿子饿死了,结合自己在长安十年的感受和沿途见闻,杜甫写成著名的《自京赴奉先县咏怀五百字》。这是杜甫"史诗"中的第一首长篇。"朱门酒肉臭,路有冻死骨"形象地揭示出贫富悬殊的社会现实,反映了人民生活的苦难;"所愧为人父,无食致夭折"反映了为人父的愧疚;"忧端齐终南,澒洞不可掇"反映了他的忧民忧国的情绪无法收敛。"安史之乱"之后的杜甫走向了现实主义,"三吏""三别"等作诗作达到了现实主义的高峰,诗歌内容反映那段动荡的历史给人民带来的巨大不幸和困苦,表达了杜甫对老百姓的同情,体现了杜甫作为儒家知识分子身上所具有的以天下为己任的社会责任感和忧患意识。

"救烦无若静，补拙莫如勤"——白居易

白居易，唐朝现实主义诗人，与李杜比较，白居易生于走向衰落的唐代，他出生之后不久，家乡徐州发生藩镇割据战乱。与李杜比较，他官做得大，前期是兼济天下时期，后期是独善其身时期。

张固在《幽闲鼓吹》记载了白居易的一举成名："白尚书应举，初至京，以诗谒顾著作。顾睹姓名，熟视白公曰：'米价方贵，居亦弗易！'乃披卷，首篇曰：'咸阳原上草，一岁一枯荣。野火烧不尽，春风吹又生。'即嗟赏曰：'道得个语，居即易矣！'因为之延誉，声名大振。"据《新唐书·白居易传》记载，白居易曾官至太子少傅、刑部尚书，封冯翊县侯。

白居易人生的前期可以说是"兼济天下"。他作为封建官吏，能够体察老百姓的辛苦与不易。中学时我们学习《卖炭翁》："一车炭，千余斤，宫使驱将惜不得。半匹红绡一丈绫，系向牛头充炭直。"从中我们看到了白居易对统治者的鞭挞与抨击，体会到了白居易对下层劳动人民的深切同情。《观刈麦》是白居易早期一首著名讽喻诗。这首诗是白居易任县尉时有感于当地人民劳动艰苦、生活贫困所写的一首诗。县尉在县里主管缉捕盗贼、征收捐税等事。正因为白居易主管此事，所以他对劳动人民在这方面所受的灾难也知道得最清楚。这首诗叙事明白，结构自然，层次清楚，顺理成章。诗一开头，先交代背景，标明是五月麦收的农忙季节。接着写妇女领着小孩往田里去，给正在割麦的青壮年送饭送水。随后就描写青壮年农民在南冈麦田低着头割麦，脚下暑气熏蒸，背上烈日烘烤，已经累得筋疲力尽还不觉得炎热，只是珍惜夏天昼长能够多干点活。写到此处，这一家农民辛苦劳碌的情景已经有力地展现出来。接下来又描写了另一种

令人心酸的情景:一个贫妇人怀里抱着孩子,手里提着破篮子,在割麦者旁边拾麦。她要来拾麦的原因是她家的田地已经"输税尽"——为缴纳官税而卖光了,如今无田可种,无麦可收,只好靠拾麦充饥。这两种情景交织在一起,有差异又有关联:前者揭示了农民的辛苦,后者揭示了赋税的繁重。繁重的赋税既然已经使贫妇人失掉田地,那就也会使这一家正在割麦的农民失掉田地。今日的拾麦者,乃是昨日的割麦者;而今日的割麦者,也可能成为明日的拾麦者。强烈的讽喻意味,自在不言之中。诗人由农民生活的痛苦联想到自己生活的舒适,感到惭愧,内心里久久不能平静。这段抒情文字是全诗的精华所在。它是作者触景生情的产物,表现了诗人对劳动人民的深切同情。在这首诗中,他以自己切身的感受,把农民和作为朝廷官员的自己作鲜明对比,就是希望"天子"有所感悟,手法巧妙而委婉,可谓用心良苦。写了农民在酷热的夏天的劳碌与痛苦之后,诗人同样也联想到自己,感到自己没有"功德",又"不事农桑",可是却拿"三百石"俸禄,到年终还"有余粮",因而"念此私自愧,尽日不能忘"。诗人在那个时代能够主动去和农民对比,十分难得。这样一种对比,真是新颖精警,难能可贵,发人深省,因而更显出这首诗的思想高度。前期的白居易,作为封建官吏,他的"兼济天下"也体现在能尽自己的劝谏之职。其中最有名的要数他规劝皇帝,不要免降元稹的监察御史一职。在《论元稹第三状》里,他以"三不可"对皇帝进行了劝诫。先是讲明了元稹的为人"守官正直,人所共知。自授御史以来,举奏不避权势"是多么正直无私。他是因为自己监察御史的职责得罪了不少人,如果因为他的职责而降了他的官职,日后担心"无人肯为陛下当官执法,无人肯为陛下疾恶绳愆"。白居易又从"今中官有罪,未见处置;御史无过,却先贬官。远近闻知,实损圣德"这一角度阐明了不可降职元稹。最后用了大量的事实列举了元稹在处置豪强方面的功劳。在任左拾遗一职的几年里,白居易频繁上书言事,内容涉及官员任免、国家政治经济制度、军事事务等方面，希望以此对唐朝、对唐朝子民做出更多有益的贡献。

贬谪江州是白居易一生的转折点：在此之前他以"兼济"为志，希望能做对国家人民有益的贡献；之后他的行事渐渐转向"独善"，虽仍有关怀人民的心，表现出的行动却已无过去的火花了。白居易的为人处事，可用"乐观放达"几个字来概括。在《醉吟先生传》里，他这样写道："与嵩山僧如满为空门友，平泉客韦楚为山水友，彭城刘梦得为诗友，安定皇甫朗之为酒友。每一相见，欣然忘归，洛城内外，六七十里间，凡观、寺、丘、墅，有泉石花竹者，靡不游；人家有美酒鸣琴者，靡不过；有图书歌舞者，靡不观。"他在《醉吟先生墓志铭（并序）》载："启手足之夕，语其妻与侄曰：'吾之幸也，寿过七十，官至二品，有名于世，无益于人，褒优之礼，宜自贬损。我殁，当敛以衣一袭，以车一乘，无用卤薄葬，无以血食祭，无请太常谥，无建神道碑。但于墓前立一石，刻吾《醉吟先生传》一本可矣。'语讫命笔，自铭其墓云：乐天乐天，生天地中，七十有五年。其生也浮云然，其死也委蜕然。来何因，去何缘。吾性不动，吾行屡迁。已焉已焉，吾安往而不可，又何足厌恋乎其间？"反映了白居易的"乐观放达"人生哲学。

诗歌创作不能离开现实，取材于现实生活中的政治、经济等各种事件，反映了那个时代的社会政治、经济状况。白居易晚年的闲适诗对后世影响很大，尤其是吻合了五代十国辽宋时期政权对峙、儒佛道并立，文人们欲"退避政治"的心理需求。"天生我材必有用"的李白具有"安得折腰事权贵"的人格。杜甫终其一生都在用儒家的思想要求自己，希望通过仕途达到兼善天下、济世救民是他终生不渝的政治抱负，这是他的人格魅力。白居易"达则兼济天下，穷则独善其身"的人格魅力，使他的人生前期仕途中能够"兼济天下"；也使得他在为人处事上能够乐观放达，在"独善其身"的人生后期留下的闲适诗对后世产生了深远影响。

"凡有井水处，皆能歌柳词"——柳永

词，又称"长短句"，句子长短不齐，便于抒发感情可配乐演唱。唐朝出现，宋代成为主要的文学形式。词在宋代的发展，主要是由当时的社会政治、经济等条件决定的。从经济上看，宋朝城市手工业、商业经济的繁荣，市民阶层兴起并逐步壮大；从政治上看，两宋社会矛盾尖锐，词更能表达文学家的思想情感；再加上宋朝出现了供专门娱乐的场所——瓦子：这些都有利于宋词的发展。

柳永，北宋词人，婉约派代表人物。他是第一位对宋词进行全面革新的词人，两宋时期创用词调最多的词人。柳永创作的慢词，对词的发展产生了深远影响。柳永出身官宦世家，柳永首次科举落第后，写下《鹤冲天·黄金榜上》，有"黄金榜上，偶失龙头望""才子词人，自是白衣卿相"之语，表达了柳永觉得自己只不过是偶然失去取得状元的机会，发泄了对科举的牢骚和不满，对中举出仕并未完全绝望。二次科举落第后，他又写下《征部乐·雅欢幽会》。三次科举时，他的长兄进士及第，他落榜。等到四次落第后，柳永愤而离开京师，南下过程中以填词为生。歌伎是柳永词的演唱者和主要歌咏对象，歌伎激发了柳永的创作热情，满足了他的情感追求，促成了他的创作风格，也奠定了他的文学地位。

柳永对功名利禄不无鄙视，但骨子里还是忘不了功名，希望走上一条通达于仕途的道路。宋仁宗时，特开恩科，柳永暮年及第，喜悦不已。拜官后的柳永为政颇有名声。据宋朝王辟之《渑水燕谈录》卷八《事志》记载："柳三变，景祐末登进士第，少有俊才，尤精乐章，后以疾更名永，字耆卿。皇祐中，久困选调，入内都知史某爱其才而怜其潦倒，会教坊进新曲《醉蓬莱》，时司天台奏：'老人星见。'史乘仁宗之悦，以耆卿应制。耆卿方冀进用，欣然走笔，甚自得意，词名《醉蓬莱慢》。比进呈，上见首有'渐'字，色若不悦。读至'宸游凤辇何处'，乃与御制《真宗挽词》暗合，上惨然。又读至'太液波翻'，曰：'何不言"波澄"！'乃掷之于地。永自此不复进用。"柳永本想借助献此词，获得重用，却因颂词中暗合挽词又犯皇家忌讳，而落得个"永不进用"的结局。

柳永生活在市民阶层逐渐壮大的北宋中前期，混迹青楼酒馆，对市民的生活比较了解。柳永的词作广泛，涉及男女私情，涉及离别愁绪，涉及情爱相思，涉及世俗繁华之景。柳永表现女性生活、感情的词作，使词由"雅"为"俗"，使词进一步世俗化、走向了市井。通过柳永的词作，北宋底层人民，世俗民情，都市风光都跃然其上。"凡有井水饮处，皆能歌柳词"，就说明了其受欢迎的普遍程度。即使是具有较高文化修养的文人士大夫和社会上层，虽然口头上和理智上表示反对，现实中也掩饰不住对柳词的喜爱。仁宗在人前人后的两套作为，以及晏殊、苏轼等事实上是熟读了柳词却加以贬斥的事实，充分说明了这一点。柳永大量创制新调，符合了人们的审美需求。李清照《词论》说，柳永"变旧声，作新声，出《乐章集》，大得声称于世"。在艺术欣赏方面，人们的审美心理永远是"喜新厌旧"的。最动听迷人、流行一时的乐曲也要逐渐被新兴的音乐所替代，柳永"新声"的出现，正好给人们带来全新的艺术享受。

柳永在词的创作上，他是个全才。他既有创意之才，又有创调之才，在创意与创调两方面都充分体现出他的创新精神。后代词人几乎没有不在这两方面受他影响的。正是因为柳永大量填写慢词并取得很大成功，"东坡、少游辈继起，慢词遂盛"。可见，在中国词史上能够像柳永那样在创意与创调两个方面同时作出贡献的词人，在北宋以后的词坛上几乎是绝无仅有的。

四次科举落第，柳永执着地把一生献给了词的写作。柳永的词跨越时空，流传至今。柳永是"永"久的，是不朽的！

"人生如梦，一樽还酹江月"——苏轼

　　当后人说到宋代文学的最高成就时，会不约而同地把目光集中到苏轼身上。苏轼，宋词豪放派代表人物、宋中期文坛领袖，在诗、词、散文、书、画等方面取得很高成就。

　　苏轼的一生进退自如，宠辱不惊。苏轼的家庭富有文学传统，祖父苏序好读书，善作诗。父亲苏洵是古文名家，曾对苏轼和其弟苏辙悉心指导。母亲程氏有知识且深明大义，曾为幼年的苏轼讲述《后汉书·范滂传》，以古代志士的事迹勉励儿子砥砺名节。苏轼 21 岁中进士，25 岁的苏轼应中制科考试，入第三等。声名大噪的苏轼正在大展宏图，先后因为母亲、父亲的去世回家守丧。为父守丧结束之后，苏轼再次回到了朝廷。此时，震动朝野的王安石变法开始。苏轼的许多师友，包括当初赏识他的欧阳修在内，因反对新法与新任宰相王安石政见不合，苏轼于是请求出京任职。他在外任时勤于政事，尽力为地方上多做实事。他先后在杭州、密州、徐州、湖州任地方官，灭蝗救灾，抗洪筑堤，政绩卓著。苏轼调任湖州知府时，向宋神宗写的一道谢表。此表为谢恩而写，却也历述自己坎坷遭遇，把平时心中愤懑见诸文字，以示对时政的不满。苏轼因为反对新法，并在自己的诗文表露了对新政的不满。由于他当时是文坛的领袖，任由苏轼的诗词在社会上传播对新政的推行很不利。所以在宋神宗的默许下，苏轼被抓进御史台。这案件先由监察御史告发，后在御史台狱受审。御史台申报苏轼诗案的审理情况，其中有苏轼数万字的交代材料，查清了收藏苏轼讥讽文字的人物名单，有司马光、范镇、张方平、王诜、苏辙等。这就是北宋著名的"乌台诗案"。《汉书·朱博传》记载，御史府中有柏树，野乌鸦数千栖居其上，故称御史台为"乌府""乌台"。新党们非要置苏轼于死地不可，很多正直人士都出言相救。但宋神宗一直举棋不定，宰相吴充直言："陛下以尧舜为法，薄魏武固宜。然魏武猜忌如此，犹能容祢衡，陛下不能容一苏轼何也？"已罢相退居金陵的王安石上书说："安有圣世而杀才士乎？"连身患重病的曹太后也出面干预："昔仁宗策贤良归，喜甚，曰：'吾今又为吾子孙得太平宰相两人'，盖轼、辙也，而杀之可乎？"。苏轼最后得到从轻发落，贬为黄州。据中国作家网登载的《苏轼的人生观和创作道路》介绍："……但对文学家的苏轼来说，他的盖世功业确实是在屡遭贬逐的逆境中建立的。虽说苏轼早就名震文坛，贬至黄州后且因畏祸而不敢多写诗文，但黄州时期仍是他创作中的一个高峰。散文如前、后《赤壁赋》，诗如《寒食雨二首》，词如《念奴娇·赤壁怀古》等名篇都创作于此时。苏轼被贬至惠州、儋州时，已是饱经忧患的垂暮之人，但创作激情仍未衰退，而且在艺术上进入了精深华妙的新境界。贬谪生涯使苏轼更深刻地理解了社会和人生，也使他的创作更深刻地表现出内心的情感波澜。在宋代就有人认为贬至海南并不是苏轼的不幸，逆境是时代对这位文学天才的玉成。"宋哲宗即位之后，以王安石为首的改革派受到打压，司马光被重启为相，苏轼也被召还朝。当苏轼看到保守势力拼命压制王安石集团的人物及尽废新法后，他对旧党执政后暴露出的腐败现象进行了抨击，再次向朝廷提出谏议。由此，他又引起了保守势力的极力反对，于是又遭诬告陷害。苏轼至此是既不能容于新党，又不能见谅于旧党，因而再度自求外调。宋徽宗继位之后，因大赦北还，复任朝奉郎。可惜的是还不待回到京城，便在途经常州时因病逝世，享年 64 岁，御赐谥号"文忠"。

苏轼一生起起落落，经历坎坷，但也许正是因为其丰富的人生经历，才能留下如此多成就。中国作家网"苏轼的意义与影响"是这样评价苏轼的：苏轼在文、诗、词三方面都达到了极高的造诣，堪称宋代文学最高成就的代表。而且苏轼的创造性活动不局限于文学，他在书法、绘画等领域内的成就都很突出，对医药、烹饪、水利等领域也有所贡献。苏轼典型地体现着宋代的文化精神。从文学史的范围来说,苏轼的意义主要有两点。首先,苏轼的人生态度成为后代文人景仰的范式:进退自如,宠辱不惊。由于苏轼把封建社会中士人的两种处世态度用同一种价值尺度予以整合,所以他能处变不惊,无往而不可。当然,这种范式更适用于士人遭受坎坷之时,它可以通向既坚持操守又全生养性的人生境界,这正是宋以后的历代士人所希望做到的。其次,苏轼的审美态度为后人提供了富有启迪意义的审美范式。他以宽广的审美眼光去拥抱大千世界,所以凡物皆有可观,到处都能发现美的的存在。这种范式在题材内容和表现手法两方面为后人开辟了新的世界。所以,苏轼受到后代文人的普遍热爱,实为历史的必然。

"物是人非事事休,欲语泪先流"——李清照

刘大杰在《中国文学发展史》中说:"李清照是南渡前后的女词人,是中国古典文学史上有崇高地位的天才女作家。她是遵守着词的一切规律而创作的。她一面重视音律,精炼字句;同时,她的词富于真实的性情与生活的表现。她生逢国变、家破人亡,她的笔下,虽没有直接反映现实,但我们要知道她丈夫的死,她的流浪贫穷,她改嫁事件的受冤,都是那个乱离时代、封建社会直接给她的迫害。她正是当日一个受难者的代表;她的生活情感,也正是当日无数难民的生活情感。"李清照,宋代女词人,婉约派代表,有"千古第一才女"之称。

在中国古代,史书中男性的名字浩若繁星,而女人的名字寥若晨星。《全唐诗》900余卷,女性作者占9卷。《宋诗纪事》100卷,女性作者仅1卷。明清一些诗词选本,甚至不按年代排列,把女性作者排在无名氏之后。李清照作为女子能留名于历史长

河，透过她的诗词，我们除了感受到了她的才华，更多的是体会到了她的忧国爱民。少女时代的李清照读了张耒（字文潜）的《读中兴颂碑》"中天遣二子传将来，高山十丈磨苍涯。谁持此碑入我室，使我一见昏眸开"之后，立即和了《浯溪中兴颂诗和张文潜二首》。其一曰："五十年功如电扫，华清宫柳咸阳草。五坊供奉斗鸡儿，酒肉堆中不知老。胡兵忽自天上来，逆胡亦是奸雄才。勤政楼前走胡马，珠翠踏尽香尘埃。何为出战辄披靡，传置荔枝多马死。尧舜功德本如天，安用区区纪文字。著碑铭德真陋哉，乃令神鬼磨山崖……"其气魄之宏大，其评判之犀利，岂是一闺中女子所为？尤其"何为出战则披靡，传置荔枝多马死"二句，更是一针见血，掷地有声。《浯溪中兴颂诗和张文潜二首》，总结了唐代"安史之乱"前后兴败盛衰的历史教训，借嘲讽唐玄宗，告诫宋朝统治者"夏商有鉴当深戒，简策汗青今具在"，她对国家社稷能有着深刻的关注和忧虑，令人世人刮目相看。"靖康之变"后，面对着国破，家亡，夫死，李清照写下了那首著名的《声声慢》："寻寻觅觅，冷冷清清，凄凄惨惨戚戚。乍暖还寒时候，最难将息。三杯两盏淡酒，怎敌他、晚来风急？雁过也，正伤心，却是旧时相识。满地黄花堆积，憔悴损，如今有谁堪摘？守着窗儿，独自怎生得黑？梧桐更兼细雨，到黄昏、点点滴滴。这次第，怎一个愁字了得！"穿过历史的长河，我们走近李清照，才发现对她的解读又"怎一个愁字了得"。1133 年，朝廷派签枢密院事韩肖胄和工部尚书胡松年出使金国，去慰问被囚于北方的徽、钦二帝，李清照特作出《上枢密韩肖胄诗二首》为韩胡二公送行。在这两首诗中，李清照对处于水深火热中的中原人民表示了关切和怀念；同时，尖锐地指出了敌人的掠夺本质，阐述了自己的政治主张。两首诗表现了诗人反击侵略，收复失地的强烈愿望，充满了爱国主义的激情。

李清照与丈夫赵明诚有过一段非常甜美的爱情生活。赵明诚出身高贵，其父赵挺之，官至宰相，是王安石变法派人物之一。

政治的风云变幻,赵、李两家的大起大落,并没有影响到赵、李二人的感情。先是李父受王安石变法影响,离开政治舞台,远走他乡;后是蔡京排斥赵挺之,赵家败落,举家迁回老家青州。在起起落落的乱世,风雨飘摇,倒更加锤炼了李、赵二人的感情纯度。青州十年,赵、李二人,过着远离世俗幸福生活。1129 年五月,赵明诚被召回京复职,但途中患疟疾,在建康(今江苏南京)病逝。赵明诚在病逝后,举目无亲的李清照只好投奔赵明诚的妹夫李擢。逃难过程中,身心交瘁、重病缠身的她与一名叫张汝舟的男子有过一段短暂的婚姻,但这段婚姻却使李清照倍受折磨。宋人赵彦卫的《云麓漫钞》第一四卷中收录了一篇李清照写给翰林学士綦崇礼的答谢信,在这封信中,李清照除了略对搭救她的綦崇礼表示感谢,其大部分内容都是在阐述自己的不幸遭遇,对那个以骗财为目的而"骗婚"的张汝舟的无情揭露。张汝舟婚后不久便原形毕露了,李清照欲与之离婚,但张汝舟不肯轻易罢休,坚决不同意离婚。张汝舟跟她结婚之初,曾吹嘘他科举作弊,李清照以此告发张汝舟"妄增举数入官"。宋高宗委托相关司法机关查证,张汝舟犯罪属实,流放柳州。但是依宋朝法律,妻子告丈夫,无论对错输赢,都要坐两年牢。就在李清照要身陷囹圄之际,綦崇礼向李清照伸出了救助之手。綦崇礼将李清照几年来颠沛流离、一直追随皇上銮驾及被张汝舟骗婚的经过如实奏报给宋高宗,请求皇上网开一面。宋高宗答应了綦崇礼的请求,李清照在牢房中只关了 9 天就被释放回家了。她是何等刚烈之人,宁肯下大狱,也不与"驵侩"之下材苟且偷生。虽是挣脱了婚姻的魔掌,但她晚年的生活却蒙受了浓重的阴影,南宋许多文人对她充满讥笑与嘲讽,但是李清照生活的意志并未消沉,诗词创作的热情更趋高涨。

　　李清照的悲剧就在于她生在封建时代。她的一生,看似幸福满满,却又心酸不已。她在动乱年间,仍热烈地爱着生活,她将她的一生化为永远高悬在历史星空的美词。

父　子

"业绩天下不敌妻贤子孝，长袖善舞不如教子有方。"在中国的语境里，教育好自己的孩子是很重要的。而其中，父子关系一直是比较微妙的。许多时候，"父亲"对于孩子来说，只是一个读着亲切但实际上异常纠结的一个词语：他是威严的注解，是沉默的力量，是一种监视和限制，是不自由的前提。很多时候，孩子对父亲更多的是敬而远之。让我们一起了解历史上的那些老子英雄儿好汉与名父败子。

传承事业

《礼记》说："良冶之子，必学为裘；良弓之子，必学为箕"，意思是说，冶铁良匠的孩子，一定要学习做鼓风用的风裘；制弓良匠的孩子，一定会学习制作畚箕。比生育更重要的是事业的传承。

汉文帝刘恒，西汉第三位皇帝，开启"文景之治"的发端。汉景帝刘启，汉文帝刘恒嫡长子。

汉文帝、汉景帝父子性格上最大的特点就是隐忍而又有原则，他们清楚自己的历史使命，明白自己要做什么，能忍的尽量忍，但决不是无原则的退让。他们对待匈奴问题具有一致性。汉文帝在位期间，采取防御性的国防政策。为了谋求安定的和平环境，对匈奴一直采取克制忍让的态度，继续执行和亲政策，避免大动干戈。然而，匈奴虽然受益于和亲政策，但是却不信守和亲的盟约。汉廷急需行之有效的御边之策。时任太子家令的晁错上书汉文帝,分析汉朝与匈奴双方在军事上各自的长短,建议实行"募民实边"的策略。汉文帝在不同程度上采纳了这个策略。汉文帝还在边地建立马苑,分布在北部和西部,用官奴婢养马30万匹。在民间,同样奖励老百姓养马,以满足边防对马匹的需求。这些措施产生了积极的作用:改变了单一轮换屯戍的制度,既有利于对边郡的开发,又大大加强了抗击匈奴的防御力量;有利于休养和生息,使内地的社会经济迅速地恢复和发展;为后来汉武帝彻底解决匈奴问题打下了基础。汉景帝对于匈奴的小股骚扰,也没有大规模地反攻,而是以大局为重,注重的是积极防御。在不多的反击匈奴的战斗中,涌现了李广、程不识和郅都等一批将领。匈奴人一听李广的名字,就感到害怕,以致他们称李广为"飞将军"。汉景帝继续进行马政建设,下令扩大设在西边、北边的马苑,鼓励各郡国及民间饲养马匹。由于景帝时期养马业的大发展,军马生产颇具规模,属于官府的马匹发展到了40万匹,民间的尚且未计。

在政治上,父子二人坚持"黄老之学"实行无为而治。所谓"无为",不是毫无作为,而是积极的无为。他们坚持黄老之学"赏罚信"的思想,主张严格执法,即使皇帝也只有"执道生法"的权力,而不得犯法。汉文帝就是一位不以个人意志破坏法律规定而"循守成法"的皇帝。一次,汉文帝出行中路过渭桥,有人从桥下走出,使汉文帝乘车的马受惊而跑。廷尉张释之判处此人"罪金",汉文帝要将此人处死。张释之向汉文帝说:"法律是天子和天下人共同制定的,如果我们轻易地改变法律,就会使人们对法律失去信任,不知怎样做才对。"汉文帝终究表示廷尉做得对。汉景帝即位后,继续执行了这些被证实是有效的措施,并使它更为完善。大批徙民充实于边地,成为一支兵农混一的垦戍队伍,不但减轻了内地百姓的徭役,而且争取到一个安定的社会环境。

在经济上，为了吸引农民归农力本，汉文帝以减轻田租税率的办法，改变背本趋末的社会风气，用来激发农民的生产积极性。汉文帝曾两次"除田租税之半"，即租率由十五税一减为三十税一，还全部免去田租。汉景帝即位后，继续执行重农抑商这一既定国策。他多次下令郡国官员以劝勉农桑为首要政务。汉景帝允许居住在土壤贫瘠地方的农民迁徙到土地肥沃、水源丰富的地方从事垦殖，并"租长陵田"给无地少地的农民。同时，他还多次颁诏，以法律手段，打击那些擅用民力的官吏，从而保证了正常的农业生产。他曾两次下令禁止用谷物酿酒，还禁止内郡以粟喂马。汉景帝时期，继续采取黄老无为而治的手段，实行轻徭薄赋、与民休息的政策，恩威并施，恢复了多年战争带来的巨大破坏，使人民负担得到减轻。自此以后，三十税一成为汉代定制。

治世的开创固然艰难，而治世的维护和发展却更加不易。这就要求执政者，时时刻刻居安思危，慎用权力，励精图治。文、景二帝善于吸取前代教训，居安思危，充满了强烈的忧患意识。

孙坚、孙策、孙权这三个人的名字，对于不了解历史的人来说，可能除了孙权，对其他两个人比较很陌生。那么他们三人之间到底有什么关系呢？孙坚是孙策和孙权的父亲，孙策是孙权的哥哥。三国时期的东吴政权就是孙坚和孙策先奠定了基础，在他们死后由孙权确立了东吴政权。这三人都是三国时期重要人物，但是孙权正式建立了东吴，并与刘备、曹操形成了三国鼎立的局面，所以孙权在历史上的存在感更高一些。

孙坚，东吴阵营第一代主公，胆气超群，勇力过人，志向高远，胸怀天下，可谓"雄主"。他的长子孙策为东吴第二任君主。孙策少年英武，胸怀大志，腹有良谋。他玉玺换兵，重新开辟基业，发起扩张，横行江东，屡战屡胜。经过数年的努力打拼，"江南大定"，奠定了东吴鼎立江山的坚实基础。孙策成就比孙坚要大得多。孙权是一个比较优秀的领导者。首先，他善于审时度势。在当时那个混乱的年代，建立政权需要抓住时机并且能够果断下手的人。孙权在听取各种意见后，果断选择建立政权。其次，他是一位英勇果断的军事家。曹操打败刘表，占领荆州后，企图吞并东吴，孙权采取了鲁肃的意见，果断选择与刘备合作，在赤壁之战中大败曹操的军队，推动了三国鼎立局面的形成。最后，孙权也是一个任人唯贤的优秀的领导者。孙权在对外作战方面并不是十分擅长，但是他十分善于用人，通过采纳各种良策，在很多战争中获得胜利，保住了东吴的政权。

肱股父子

王翦，少而好兵，受到秦王嬴政重用，先后率军攻破赵国、燕国，以其地设置为郡。消灭三晋后，秦王政兴兵伐楚，命王翦率领 60 万大军攻楚，大败楚军，俘虏楚王负刍，灭楚设郡，并南征百越，广收其地。据《史记·秦始皇本纪》和《史记·吕不韦列传》记载，秦王政即位之初由于年少，国政由相邦吕不韦把持。吕不韦权倾朝野，又与太后偷情。见秦始皇日渐年长，吕不韦怕东窗事发想离开太后，又怕太后怨恨，所以献假宦官嫪毐给太后。嫪毐与太后在秦故都雍城生下了两个私生子，以秦王假父自居。在太后的帮助下，嫪毐被封为长信侯，领有山阳、太原等地，自收党羽，在雍城长年经营，建立了庞大的势力。吕不韦在国都咸阳把持国政，王翦不动声色，调遣兵力，严阵以待，以防吕不韦伺机生变。嫪毐因淫乱宫闱的罪行败露，发动兵变，进攻秦王嬴政所在的蕲年宫，史称"蕲年宫之变"。秦王及时察觉了这一阴谋，抢先发兵平定叛乱，追斩嫪毐，在咸阳清洗了嫪毐集团数百人。因此事涉及吕不韦，秦王不久就免去了其相邦之职，并在王翦的建议下，将其赐死。秦始皇全面掌握了国家权力。

据《史记·白起王翦列传》记载，王翦是秦国杰出的军事家；

也是继白起之后,秦国不可多得的大将之才。作为秦代杰出的军事家,王翦主要战绩有破赵国都城邯郸,消灭燕、赵;以秦国绝大部分兵力消灭楚国,与其子王贲一并成为秦始皇兼灭六国的最大功臣。杰出的军事指挥才能使其与白起、李牧、廉颇并列为"战国四大名将"。王翦一生征战无数,他智而不暴、勇而多谋,在当时杀戮无度的战国时代显得极为可贵。公元前 221 年,秦国兼并了所有的诸侯国,统一天下,王翦和蒙恬立的战功最大。

王贲,王翦之子,在秦灭六国战争中战功显赫。《史记·白起王翦列传》记载的战功包括公元前 226 年,王贲率领军队攻打楚国,王贲大败楚军;公元前 225 年,王贲率军攻打魏国,引黄河之水灌淹魏国都城大梁;公元前 222 年,王贲攻打燕国,俘获燕王喜,灭亡燕国;同年,王贲回军攻打代地,俘虏赵国残余势力的领导者代王赵嘉,彻底消灭赵国;公元前 221 年,王贲攻打齐国,灭亡齐国。王贲因功受封通武侯。

据清朝礼亲王昭梿所著《啸亭杂录》记述,清朝原规定内城为八旗辖区,汉官住在外城,但皇帝会特批一些受宠信的官员在内城居住,并赏赐宅院,称为"赐第"。刘统勋、刘墉父子的住宅就是典型"赐第"。刘统勋,清朝首席军机大臣,出身于书香门第,自幼得到良好的教育。刘统勋受命勘察疏通运河,前后督修河道、治理水患长达 30 余年。期间始终秉公办事,惩治贪官污吏,为国家挽回损失。同时兴利除弊,按期完成堤坝运河的修筑维护,为帝国长治久安提供保障,可谓治世能臣。1752 年,刘统勋进入清朝统治结构中的中枢机构,担任军机处行走,自此以后成为皇帝的最重要的辅臣之一。《今日高密》2011 年 7 月 28 日第 3 版登载了田绍义《高密籍第一高官刘统勋》一文介绍了刘统勋修纂《西域图志》的故事。1756 年,乾隆下旨修纂《西域图志》,由刘统勋等负责。刘统勋亲率测绘队历经艰难险阻踏遍天山以北地区,远涉巴尔喀什湖以西的吹河、塔拉斯河,获取了大量实地测绘资料,修撰成功的《西域图志》成为后来新疆地图的蓝本。刘统勋七十大寿,乾隆皇帝亲笔御赐"赞元介景"四字匾额。

官宦子弟出身的刘墉,是清朝的一位清官。《清史稿·刘墉传》对于刘墉也是一派夸赞之词,称他"颇以清介持躬,名播海内"。刘墉,首席军机大臣刘统勋长子。自明太祖借口胡惟庸案件废除了宰相制度,六部直属皇帝,中国古代的官职中就没了宰相一职,专制主义中央集权制度自此之后主要的着力点就是强化君权,不再需要解决君权与相劝的矛盾。所以影视作品中所言的"宰相刘罗锅"与历史史实不相符的。刘墉一生为官50余载,宦海沉浮,几经起落,官至体仁阁大学士,尤其是在地方为官时清正廉洁,享有清名。赴任安徽学政时,乾隆皇帝特意赐诗:"海岱高门第,瀛洲新翰林。尔堪拟东箭,其善拣南金",表达对刘墉的期望。在安徽任期间,刘墉整顿了贡生、监生管理混乱的状况,不负乾隆期望;调任江苏学政后,不辱使命,整顿了科举作弊。之后,在太原,刘墉处理积压案件,为充实府库他到处筹措资金;在江南,他疾恶如仇、惩奸除恶、打击豪强,深得民心;在湖南,当时湖南多处受灾,一些无灾州县盗案迭起,贪官污吏猖獗。刘墉到任后一面查明情由,据实弹劾贪官污吏,建议严办。一面稽查库存,修筑城郭建仓储谷,赈济灾民。仅一年余,库银充实,民粮丰足,刘墉得到当地百姓爱戴。1782年,监察御史钱沣弹劾山东巡抚国泰"吏治废弛,贪婪无厌"。后经过刘墉和钱沣的稽查,山东被查出亏空库银200多万两,其中被国泰勒索侵吞的达8万两之多。这就是乾隆朝的一个大贪污案——国泰案。国泰案定谳后,刘墉授工部尚书,充上书房总师傅。

刘墉不仅是政治家,更是著名的书法家,是帖学之集大成者,他的书法善于使用浓墨被世人称为"浓墨宰相",被誉为清代"四大书法家"之一。

文豪父子

　　东汉末年社会处于失范，政治上统治腐败，外戚与宦官交替专权，社会动荡；经济上，豪强地主的武装兼并与混战使北方的社会经济遭到了严重的破坏，"田无常主、民无常居"的现象不仅导致百姓饥饿，就连军队也无粮食可以充饥；思想上，佛教传入后，儒家思想受冲击，人们的思想文化观念在社会动荡的情况下，发生了巨大的变化，出现了各种离经叛道的思想观念。在这样的社会条件下，传统文化发生了改变，呈现出多种文化齐头并行的状态，建安文学就是在这种社会条件下迅速崛起的，曹操父子是主要的代表人物。

　　曹操的文学成就，主要表现在诗歌上。此外，他的散文也很有特点。曹操的诗歌，留存下来的全部是乐府诗体。内容大体上可分三类：一类诗是反映汉末动乱、百姓苦难。一类是以表述理想为主的，如《蒿里行》，借乐府旧题写时事，记述了汉末军阀混战，对民众的苦难表示了极大的悲愤和同情，抒发了他渴望建功立业的抱负和统一天下的雄心大志。一类是游仙诗，如曹操的《气出唱》三首诗，看似思想消极，实则还是有他的政治用心：迷惑、笼络、团结热衷于仙玄之风的这群体。在艺术风格上，曹操诗歌朴实无华、不尚藻饰，以感情深挚、气韵沉雄取胜。在诗歌情调上，则以慷慨悲凉为其特色。慷慨悲凉，这本来是建安文学的共同基调，不过在曹操的诗中，它表现得最为典型、最为突出。在诗歌体裁上，曹操的乐府诗并不照搬汉乐府成规，而是有所发展。如《薤露行》在汉乐府中都是挽歌，他却运用旧题抒写了全新的内容。曹操开创了以乐府写时事的传统，影响深远。曹操在文学上的功绩，还表现在他对建安文学所起的建设性作用上。建安文学能够在长期战乱、社会残破的背景下得以勃兴，同他的重视和推动是分不开的。事实上,建安时期的主要作家,无不同他有密切关系:曹丕、曹植是他的儿子,"建安七子"及蔡琰等,也都托庇于他的荫护。可以说,邺下文人集团就是在他提供的物质条件基础上形成的;而他们的创作,也是在他的倡导影响下进行的。

"子桓《燕歌》二首,开千古妙境。"明代胡应麟这样评价曹丕的《燕歌行二首》。曹丕,曹操之子,是邺下文人集团的实际领袖,对建安文学的精神架构起到关键作用,由此形成的"建安风骨"对后世文学产生了深远影响。曹丕诗歌形式多样,而以五、七言为长,语言通俗,具有民歌精神;手法则委婉细致,回环往复,擅于描写男女爱情和游子思妇题材。代表曹丕诗歌最高成就的《燕歌行二首》,从"思妇"的角度,反映了东汉末年战乱流离的现状,表达出被迫分离的男女内心的怨愤和惆怅。该诗采用乐府体裁,开创性地以句句用韵的七言诗形式写作,是现存最早最完整的七言诗。曹丕在散文方面的成就可以说是体制全面、涉及面广、内容上有所拓展,作者将心绪与情愁叙写于字里行间。同时,能突破体制的束缚,泄情怀于笔端,散文中融入了作家细腻而敏感的心灵感悟,处处流露出语切情真、徘徊动情之语,常常能触动人心,故被裴松之誉为"美辞"之文,行情风格浓厚。曹丕所创作的赋作,从总体内容上来看以抒情和咏物为主,而体制方面一改汉大赋之鸿篇巨幅,成为短小精悍的行情小赋。其赋作内容以真情的笔触,触摸到社会现实的方方面面,并将个体的喜怒哀乐带入行情小赋之中。

曹植,曹操之子,是三国时期著名文学家。作为建安文学的代表人物之一与集大成者,他在两晋南北朝时期,被推尊到文章典范的地位。后人因其文学上的造诣而将他与曹操、曹丕合称为"三曹"。据《三国志》记载,曹植十多岁的时候,就能诵读《诗经》《论语》及先秦两汉辞赋,诸子百家也曾广泛涉猎。他思路快捷,谈锋健锐,进见曹操时每被提问常常应声而对,出口成章。

曹操曾经看了曹植写的文章,惊喜地问他:"你请人代写的吧?"曹植答道:"话说出口就是论,下笔就成文章,只要当面考试就知道了,何必请人代作呢!"刊载于中国作家网《曹植》一文认为:曹植的创作以 220 年为界,分前后两期。220 年,曹操病逝洛阳,曹丕继魏王位,随后称帝。曹植、苏则听说曹丕废汉自立,都穿上丧服为汉朝悲哀哭泣。曹丕愤怒说道:"我顺应天命当了皇帝,却听说有人哭,为什么呢?"此后,对曹植严加防范。后来,曹丕碍于母后卞氏的压力,只好将曹植数次徙封。曹植的生活从此发生了变化。他从一个过着优游宴乐生活的贵族王子,变成处处受限制和打击的对象。在这之前的诗歌主要是歌唱他的理想和抱负,洋溢着乐观、浪漫的情调,对前途充满信心;在这之后的诗歌则主要表达由理想和现实的矛盾所激起的悲愤。曹植在诗歌艺术上有很多创新发展。特别是在五言诗的创作上贡献尤大。首先,汉乐府古辞多以叙事为主,至《古诗十九首》,抒情成分才在作品中占重要地位。曹植发展了这种趋向,把抒情和叙事有机地结合起来,使五言诗既能描写复杂的事态变化,又能表达曲折的心理感受,大大丰富了它的艺术功能。他的诗歌,既体现了《诗经》"哀而不伤"的庄雅,又蕴含着《楚辞》窈窕深邃的奇谲;既继承了汉乐府反映现实的笔力,又保留了《古诗十九首》温丽悲远的情调。曹植的诗有自己鲜明独特的风格,完成了乐府民歌向文人诗的转变。《洛神赋》是曹植斌的代表作。作品描摹了一位美丽多情的女神形象,把她作为自己美好理想的象征,寄托了自己对美好理想的倾心仰慕和热爱;又虚构了向洛神求爱的故事,象征了自己对美好理想梦寐不辍的热烈追求;最后通过恋爱失败的描写,以此表现自己对理想的追求归于破灭。

苏洵,北宋文学家,与其子苏轼、苏辙并以文学著称于世,世称"三苏",均被列入"唐宋八大家"。苏洵出生于眉州眉山(今属四川),少时不好读,由于父亲健在,没有养家之累,故他在青少年时代有点像李白和杜甫的任侠与壮游,走了不少地方。苏洵发愤读书后,读书的态度和以前迥然不同。金国永的著作《苏洵》记载了苏洵发奋读书的两件事情。第一件事情是,相传有一年的端午节,程夫人看他一直待在书房里,连早餐也忘了,特地剥了几只粽子,连一碟白糖,送去书房,没有打扰他便悄悄地走开了。近午时分,收拾盘碟时,发现粽子已经吃完,糖碟原封未动,然而却在砚台的四周,残留下不少的糯米粒,苏洵的嘴边,也是黑白斑斑。黑的是墨,白的是糯米粒。原来苏洵只顾专心读书,把砚台当成糖碟,蘸在粽子上的,是墨不是糖。第二件事情是,有一天,苏洵在书房里整理他以前写的书稿时,发现了其中的不足。连自己也感到不满意,又怎能让它们在世上流传呢?于是他将这数百篇书稿统统抱出屋去,放在一个空地上,点上一把火,化为灰烬。他之所以这样做,正是为了坚定从头做起的决心。焚稿后,他如同放下一个沉重的包袱,更加轻松愉快地刻苦学习了。苏洵有时在家闭门苦读,有时奔走四方,求师访友,一年到头忙个不停,以致后来他两个儿子的学习要靠他妻子教导。经过 20 多年的努力奋斗,苏洵已经阅读了大量的书籍,既精通"四书五经"和诸子百家学说,又同时对古今是非成败的道理进行探讨,使自己具有了渊博的知识和惊人的才智,再写起文章来,往往到了"下笔顷刻数千言"的程度。他写了许多有研究价值的论文,受到了家乡学者的倾慕,他自己也真正体会到成功的乐趣。

苏洵擅长于散文,苏洵的散文多为论辩文,论点鲜明,论据有力,具有雄辩的说服力。苏洵的散文对北宋社会的阴暗进行毫不留情的揭露和鞭挞;在剖析问题严重性的过程中苏洵又会巧妙地折转笔锋,淡化笔势,改变文章节奏,缓和文章语气,使人得以接受他的犀利与委婉,多体现于针砭时弊的文章中。

苏轼具有多方面的文学艺术才能,在各个领域都富有创造性。他的散文平易自然,笔力纵横,挥洒自如,雄辩滔滔。他与欧阳修一起并称"欧苏"。他的诗内容丰富,境界开阔,格调清新。他与黄庭坚一起并称"苏黄"。他的词一洗五代绮丽柔靡的词风，成为豪放词派的创始人，并提高了婉约词的境界，对后世影响很大。他与辛弃疾一起并称"苏辛"。苏轼在文、诗、词三方面都达到了极高的造诣。苏轼的创造性活动不局限于文学，他在书法、绘画等领域的成就都很突出，对医药、烹饪、水利等技艺也有所贡献。苏轼典型地体现着宋代的文化精神，在当时文坛上享有巨大的声誉。他继承了欧阳修的精神，十分重视发现和培养文学人才。当时就有许多青年作家众星拱月似的围绕在他周围，其中成就较大的有黄庭坚、晁补之、秦观、张末四人，合称"苏门四学士"。苏轼的作品在当时就驰名遐迩，在辽国、西夏等地都广受欢迎。北宋末年，朝廷一度禁止苏轼作品的流传，但是禁愈严而传愈广。到了南宋党禁解弛，苏轼的文集又以多种版本广为流传，以后历代翻刻不绝。在后代文人的心目中，苏轼是一位天才的文学巨匠，人们争相从苏轼的作品中汲取营养。

苏辙与父亲苏洵、兄长苏轼齐名，合称"三苏"。其生平学问深受其父兄影响，以散文著称，擅长政论和史论，苏轼称："子由之文实胜仆，而世俗不知，乃以为不如。其为人深不愿人知之，其文如其为人，故汪洋澹泊，有一唱三叹之声，而其秀杰之气，终不可没。"苏辙擅长政论和史论，在政论中纵谈天下大事，如《唐论》先以大量篇幅叙述历史现象，接着以论唐为外表，实则是为宋王朝开救弊的药方，结构严谨，说理透彻精辟，立意和论据具有严密的逻辑性和说服力。史论同父兄一样，针对时弊，古为今用。如《六国论》论证了六国灭亡"弊在赂秦"的精辟论点，"借古讽今"，抨击宋朝对辽和西夏的屈辱政策，告诫宋朝统治者要吸取六国灭亡的教训，以免重蹈覆辙。但他写得更为自由随便的文章，还是书信杂文。到了晚年，所为书札，出语虽有所收敛，但依旧洒脱自然。苏辙的诗存世为数不少。早年诗大都写生活琐事，咏物写景，与苏轼唱和之作尤多。风格淳朴无华，文采稍逊。

晚年退居颍川后，对农民生活了解较多，写出了如《秋稼》等反映现实生活较为深刻的诗，抒写个人生活感受之作，艺术成就也超过早期。

史家父子

　　《史记》为二十四史之一，是西汉史学家司马迁撰写的纪传体史书，是中国历史上第一部纪传体通史，记载了上至上古传说中的黄帝时代，下至汉武帝太初四年（前 101 年）间共 3 000 多年的历史。对后世史学和文学的发展都产生了深远影响。其首创的纪传体编史方法为后来历代"正史"所传承。《史记》还被认为是一部优秀的文学著作，在中国文学史上有重要地位，被鲁迅誉为"史家之绝唱，无韵之《离骚》"。这部史学著作是司马迁在传承父亲司马谈史学资料基础上完成的。

　　司马氏世代为太史，整理和论述历史。《史记·太史公自序》载："太史公学天官于唐都，受易于杨何，习道论于黄子。"司马谈，西汉时史学家，曾随当时著名天文学家唐都学习天文历法知识，从哲学家杨何学习《易》。他深入钻研黄老之学，在汉武帝初期担任了太史令，立志著史，来补救自孔子修订《春秋》之后史书的缺失。司马谈在任太史令时，接触到大量的图书文献，广泛地涉猎了各种资料。他曾对先秦的思想发展史作过广泛的涉猎和研究，对先秦各学派的思想特点作了深入的分析和评价，这对后来司马迁给先秦诸子作传有重要的启示和借鉴。公元前110，汉武帝去泰山封禅，司马谈跟随记录。汉代班固《白虎通义》说："王者受命，易姓而起，必升封泰山。何？教告之义也。始受命之时，改制应天，天下太平，物成封禅，以告太平也。"所谓封禅，是古代帝王在太平盛世或天降祥瑞之时进行的祭祀天地典礼，只有经历封禅仪式，才算是宣告了正统的地位。自秦始皇之后，汉代几代帝王都忽视了这一仪式。直到武帝时期，司马相如死前著遗书《封禅文》劝谏武帝封禅，封禅才又一次被提上日程。此时的司马谈作为太史令，自然是封禅典礼不可或缺的人员。然而造化弄人，途中他因染病，滞留在了洛阳，未能亲临封禅现场。因为错过了这一重大事件，他心中抑郁愤懑，无比失望，再加上染病在身，最终抑郁而死。临死前，司马谈边哭边向司马迁嘱托道："余死，汝必为太史；为太史，无忘吾所欲论著矣。"他要求司马迁继承自己的志向，继续修史，延续自东周以来断绝的史统。司马谈虽然未能动手撰写通史，但为《史记》的撰写积累了大量的第一手资料，确立了部分论点。

司马迁子承父志，继任太史令。他早年受学于孔安国、董仲舒，漫游各地，了解风俗，采集传闻。《史记》取材相当广泛。当时社会上流传的《世本》、《国语》、《秦记》、《楚汉春秋》、诸子百家等著作和国家的文书档案，以及实地调查获取的材料，都是司马迁写作《史记》的重要材料来源。特别可贵的是，司马迁对搜集的材料做了认真的分析和选择，淘汰了一些无稽之谈，如不列没有实据的三皇，以五帝作为本纪开篇。对一些不能弄清楚的问题，或者采用阙疑的态度，或者记载各种不同的说法。由于取材广泛，修史态度严肃认真，所以，《史记》记事翔实，内容丰富。司马迁在对史书《史记》的创作过程中，发生了李陵战败投降匈奴事情。司马迁因向汉武帝为李陵辩护而入狱，并处以宫刑，在身体和精神上给了他巨大的创伤。司马迁出狱后，任中书令。他忍辱含垢，发奋继续完成所著史籍，以其"究天人之际，通古今之变，成一家之言"的史学理念，前后经历了 14 年，创作了中国第一部纪传体通史《史记》。两汉时，《史记》被视为对抗汉代正宗思想的异端代表，一直被视为离经叛道的"谤书"，当时学者也不敢为之作注释，并没有得到太多的传播。在汉宣帝时期，司马迁的外孙杨恽开始把该书内容向社会传播。随着杨恽遇害，《史记》的传播中止了，流传篇幅不多。《史记》比较广泛地传播流行,大约是在东汉中期以后。

班彪赞颂司马迁文质相称,良史之才。司马迁书写的《史记》不仅是史学名著,其文学造诣同样深厚,马迁在史记中给人们留下无数的名言警句,更为我们留下拼搏的动力。

班固修成《汉书》,实际上是其父亲班彪修史工作的继续,后由班固的妹妹班昭补充班固所未及完成者。《汉书》开创了纪传体断代史新体例,开启了官方修史的端绪。

班彪,东汉著名史学家、文学家。他出身于汉代儒学之家,受家学影响很大。班彪曾作《前史略论》。施丁发表在《史学史研究》2006 年第 4 期的《评班彪的〈前史略论〉》一文摘要中,是这样评论班彪的《前史略论》:"班彪的《前史略论》是一篇最早的史学史论文,论及中国史上的史官、史家、史书、史学,略古详今,抓住有代表性的史家与史书(即司马迁与《史记》)作重点分析研究;着重于史家的思想倾向,并注意史家的撰史才能,肯定司马迁叙事行文准确、生动,可称'良史之才'。此论上承扬雄,下启班氏父子,标帜史学,具有重要的历史意义。"《前史略论》是中国古代较早的一篇史学论文,在中国史学理论史上占有一定的地位,阐述了儒家正统史学观点,是他撰写《史记后传》的指导思想。由于《史记》只写到汉武帝的太初年间,因此,当时有不少人为其编写续篇。据《史通·正义》记载,写过《史记》续篇的人就有刘向、刘歆、冯商、扬雄等十多人,书名仍称《史记》。班彪对这些续篇感到很不满意,遂"采其旧事,旁贯异闻"为《史记》"作《后传》六十五篇",斟酌前史,纠正得失,为后世所重。其子班固修成《汉书》,史料多依班彪,实际上是他修史工作的继续。其女班昭等又补充班固所未及完成者。

班固就更加有名了,大名鼎鼎的《汉书》主要由他来完成,所以史学方面一提就是"班马"。班固初步完成了《汉书》的撰著,全书记述从汉高帝元年(前 206 年)至新莽地皇四年(23 年)229年的历史,包括纪、表、志、传共 100 篇。《后汉书·班彪列传》记载，班固从窦宪北征匈奴以后，进入窦宪幕府。后来窦宪密谋叛乱，事发被迫自杀。班固因为与窦宪关系密切，而受到株连，被捕入狱后死于狱中。此时，《汉书》中的"八表"和《天文志》尚未完成，稿本散乱。于是汉和帝刘肇命班固的妹妹班昭完成"八表"。班昭博学高才，14岁嫁给曹世叔为妻。班昭继父兄遗志，在藏书阁经年累月孜孜不倦地阅读了大量史籍，整理、核校父兄遗留下来的散乱篇章，完成班固未竟的《汉书》。除整理、续写《汉书》外，班昭在传播和普及《汉书》方面，也颇有贡献，曾教授大儒马融等诵读《汉书》。

损父声望

从嬴政到溥仪时代，涌现出无数"老子英雄儿好汉"的典型，也出现了一些虎父犬子。

据《史记·廉颇蔺相如列传》记载，赵奢，本是赵国征收田租的官吏。在收租税的时候，平原君家不肯缴纳，赵奢依法处置，杀了平原君家九个当权管事的人。平原君大怒，要杀死赵奢以泄愤。赵奢趁机劝说道："您在赵国是贵公子，要是纵容您的家人而不遵奉公家的法令，就会使法令削弱；法令削弱了就会使国家衰弱；国家衰弱了诸侯就要出兵侵犯；诸侯出兵侵犯赵国就会灭亡。您还怎能保有这些财富呢？以您的地位和尊贵，带头率先垂范，奉公守法，这样国家上下公平；上下公平就能使国家强盛；国家强盛了赵氏的政权就会稳固。而您身为赵国贵戚，难道还会被天下人轻视吗？"平原君认为他很有才干，把他推荐给赵王。赵王任用他掌管全国的赋税，全国赋税非常公平合理，民众富足，国库充实。后来他被任命为将军，悉心治军，对下严而和，凡有赏赐，必分给部属。因此，战士皆愿为之效命。在作战中，他执法如山，赏罚分明，再加上用兵如神，带出了一支所向披靡的劲旅。曹操曾说："昔赵奢、窦婴之为将也，受财千金，一朝散之，故能济成大功，永世流声。吾读其文，未尝不慕其为人也。"赵奢死后，赵王为追念他为赵国所建立的功绩，厚葬于邯郸附近的西山，时人称之为"马服君"。其子孙以马为姓，东汉名将伏波将军马援即为其后。

　　赵括，战国时期赵国人，名将马服君赵奢之子，人们称其为"马服子"。赵括熟读兵书，但缺乏战场经验，不懂得灵活应变。百度百科词条"赵括"引用了《史记·廉颇蔺相如列传》中关于与赵括相关的长平之战的情况。公元前 260 年，秦军和赵军在长平对峙。当时赵奢已经去世，蔺相如身患重病，赵孝成王派廉颇带兵攻打秦军，秦军几次打败赵军，赵军坚守营垒不出战。秦军屡次挑战，廉颇置之不理。秦国间谍说："秦军最忌讳、最害怕的，就是马服君赵奢的儿子赵括做赵军的将帅。"赵孝成王急于求胜，听信秦军间谍散布的谣言，让赵括当将军，以代替廉颇。蔺相如说："大王仅凭虚名而任用赵括，赵括只会读他父亲遗留的兵书罢了，并不懂得灵活应变。"赵孝成王不听，还是命赵括为主将。赵括母亲上书给赵孝成王说："不能让赵括做将军。"赵孝成王问："为什么？"回答说："当初我侍奉赵奢，那时他是将军，由他亲自捧着饭食侍候吃喝的人数以十计，被他认作朋友的数以百计，大王和王族们赏赐的财物全都分给军吏和僚属。从接受军令的当天起，就不再过问家事。现在赵括一下子做了将军，就面向东接受朝见，军吏没有一个敢抬头看他的。大王赏赐的金帛，都带回家收藏起来。他还天天访查便宜合适的田地房产，可买的就买下来。大王你看他哪里像他父亲？父子二人的心地不同，希望大王不要派他领兵。"赵孝成王答道："您把这事放下别管了，我已经决定了。"赵括的母亲接着说："您一定要派他领兵，日后一旦他不称职，老身能不受株连吗？"赵孝成王答应了她的请求。赵括一取得了廉颇的职权，就立刻全盘更改法令，调动官吏。秦国将领白起得到情报，运用奇兵巧计，假装战败退走，却由背后偷袭赵军的辎重及补给路线，把赵国的军队截断为两部分，赵军军心浮动。经过四十几天后，赵军饥饿难忍，赵括出动精兵亲自突围，四次突围均告失败，赵括在突围中被射死。主将阵亡，数十万大军投降了秦军，秦军把他们全部坑杀了。赵国前后损失共 45 万人。第二年，秦军包围了邯郸，围城长达一年之久。赵国几近灭亡，全靠楚、魏两国军队来救助，才得以解除邯郸的包围。赵孝成王也由于赵括的母亲有言在先，就没有治她的罪。

丧父江山

秦王嬴政自公元前 230 年至前 221 年，先后吞并六国，建立中国历史上第一个统一的、多民族的、中央集权的封建国家——秦朝。他建立了一整套官僚机构，基本奠定了中国 2 000 多年封建统治的政权框架。他自称始皇帝，就是希望大秦王朝一代一代传承至千秋万代。

《资治通鉴》记载："［秦始皇三十七年（前 210 年）］冬，十月，癸丑，始皇出游；左丞相（李）斯从，右丞相（冯）去疾守。始皇二十余子，少子胡亥最爱，请从；上许之。"这是秦始皇最后一次外出巡游，李斯与胡亥跟随。作为宦官的赵高也在此次巡游队伍之中。秦始皇巡游至沙丘突然去世，遗诏令公子扶苏主持葬礼并即位。此时，扶苏正在上郡监督蒙恬的军队，管理诏书的赵高威胁丞相李斯，矫诏处死扶苏与蒙恬，发动了沙丘之变。他们隐瞒秦始皇死讯，以咸鱼放到秦皇车上，遮挡秦始皇尸体发出的臭味。回到咸阳后立即拥立胡亥登基。

据《史记》记载，胡亥登上帝位之后，在赵高的唆使下，对其他的大臣大开杀戒，包括对在沙丘之变中立下功劳的李斯也处以极刑，李斯一家全部被杀害。在胡亥即位的第二年，胡亥效法自己的父亲秦始皇，也巡游天下。他大量征发全国的农夫修造阿房宫和骊山墓地,调发5万士卒来京城咸阳守卫;同时,让各地向咸阳供给粮草,而且禁止运粮草的人在路上吃咸阳周围300里以内的粮食,必须自己带粮食。除了常年的无偿劳役外,农民的赋税负担也日益加重,最终导致了陈胜吴广起义的爆发。胡亥死时只有24岁,皇帝仅仅当了3年。

581年,杨坚受北周静帝禅让为帝建立隋朝,是为隋文帝。隋文帝即位后,在政治、经济等制度方面进行了一系列的改革。在中央实行三省六部制,将地方的州、郡、县三级制改为州、县两级制,由此巩固了中央集权。经济上实行了"大索貌阅",增加了编户。他还多次减税,减轻人民负担,促进国家农业生产,稳定经济发展。589年,隋灭陈统一中国,结束了东汉末年以来的分裂局面。隋文帝对周边各族,采取了军事上的防御和政治上的招抚政策,有效地处理了民族矛盾,被北方少数民族尊称为"圣人可汗"。

隋文帝在位期间年间政绩卓著,他在位晚期逐渐多疑,杀害功臣,并且听信文献皇后之言,废黜太子杨勇,立晋王杨广为太子,埋下了亡国的祸根。据《隋书》记载,杨坚对杨勇奢侈的不满。太子杨勇好学,善于写辞赋,性格宽厚仁和、率意任情,没有虚伪作假的行为。杨勇曾给自己的蜀铠装饰花纹,隋文帝见了不高兴,恐怕导致奢侈风气。独孤皇后不喜欢儿子及大臣们的妾怀孕。而太子杨勇宠幸的美人多,太子妃元氏却突然死了,独孤皇后认为是被太子的爱妾云氏害的。独孤皇后派人监视,寻找杨勇的罪过。杨广得知父母对杨勇的这些不满,他努力伪装自我,侍妾只是凑够数量,而且只和萧妃起居在一起。皇后因此轻视杨勇,称赞杨广的德行。杨广每次来朝,车马侍从都俭约朴素,恭敬的应对朝臣,礼节极其谦卑,因此名声在隋文帝的儿子里是最好的。杨广又向独孤皇后诬告杨勇,最终隋文帝废杨勇,改立杨广为太子。

《隋书》记载,杨广继位后,逼迫杨勇自尽,残害杨琼、杨秀等手足。杨广进行了大量的工程征伐。《资治通鉴》记载，605年，杨广下令营建东都，历时10个月，每月使用200万人。杨广下令修运河，造龙舟、楼船等各种船数万艘，分别用于杨广数次幸江都。炀帝游江都（今江苏扬州）时，率领诸王、百官、后妃、宫女等一二十万人。船队长达200余里，所经州县，500里内都要贡献食物，挥霍浪费的情况十分严重。杨广为满足其骄奢淫逸的生活，在各地大修宫殿苑囿、离宫别馆。杨广三次发兵进攻高句丽，先后动用人力数百万，征调财物无数。大量士兵、民夫死于战场和劳役，导致农村极度缺乏劳力和耕畜，大量土地荒芜，社会经济受到严重破坏，人民难以生活下去，引发了大规模隋末农民起义。杨广从洛阳去江都，越发荒淫昏乱，命王世充挑选江淮民间美女充实后宫，每日酒色取乐。618年，杨广见天下大乱，已心灰意冷，无心回北方，命修缮丹阳宫，准备迁居那里。从驾的都是关中卫士，他们怀念家乡，纷纷逃归。这时，虎贲郎将元礼等与直阁裴虔通共谋，利用卫士们思念家乡的怨恨情绪，推宇文述的儿子宇文化及为首，发动兵变。杨广闻变，仓皇换装，逃入西阁。被裴虔通、元礼、马文举等逮获。杨广欲饮毒酒自尽，叛军不许，遂命令狐行达将其缢弑，时年50岁。

败光家业

清朝200多年一共出了12位"铁帽子王"。所谓"铁帽子王"是世袭罔替的永久封爵。晏森的祖上是皇太极的兄长代善之子岳托，死后被追封克勤郡王。晏森在14岁时继承了王位，这个"铁帽子王"晏森享受了一年多，背后大靠山清朝就倒了。对习惯衣食无忧的人，最重要的影响就是原本稳定的经济来源没有了，清廷不再发放俸禄，要指望当政的民国政府那真是痴人说梦。

可晏森原本奢靡的行事作风没有丝毫改变，他明明正值青壮年，却是富贵闲人做久了，四肢不勤，五谷不分，倒是吃喝嫖赌各种花样玩得利索。要想他勒紧裤子，少吃少喝过完后半辈子，那还真不如早早砍了他的头算了。为了维持光鲜亮丽的生活，晏森开始变卖家产，家里的古玩到了当铺。那段时间里，当铺就是他的第二个家。但家业再丰厚，也抵不住这样坐吃山空。到了后来，王府里就已经是家徒四壁的状态了。日子过不下去，晏森就打起了王府房产的主意，他把王府卖了10万大洋，这些钱对普通百姓来说就是天文数字，够吃一辈子，可是对于善于花钱的晏森来说，还不够塞牙缝。

作为皇室贵胄，晏森有许多恶习，赌博、逛妓院随随便便就是几千上万大洋。晏森对此一点也不在乎，据说他打赏给下人的小费都是几十几百大洋，此外还跟一群狐朋狗友吃饭喝酒。10万大洋在晏森手上仅仅几天时间就败光了。他卖掉祖宅就已经到了走投无路的地步，钱花光了的晏森又陷入了困境。没想到晏森又想到了一个办法，那就是卖祖坟。晏森先辈的祖坟修得十分气派，坟上的青砖石瓦都可以卖钱，甚至连坟地遮阴的树木都可以卖。其中墓前一块驮龙碑卖给了张学良，坟地的几百棵树全卖给了木材厂，祖坟头卖给了一个太监。靠卖祖坟晏森又获得了几万块大洋，不过很快就被挥霍一空。晏森将位于田村的祖坟土地卖给了原本隶属于内务府的钟杨家。卖地前，土地上的几百棵木材尽数被他砍倒贩卖。没有了生活来源的王爷，还赶不上平头老百姓。晏森自从落魄后，没皮没脸惯了，身无长技的他就到洋车行租了辆洋车，开始了他的车夫生活。成为北京城里一道别样的风景线。最初晏森的车夫生活过得很是红火，只要他在哪儿，人人都想点他，体验下一个王爷是怎么拉的车，名声越传越远，晏森逐渐混上了一个"车王"的名头。他一个人拉车拉得自由自在，但宗族里的其他权贵们却无法忍受晏森的自甘堕落，偶尔看不下去接济他，却都被晏森挥霍掉，渐渐就没了人与他来往。

最终潦倒至死的晏森被随意掩埋，坟墓也被打上了"车王坟"的标签。

盛宣怀，洋务派代表人物，著名的政治家、企业家和慈善家，被誉为"中国实业之父""中国商父""中国高等教育之父"。他热心公益，积极赈灾，创造性地用以工代赈方法疏浚了山东小清河。盛宣怀一生经历传奇，成就不凡，创办了许多开时代先河的事业，涉及轮船、电报、铁路、教育诸多领域，影响巨大，中外著名，垂及后世。盛宣怀先后娶了三房正室。最早的董氏为他生了三儿三女，但是几个儿子都不长寿：老大盛昌颐和老三盛同颐都早早去世了；老二盛和颐过继给了盛宣怀的二弟盛隽怀，最后也夭折。继室的夫人只生了一个女儿便"自挂东南枝"。第三任庄夫人生了两个儿子一个女儿，其中一子夭折，剩下的就是后来扬名上海的花花公子盛恩颐，人称"盛老四"。盛恩颐是盛宣怀最宠爱的儿子，当年是慈禧太后给起的名字。盛宣怀把苏州留园的宅子给了他。

盛恩颐的人生起点是相当高的——父亲是洋务实力派，岳父是民国总理孙宝琦，自己又留学英美，母亲庄夫人又是盛府的掌门人。按说他本应该成就一番不俗的家业，但是从小被宠爱惯的盛恩颐，最终成为一个挥霍无度、奢侈成性的公子哥。盛恩颐大把砸钱的"豪举"在上海是出了名的。上海进口的第一部奔驰轿车就是他买的。为了显示与众不同，他还把方向盘换成银的，上面刻上自己的名字。他的汽车牌照也很有"深意"，因为他在家排行老四，所以他的汽车租界牌照是4444，中国牌照是4。这样，别人一看到他的车，就知道是盛家老四来了。

盛恩颐不仅自己挥霍，还给每个姨太太配一幢花园洋房和一部进口轿车，外加一群男仆女佣。他气势最盛的时候，在跑马场养了75匹马。但和赌博比，这些都是小菜一碟。盛恩颐在赌场上创过的纪录，是一夜之间把上海北京路、黄河路一带100多幢房子输给了浙江总督军卢永祥的儿子卢小嘉。这样的赌资，恐怕是一般赌徒无法想象的。由于前面三个哥哥均不幸早逝，盛恩颐就成为盛府命根似的人物。盛宣怀也有心培养，把汉冶萍公司总经理的职位给了他。但是，金山银山堆里出来的盛恩颐，哪里知道创业容易守业难的道理。他整天黑白颠倒、昼寝夜出，不是为工作，而是为玩乐。他的儿子曾经这样形容父亲在汉冶萍总经理职位上的做派："爹爹是躲在烟榻上，一边抽大烟一边批文件的。"这一点，他赌桌上的朋友也有印证："'盛老四'白天睡大觉，到下午四五点钟才起床。起床后一看有事要用钱，而家里的现钱又不够，怎么办呢？去银行吧，街上的银行已打烊了。那么就只好拿出盛家的老办法。反正家里有的是古董、玩意儿，随便拿一件到当铺里去当掉，换出钱来。到第二天天亮银行开门，再派人去取钱，到当铺把古董赎出来。当铺几乎成了他的第二银行了。这是盛老四家的一大笑话。"到"抗战"胜利前，盛恩颐分到手的家业基本上就败空了。"抗战"后的盛恩颐已非常穷困，他与李鸿章的孙子李厚甫常在街头溜达。有一次，到了襄阳公园门口，两人都想进去坐坐，结果你看我，我看你，谁都拿不出买门票的钱来。盛恩颐手头本来有不少房产，但是中华人民共和国成立后，国家实行土地国有政策，一切私人占有的土地，必须交地价税。盛家全国各地的房产，因为交不起地价税，最后都折价卖给国家，只剩下苏州留园门口的几间盛家祠堂的老房子仍属盛家。这几间没有被收，还是因为解放苏州的公干人员说："收了人家房子，不能收人家的祖宗呀！"这四间祠堂成为盛恩颐晚年的栖身之处。

盛恩颐穷困潦倒，结局很惨，1958 年因脑出血暴毙在留园门房中。据说去世时是三伏天，照老规矩要让儿子替他试穿七套衣服，为了完成孝心，孩子们热得大汗淋漓。与之形成鲜明对比的是，参加葬礼的总共也就十几个人，可谓非常冷清。盛恩颐堂侄孙盛世仁不禁感慨道："真应了《红楼梦》里那句——'好一似食尽鸟投林，落了片白茫茫大地真干净'。"

被误传的历史人物

随着历史长河的不断前行,许多真相都在人云亦云中变了味。那些被讴歌或者唾骂多年的历史人物中,是背着怎样的一个大锅在地底沉睡?我们需要对历史时时刻刻保持一种尊重和珍惜。在摸索前行的人生路上,回望渐行渐远的历史人物,其实就是在擦拭我们迷乱的视线。

"不到黄河心不死"讹传千年——项羽

说起英雄,我们自然会想到秦皇汉武、唐宗宋祖,想到彼得大帝、华盛顿,想到那些功成名就指点江山的人们。他们既推动了历史的前进,又成就了自己人生的圆满。他们震动了我们的心灵,他们是当之无愧的英雄。然而,我认为,那些在追求进步的过程中成就了别人英雄业绩的人同样令我们震动,他们是历史的天空中最绚丽的弧光。

生当作人杰,死亦为鬼雄。
至今思项羽,不肯过江东。

李清照以一个女中豪杰的口吻赞扬了项羽的最后选择。项羽,秦末抗秦的英雄,一个叱咤风云的人物,一个未成帝王却被司马迁当作帝王来立传的英雄,一个戎马一生最终被刘邦击垮的悲情人物。

围绕着这个悲情英雄,"不到乌江心不死"被讹传成"不到黄河心不死"千年。这里的乌江是指项羽自刎的乌江,"不到黄河心不死"出自清代小说《荡寇志》,这是一个比喻:如果你没有达到目标,你就不会死心。据史书记载,楚军大败,在四面楚歌的情况下,项羽被迫退到乌江。当时乌江亭长为项羽准备了渡船。对项羽说:"江东虽小,但也有万里大地,数十万人足以称王。请您快点过河!"但项王笑曰:"天之亡我,我何渡为?!"没有听从乌江亭长的劝告,拔剑自刎于乌江之畔。流传到了明代,因为黄河这个母亲河的知名度太高,不到"乌江心不死"就被传成了"不到黄河心不死"。

项羽年少时,学书、剑皆无所成,然胸怀反秦大志。公元前209年九月,他随项梁起兵会稽,响应陈胜、吴广起义。陈胜死后,项梁领导反秦武装主力,拥立楚怀王之孙项羽熊心足忧,于是渡过黄河,汇合前来增援的王离军20万一起攻打赵国,并大败赵军。章邯命令王离、涉间包围了巨鹿,自己的军队驻扎在巨鹿南边,筑起两边有墙的甬道给他们输送粮草。陈余作为赵国的大将,率领几万名士卒驻扎在巨鹿北边,这就是所谓的河北军。无奈之下赵王派使者向楚怀王及各国诸侯求援。楚怀王阵营分兵两路:一路以卿子冠军宋义为上将军,鲁公项羽为次将,亚父范增为末将,率军数万北上以解巨鹿之困;另一路以刘邦为主帅,进攻关中。楚怀王许诺说谁先攻下关中,就封谁为关中王。楚国援赵大军进至安阳后,宋义称最好等秦、赵两败俱伤后楚军再收渔人之利,故逗留46天不前进,项羽痛斥宋义并杀死了他。楚怀王遂封项羽为上将军,并令英布和蒲将军两支楚军也归其指挥。项羽率楚军到达巨鹿南的黄河,立刻派遣英布和蒲将军率2万义军渡过河,援救巨鹿。二将渡河后初战小胜,赵将陈余又催促进兵。接着,项羽率领全军渡过黄河,命令全军破釜沉舟,烧掉房屋帐篷,只带三日粮,以示不胜则死的决心,以迅雷不及掩耳之势直奔巨鹿,击败章邯部保护甬道的秦军,断绝王离部的粮道。项羽的决心和勇气,对将士起了很大的鼓舞作用。楚军把王离的军队包围起来,个个士气振奋,以一当十,越战越勇。经过九次激烈战斗终于打退章邯，活捉了王离，杀死了苏角，涉间举火自焚，其他的秦军将士有被杀的，也有逃走的，围困巨鹿的秦军就这样瓦解了。

项羽之悲，让人叹惋。"破釜沉舟""衣锦夜行""沐猴而冠""项庄舞剑，意在沛公""楚河汉界""十面埋伏""四面楚歌""霸王别姬""乌江自刎""无颜见江东父老"等成语典故都源自项羽。鸿门宴上，只需他眼皮一动，即可翦除强敌刘邦，成就帝业。他不为，因为他不愿、他不忍。在他看来，这是以强凌弱，胜之不武，不是英雄行径。在四面楚歌的垓下，他与美姬慷慨悲歌，令人动容。他的不忍，他的多情，都被讥评为"妇人之仁"，为争功名、建帝业的"优秀政客"所不取。而这，也确乎成为最终造成他人生悲剧的根由。正因为他有这个缺陷，让他这个顶天立地的大英雄败在了刘邦的手下，功亏一篑，痛失江山，自刎乌江。公元前 202 年底，楚汉战争接近尾声，项羽绝望地唱道："力拔山兮气盖世，时不利兮骓不逝，骓不逝兮可奈何，虞兮虞兮奈若何！"项羽没有取得楚汉战争的胜利，却因为不愿过江的舍生取义征服了世世代代华夏儿女。

然而，项羽又是一位悲剧式的人物。推翻秦朝统治是顺应了历史发展的要求。秦朝灭亡后，他自称霸王，忙于分封诸侯，扶持六国贵族的残余势力，却违背了人民要求统一的愿望，造成了混乱割据的局面。他行为残暴，坑杀秦降卒 20 万余。入关后，火烧秦宫，大火三月不息。他烧杀掳掠的暴行，违背了人民的意志，是他战败的根本原因。项羽自恃武功以威慑诸侯，缺乏远见，不争取同盟。他妒贤嫉能，不能用人，招致众叛亲离，军心涣散。军事上，他缺少战略家的眼光，刚愎自用，不纳良言，以致屡失战机。他没有巩固的后方基地，没有充足的粮饷和兵源，虽然屡战屡胜，反而由盛转衰。所以，虽然项羽具有杰出的军事指挥才能，最终也难以避免失败。

对于历史人物，我们应该从其是否顺应了历史潮流，是否有利于历史发展的视角进行评价。项羽的反抗精神是顺应了民心,反抗并推翻了暴秦的统治,是顺应了历史发展的潮流;他乌江自刎而死,结束了楚汉战争,让天下百姓们结束了战争带来的伤害。所以说,项羽虽然是个有着浓重个人英雄主义色彩的悲情英雄,但他也算是一个顶天立地、值得后世尊崇和敬仰的英雄!

以发明影响历史可惜有才无德——宦官蔡伦

　　说起四大发明,就不能不提到蔡伦。作为造纸术的改进者,蔡伦的名字可谓家喻户晓,却很少有人了解他的人生轨迹,而他的最后归宿则更不为人所知。

　　蔡伦于汉明帝永平末年入宫,开始是在皇宫旁舍嫔妃所居的掖庭当差,几年后提升为出入皇宫、传递诏令的小黄门宦官,蔡伦的才华开始显露出来。

　　窦皇后先指使蔡伦诬陷太子刘庆的母亲宋贵人"挟邪媚道",逼她自杀,并将太子废为清河王;接着她又安排人写匿名信陷害皇子刘肇的母亲梁贵人,并强行将尚在襁褓之中的刘肇带走,当成自己的儿子,并让皇帝立其为太子。汉明帝驾崩后,10岁的刘肇继位,是为汉和帝。以前的窦皇后、现在的窦太后垂帘听政,把持朝政,皇权旁落外戚窦氏家族。窦太后的同胞窦宪等四个兄弟都为显贵,擅威权,谋不轨,炎势倾朝野。蔡伦便与大宦官钩盾令郑众首谋,扶助汉和帝,乘窦宪出征班师回朝之机,收窦宪大将军印,清除了窦氏专权的弊端,巩固了汉和帝的皇权。他马上投靠了新主子——汉和帝的皇后邓绥。实事求是地说,这个新主子并不是个坏人,作为皇后在历史上是有较高地位的。邓皇后是个才女,喜欢吟诗作赋,舞文弄墨,同时她又是一个喜欢节约、不尚奢华的人,所以她非常需要一种比帛省钱、质地又好的东西来写字、画画。从小就聪明伶俐的蔡伦到这时才发现自己真正有了用武之地，于是他自告奋勇兼任主管御用器物制作的尚方令，专心改进造纸技术。他总结西汉以来造纸经验，利用树皮、破布、麻头、渔网等原料精心制造出优质纸张，受到皇帝、皇后的特别嘉奖和表扬，造纸术也因此在东汉全境得以推广。

就在蔡伦成功改进造纸术这一年（105年），汉和帝英年早逝，留下了孤儿寡母执掌大汉江山，邓皇后成了邓太后。要说这邓太后也真是够命苦的，她紧紧抱在怀里的小皇帝两年之后也离她而去了。邓太后失去了唯一的儿子，只得从皇族中挑选一个孩子放在皇帝宝座上。最终，13岁的皇侄刘祜被选为皇位继承人，他就是汉安帝。

刘祜继位的消息绝对把蔡伦吓了个半死。因为刘祜是清河王刘庆的儿子，刘庆是被废的皇太子，而他的被废和他母亲宋贵人的被害正是蔡伦和窦皇后二人的合谋。好在传国玉玺还攥在邓太后手里，小皇帝只是个前台任人摆弄的木偶，蔡伦表面上的好日子还可以继续过下去。他先光荣地被封为龙亭侯，步入了王公贵族的行列。后来，他又当上了长乐太仆。这个职位可不简单，因为只有最受太后信任的人才能胜任。

121年，邓太后驾崩。办完丧事后，蔡伦就告别京都洛阳，回到陕西龙亭自己的封地。然而，他刚到龙亭，就接到汉安帝诏令，要他自己到廷尉受审。蔡伦知道在劫难逃，沐浴并整理好衣冠后服毒自杀。蔡伦在人品上有巨大的缺陷，为人阴险至极。他在人际关系复杂的皇宫里，为了生存，为了往上爬，不择手段，陷害无辜。柏杨甚至在《中国人史纲》里愤然痛斥："呜呼，中国人宁可永不用纸，也不要有这种丧尽天良被阉割过的酷吏。"但他改进造纸术，为人类文明所做出的贡献不可否认。

被诬心胸狭小，实则雅量高致——周瑜

周瑜能让大家喻户晓，更多的是缘于《三国演义》。《三国演义》中的周瑜是一个风流倜傥、有些才干，但心胸狭窄，总想算计诸葛亮却总是搬起石头砸自己的脚的大都督；是一个性格暴躁，政治、军事才能远逊于诸葛亮的人；是与"三气周瑜""赔了夫人又折兵""既生亮，何生瑜"等典故相联系着的人。

正史上周瑜"雅量高致"。《三国志·吴书·周瑜传》载，曹操听说周瑜虽然年轻但有才气，于是派九江人蒋干去劝说周瑜来投奔自己。蒋干以能言善辩著称，以个人名义去见周瑜。周瑜出门迎接蒋干，对他说："子翼辛苦了，长途跋涉而来是为曹操当说客的吧？"蒋干回答："我与足下是同乡，多年不见。近来听说了足下的丰功伟绩，所以特来叙旧，怎么能说我是做说客的呢？"周瑜说："我虽比不上夔和师旷，但也能听出你的弦外之音。"之后便请蒋干进入自己的府第，设酒宴款待他。周瑜对蒋干说："我最近有事情要处理，就请你暂住几日，等我的事情办完了，再与你相聚。"三天后，周瑜请蒋干来到军营参观仓库、军用物资、器械，以及孙权赏赐给自己的侍从、服饰和其他玩赏之物，随后对蒋干说："大丈夫活在世上，得遇到知己的君主，对外虽是君臣的名分，对内却有骨肉的深情。他对我言听计从，祸福与共，即使是苏秦、张仪复生，我也会拍着他们的后背而斥责他们的言辞，又有什么能动摇我的心志呢？"蒋干只是微笑，始终无话可说。等蒋干回到扬州后，称赞周瑜"雅量高致"，有宽宏的气度及高尚的品格，不是能用言辞所离间的。中原士人也大都如此推崇和赞美周瑜。

周瑜是东吴势力取得军事成功和割据地位的主要功臣之一，被赞誉为"世间豪杰英雄士，江左风流美丈夫"。曹操占领荆州以后，水陆军几十万顺势南下进逼东吴。周瑜"建独断之明，出众人之表"，坚决主张抗曹。为打消江东内部"投降派"的政治疑虑，周瑜指出："曹操虽然托名汉朝丞相，实为汉贼。"此言论使江东战略防御师出有名。周瑜又向孙权及江东群臣指出曹操南下的兵行四患，并自请领兵抗曹，坚定了孙权抗曹的决心。于是孙权任命周瑜和程普为左右督，以周瑜为主帅，与刘备共击曹军。周瑜率军进驻夏口，主动出击，逆流而上，暴师长江，对曹军实行水上遭遇战，扼住曹军咽喉，不令曹操陆军得以登陆江南。周瑜占领有利地形后，用诈降之计，利用狂风大作的天时，巧用火攻，于赤壁以弱胜强，大破曹军。赤壁之战的胜利，加强了孙氏政权在江东地区的割据地位，为尔后的魏、蜀、吴三足鼎立奠定了基础。

周瑜的军事生涯从 21 岁起，至 36 岁止，15 年间作战多次，从未失败，堪称三国罕见的"常胜将军"。特别是赤壁之战，以 3 万之众迎战 20 多万敌军，并且大胜，更是罕见的经典战例。他在生命最后三年间，连续取得江夏、赤壁、江陵三大战的胜利，促成了三分鼎立历史格局的初步形成。将其辉煌战功、重大影响合而观之，可以推选他为孙吴名将的第一名。

说得十分洒脱，实际缺少魄力——桓温

提起桓温，大家或许不太熟悉。但是如果说到"不能流芳百世，亦当遗臭万年"这句话，恐怕许多人都知晓。话比人出名，桓温或许没想到，这句话为他博了个权臣的名声。

桓温是桓彝长子，未满周岁时，便得到名士温峤的赞赏，因此以"温"为名。桓彝在苏峻之乱中被叛军将领韩晃杀害，泾县县令江播参与谋划。当时桓温年仅 15 岁，枕戈泣血，誓报父仇。江播去世。其子江彪兄弟三人为父守丧，因怕桓温前来寻仇，预

先在丧庐内备好兵器,以防不测。桓温假扮吊客,混入丧庐,手刃江彪,并追杀其二弟,终报父仇,由此为时人所称许。桓温出镇荆州后,打算西伐占据巴蜀的成汉政权,以建立功勋。桓温自己亲率步兵直趋成都。当时战况惨烈,晋军前锋失利,参军龚护战死,成汉军的箭矢甚至射到了桓温的马前。诸将皆惧,意欲退兵,而鼓史却在这时误击前进鼓。袁乔乘势督促军士奋战,终于反败为胜,大败成汉军。桓温趁胜攻入成都,并焚毁小城。成汉皇帝李势乘夜逃走,远遁 90 里,最终决定投降。桓温接受投降,将李势送往建康。成汉政权至此灭亡。

平蜀之战使得桓温声名大振,朝廷忌惮不已,担心他日后难以控制。会稽王司马昱只得让扬州刺史殷浩参与朝政,以期能对桓温有所抑制。桓温虽有不满,但因熟知殷浩为人,知其难有作为,对此并不担心。当时,桓温治下有八州之地,自行招募军卒、调配资源,逐渐形成半独立状态,渐露不臣之心。

他始终高唱北伐以保持政治优势,自己却在一段颇长的时间内引而不发,不敢贸然行事;他蓄意消灭对手,但并没有直接诉诸战争,而是以北伐丧师失地为罪名,慢慢蚕食。桓温一生主要有四次征战,即一次西征和三次北伐。西征之役胜之侥幸;第二次北伐虽胜,但规模不大;第一、第三次北伐则都是惨败而归。北伐期间,桓温曾一度掌握了战争的主动权。第一次兵至灞上,汉人百姓见了晋国的官军痛哭流涕,扪虱谈天下的王猛力主桓温一举拿下长安。只可惜桓温"醉翁之意不在酒",北伐不是他的目的,而是手段。实力折损太多怎么威慑朝廷啊?看透了桓温心思的王猛偷偷撤了,转眼投靠了苻坚。第二次北伐,收复了洛阳,桓温顺势以迁都为要挟,逼得朝廷给他加官晋爵。第三次北伐一败一胜,败于枋头,胜于江左,但桓温的收获却不小。北伐前,除了徐州和豫州,晋国的所有重镇几乎都被桓温掌控了。

桓温谨小慎微,他取得了都督中外诸军事、录尚书事的职位，却不相信自己能够掌握全局，因而不敢在京城久留。既自信又自卑，这或许是桓温的致命弱点。明明在别人眼里是个说一不二的大权臣，自己却畏首畏尾，总在怀疑："我到底行不行啊？"桓温后来推立的简文帝司马昱病危之际，原本是个机遇。司马昱胆小懦弱，惧怕桓温，原本想要立下诏书，让桓温"周公居摄"。只可惜，桓温在这个紧要关头又走错了两步棋。其一，没有在司马昱病重之时返回权力中心，抓住摄政大权，让王谢一族掌握了主动。其二，引兵入朝之际，世人皆知其意在于"诛王谢，移晋鼎"，他却在新亭的鸿门宴上被谢安一句话给将住了："桓公！我听说那有道的诸侯，当为国家守卫四方，您却为什么要置兵于帐后呢？"

"不能流芳百世，亦当遗臭万年"，桓温说到了，但并没能做到。桓温最终没能站在历史的潮头。虽然桓温口中说得十分洒脱，但真操作起来，他还是少了几分魄力。无论是北伐，还是篡位，桓温总是拖泥带水，没有好事做到底的胆识，也没有坏事做到绝的勇气。总是在关键时刻摇摆不定，他有改变时代的梦想，到头来却成了时代的牺牲品。

诗坛辉煌，政坛多舛——陈子昂

前不见古人，
后不见来者。
念天地之悠悠，
独怆然而涕下！

人们记住陈子昂，多数是因为他的这首《登幽州台歌》，更多的印象是陈子昂的人生是辉煌的。诗坛上的陈子昂是辉煌的，政坛上的陈子昂却是命运多舛的。陈子昂出生于梓州射洪一个富有的庶族地主家庭,从小养成了豪家子弟任侠使气的性格。十七八岁时尚不知书。后因击剑伤人,才弃武从文,慨然立志,谢绝旧友,发愤攻读,博览群书,深钻经史,不几年便学涉百家。同时,他还关心国事,要求在政治上有所建树。684年,陈子昂中进士,任麟台正字。后来,陈子昂被擢升为右拾遗,原因是上书反对当时一件大事。那时,唐高宗李治还未下葬,关于是葬在洛阳还是长安,大臣们争来争去。陈子昂写了篇奏疏,奉劝武则天将高宗葬在洛阳。在文中他陈述利弊,说得头头是道,对武则天大力吹捧。虽说最终唐高宗还是被运回长安,葬于长安西的乾县,但是武则天却看到了陈子昂的文采,没多久就给他升了官。右拾遗官主要的职责是给时下的政务提点意见或者建议,官虽然不大,只有正八品,但是却能够和中枢机构对话,这给了陈子昂一些陈述时政的机会。在右拾遗任上,陈子昂给世间留下了一个经典判例。当时同州下邽(今属陕西渭南)人徐元庆,其父为县尉赵师韫所杀。后赵师韫升任御史,徐元庆便隐姓埋名潜伏在一家驿站之中,以伙计的身份做掩护。"苦心人,天不负",徐元庆终于等来了上任途中下榻驿站的赵师韫,手刃杀之。这起"血亲复仇"引起了广泛的议论,很多人认为徐元庆孝烈,为父报仇,应该宽大处理,无罪释放。对此陈子昂却有不同的看法,他建议道:"国法专杀者死,元庆宜正国法,然后旌其闾墓,以褒其孝义可也。"当时议者,咸以子昂为是。100多年后,有一个人对陈子昂的建议提出了异议,试图推翻这个判例,然而却发现,这个判例已经深入人心,只能无奈放弃。这个人就是著名诗人柳宗元。

　　除了这个经典判例,政坛上的陈子昂留下的更多的是华丽的奏章。然而这些奏章多数只不过是做了一次从陈子昂到武则天的定向旅行,如同一阵风,刮过了,也就过去了,没有留下丝毫痕迹。即使陈子昂当初那封意图叫停高宗灵柩西迁的奏章,结局也是一场旅行,武则天器重陈子昂这个人,却没有认同陈子昂的奏章。政坛上的陈子昂注定是失意的，甚至一度因批评朝政被当成"逆党"关进监狱。出狱之后的陈子昂继续着自己的一腔热情。一年后，他得到了一个机会，追随武则天的侄子武攸宜统军北讨契丹。陈子昂为管记，军中文翰皆由陈子昂负责。陈子昂以为这将是一次建功立业的机会，没想到，武攸宜根本不懂军事。陈子昂与武攸宜率军抵达幽州（今北京）时，前方传来前锋部队溃败的消息。武攸宜毫无办法，索性下令全军原地待命。陈子昂连忙进言，请求派出一万精兵作为前锋，火速进军，而他自己愿意跟随一万精兵充当先驱，武攸宜拒绝了他。不久，陈子昂又来献计，武攸宜认为这不是献计，而是对自己权威的冒犯。武攸宜烦了，将其降职。

　　幽州有一处名胜，叫蓟北楼，也就是幽州台。幽州台相传是燕昭王所建。燕昭王千金市与骨，表达自己对千里马的渴望。同时，他又在幽州台上置金，延请天下奇士良将为燕国效力。名将乐毅就是这样被燕昭王收入帐下。然而，当陈子昂登幽州台时，早已物是人非，幽州台还在，却再也不见当年的燕昭王。苦闷的陈子昂找不到古人燕昭王的足迹，也看不到未来自己的伯乐在哪里，于是一腔悲愤喷涌而出："前不见古人，后不见来者，念天地之悠悠，独怆然而涕下！"两年后，陈子昂意兴阑珊，以父老多病为由上表请辞还乡，武则天特批，带官取给而归，也就是保留官职，保留待遇，回乡安养。

　　此时的陈子昂已经无意仕途，他计划静下心来研究历史，甚至想从汉孝武帝开始到初唐时期写一部《后史记》。遗憾的是，因为父亲的去世，陈子昂搁笔，从此再也没有续写的机会。时隔千年，他的右拾遗早已经被人们忘记，人们能记起的依然是他的诗篇。

流传形象负面，实则不堕气节——叶名琛

在中国晚清时期的御敌斗争中，有一位魂断异国他乡的高级官员，他效仿伯夷、叔齐，活活饿死在印度，他就是两广总督叶名琛。他是近代中国历史上的著名人物，形象近乎反面，"不战、不和、不守，不死、不降、不走"是很多人对他在第二次鸦片战争的印象。

英国发动第二次鸦片战争的借口是"亚罗"号事件。"亚罗"号是一只不起眼的小商船，就跟当时众多的中国商船一样。它利用了国际法中船舶管辖权的惯例，曾经在英国殖民统治下的香港登记，以期规避中国官方的检查，干些规则之外的勾当。从澳门运送大米到广州的"亚罗"号在被检查前，已经被一位名叫罗萨利奥的葡萄牙水手告发船上有水手与海盗有染。澳门当局曾准备登船检查，而它却已逃脱。当此船到达广州时，梁国定接到报告，于是水师当即上船缉拿全部 14 名水手。梁国定说，当时并未见该船升起任何国旗。而英国《泰晤士报》的最初报道，也未提及此严重事件。但是，留下来的船员在水师走后，突然升起了"米字旗"。巴夏礼得报后立即赶往码头，拿出《虎门条约》要求按照规定将人交还。巴夏礼极为强横，双方争执中，一个水勇打了巴夏礼一巴掌。巴夏礼旋即转而向两广总督叶名琛施压，要求放人，公开道歉。在迅速审讯后，叶名琛照会英国领馆：查明 12 人中有梁明太、梁建富两名水手为海盗，另一人吴亚作为证人，他们 3 人将继续接受审讯，其余 9 人可以送还。随后，包令、巴夏礼和英国海军商议，由巴夏礼发出最后通牒，限叶名琛 24 小时内释放全部水手，并正式道歉。面对英国的最后通牒，叶名琛决定让步，当天他答复可以交换除了海盗之外的另外 10 人。次日，巴夏礼坚持原见。叶名琛只好决定派南海县县丞

许文深亲自解送全部 12 名水手到英国领馆，但坚决不道歉。此时英国人无心再谈，拒绝接受人员，随即炮轰广州城，第二次鸦片战争爆发。

叶名琛处理"亚罗"号事件，从纯粹的外交手段上而言，他做到了有理有节。英国人的蓄意侵略和叶名琛的处理手段，得到马克思的理性评价："在全部事件过程中，错误在英国人方面。"马克思还说："叶总督有礼貌地、心平气和地答复了激动了的年轻英国领事的蛮横要求。他说明捕人的理由，并对因此而引起的误会表示遗憾，同时他断然否认有任何侮辱英国国旗的意图。"从 1856 年轰击广州城到 1857 年包令被解职，叶名琛运用间谍战、贸易战和袭扰战，依靠士绅训练的乡勇积极抗击，没有让英国人占到便宜。但是，随着时间的推移和形势的变化，叶名琛逐渐陷入不利的地位。叶名琛将胜利的消息上报朝廷后，非但没得到皇帝的嘉奖，朝廷反而申斥他不应轻启战端，要他与英国人谈判。这就使叶名琛错过了一个重要的战略间隙，使英国有机会增援在中国的英军。贸易禁运在损害英国人利益的同时也给中国贸易商造成了严重的损失。广东许多士绅从事对外贸易，由于实施贸易战关闭海关，大量广东士绅失去了收入来源。他们很难再负担训练和雇用乡勇的开支。因此广州保卫战中的主力——乡勇难以为继。这使叶名琛陷入了无兵可用、没钱可花的窘境，从根本上动摇了叶名琛的阵脚。1857 年 10 月，额尔金爵士率领援军进驻香港，敌我双方的力量平衡被打破。额尔金爵士在听取进攻广州的英军指挥官西马縻厘报告后，深感叶名琛是个很难对付的军事将领。两个月的时间里他一直犹豫着，没有采取任何军事行动。最后，他决定要北上避开叶名琛这块难啃的骨头，直接找中国的皇帝。但是就在这时，一艘广州的官船被英军截获，船里大量的官方文件被英军获得。包令从文件中得出结论：叶名琛已经无兵可派没钱可花了，广州连一天都守不住。包令得到这个消息大喜过望，不顾已经被解职，奔上额尔金的旗舰力劝额尔金改变北上的决定。这时汉奸出卖了叶名琛。广东巡抚柏贵和广州将军穆克德讷见势不妙，便同敌人勾结，英军轻易占领广州。叶名琛不离督府，最终被俘。咸丰帝在得知叶名琛被俘之后，不仅没有任何营救或者通过实行交换战俘来搭救叶名琛的行为，反而因为害怕英法联军把叶名琛作为要挟清朝政府的人质，而罢免了叶的一切职务，并让广东当局通知英方说，叶名琛已为一介草民和罪人，其生死无关乎清政府的任何利益；同时，他命令清军不要因顾及叶名琛而延误收复失地的行动。专制王朝帝王的薄情寡义、流氓无赖和视人臣为刍狗的做法可见一斑。最后，叶名琛搭上了开往印度加尔各答的军舰，上船前命仆人从家中自带干粮。途中虽因晕船呕吐不止，但他仍然正襟危坐，坚持不哼一声。从上船一直到抵达印度，叶名琛一直自命为"海上苏武"，以明不忘祖国之志。

史书中对叶名琛的评价，很大程度上是源自于昏聩的咸丰皇帝的个人态度。以第二次鸦片战争为分水岭，咸丰帝对叶名琛的评价陡转180°。在新中国成立后，出于政治宣传的目的，叶名琛形象又被刻意丑化歪曲，成了十恶不赦的罪人。作为朝廷能干的大员，叶名琛知人善任、勤勉政事；作为镇压叛乱的刽子手，叶名琛令人憎恶痛恨；作为客死他乡有气节和操守的俘虏，叶名琛又值得敬佩和尊敬。叶名琛吃完从家中携带的食物后，于1859年不食异乡粟米绝食而亡，死于印度加尔各答，气节堪比不食周粟的伯夷、叔齐。叶名琛善于内政，尤其长于理财。叶氏的祖先叶文机，深谙医学术理，在武汉开有"叶开泰"中药店，是当地出名的老字号。这种商人的家庭背景，加深了叶名琛对商业和钱财的理解。自从广西太平天国起义爆发到第二次鸦片战争，广东为朝廷输军送饷以千万两白银计，这不能不说与叶名琛善于治理地方有关。叶名琛对内征剿表现出了很强的能力。1851年开始，广东治安陷入混乱，义军蜂起，这与时代背景和沿海地区天地会的传统有关。1854年广东著名的洪兵起事中，广州仅有 1.5 万兵勇，居然抵抗了 20 万人的进攻，守住了广州城，并最终将洪兵逐出境外。作为实际操控局面的总督叶名琛，其作用是不容忽视。

在不断衰落的封建王朝中，叶名琛希望以自己的努力，尽可能挽回国家的颜面。但始终难以摆脱历史旋涡的裹挟，他的努力虽然在局部上、短时内有一定意义，但最终仍然于事无补，甚至还长时间被认为是误国之臣。